TRANSTORNO
BIPOLAR

TRANSTORNO BIPOLAR
UM GENERAL E SUA ETERNA BATALHA

Major-General
Gregg F. Martin
O GENERAL BIPOLAR

Tradução de
Lúcia Helena de Seixas Brito

Título original em inglês: *Bipolar General – my forever war with mental illness*
Copyright © 2023 by Gregg Martin. Todos os direitos reservados.
Publicado mediante acordo com o Naval Institute Press, Annapolis, Maryland USA.

Amarylis é um selo editorial Manole.

Produção editorial: Retroflexo Serviços Editoriais
Tradução: Lúcia Helena de Seixas Brito
Revisão de tradução e revisão de prova: Depto. editorial da Editora Manole
Projeto gráfico: Depto. editorial da Editora Manole
Diagramação: Elisabeth Miyuki Fucuda
Capa: Ricardo Yoshiaki Nitta Rodrigues
Imagem da capa: Conor Martin

CIP-BRASIL. CATALOGAÇÃO NA PUBLICAÇÃO
SINDICATO NACIONAL DOS EDITORES DE LIVROS, RJ

M334t

    Martin, Gregg F.
    Transtorno bipolar : um general e sua eterna batalha / Gregg F. Martin ; tradução Lúcia Helena de Seixas Brito. - 1. ed. - Santana de Parnaíba [SP] : Amarylis, 2024.

    Tradução de: Bipolar general : my forever war with mental illness
    ISBN 9788520460252

    1. Martin, Gregg F. - Saúde mental. 2. Ex-combatentes - Estados Unidos - Biografia. 3. Transtorno bipolar - Pacientes - Biografia. I. Brito, Lúcia Helena de Seixas. II. Título.

	CDD: 616.8950092
24-88862	CDU: 929:616.895

Meri Gleice Rodrigues de Souza - Bibliotecária - CRB-7/6439

Todos os direitos reservados.
Nenhuma parte desta obra poderá ser reproduzida, por qualquer processo, sem a permissão expressa dos editores.
É proibida a reprodução por fotocópia.

A Editora Manole é filiada à ABDR – Associação Brasileira de Direitos Reprográficos.

Edição brasileira – 2024

Direitos em língua portuguesa adquiridos pela:
Editora Manole Ltda.
Alameda América, 876
Tamboré – Santana de Parnaíba – SP – Brasil
CEP: 06543-315
Fone: (11) 4196-6000
www.manole.com.br | https://atendimento.manole.com.br/

Impresso no Brasil
Printed in Brazil

Para minha esposa, Maggie, minha melhor amiga e extraordinária parceira de batalha, aquela que, com seu amor infinito, sua obstinada perseverança e sua sabedoria, ajudou-me a superar o inferno bipolar e a sair vivo, voltando a ter uma base sólida e preservando nosso casamento.

Durante o processo de edição desta obra, foram tomados todos os cuidados para assegurar a publicação de informações técnicas, precisas e atualizadas conforme lei, normas e regras de órgãos de classe aplicáveis à matéria, incluindo códigos de ética, bem como sobre práticas geralmente aceitas pela comunidade acadêmica e/ou técnica, segundo a experiência do autor da obra, pesquisa científica e dados existentes até a data da publicação. As linhas de pesquisa ou de argumentação do autor, assim como suas opiniões, não são necessariamente as da Editora, de modo que esta não pode ser responsabilizada por quaisquer erros ou omissões desta obra que sirvam de apoio à prática profissional do leitor.

Do mesmo modo, foram empregados todos os esforços para garantir a proteção dos direitos de autor envolvidos na obra, inclusive quanto às obras de terceiros e imagens e ilustrações aqui reproduzidas. Caso algum autor se sinta prejudicado, favor entrar em contato com a Editora.

Finalmente, cabe orientar o leitor que a citação de passagens da obra com o objetivo de debate ou exemplificação ou ainda a reprodução de pequenos trechos da obra para uso privado, sem intuito comercial e desde que não prejudique a normal exploração da obra, são, por um lado, permitidas pela Lei de Direitos Autorais, art. 46, incisos II e III. Por outro, a mesma Lei de Direitos Autorais, no art. 29, incisos I, VI e VII, proíbe a reprodução parcial ou integral desta obra, sem prévia autorização, para uso coletivo, bem como o compartilhamento indiscriminado de cópias não autorizadas, inclusive em grupos de grande audiência em redes sociais e aplicativos de mensagens instantâneas. Essa prática prejudica a normal exploração da obra pelo seu autor, ameaçando a edição técnica e universitária de livros científicos e didáticos e a produção de novas obras de qualquer autor.

Sumário

Sobre o autor ix
Comentários sobre o livro... xi
Prólogo xix
Prefácio..xxiii
Agradecimentos xxvii
Introdução xxxiii

1. Soldado por acaso... 1
2. Guerreiro inclemente 15
3. Soldado acadêmico e a pressão do comando................. 27
4. Trágico prognóstico 48
5. A Guerra do Iraque desencadeia o transtorno bipolar 54
6. Batalhas interiores 75
7. Meu surto de mania.. 106
8. Martin enlouquecido 132
9. Insanidade à base de esteroides.................................... 148
10. O funeral do vovô Joe e a "rebelião" na NDU 157
11. Atirador em ação?... 173
12. Inferno bipolar.. 188
13. Comunidade de apoio a pessoas com problemas mentais 204

14. Domando a fera 223
15. Reflexões 231

Epílogo 243
Apêndice 248
Abreviaturas usadas no texto 261
Índice remissivo 263

Sobre o autor

O major-general Gregg F. Martin, doutor (reformado), foi militar da ativa durante 36 anos, tendo sido comandante de uma companhia de engenheiros, de batalhão e da 130ª Brigada de Engenharia em combate no primeiro ano da Guerra do Iraque. Ele serviu em diversas missões no exterior, comandou a Divisão Noroeste do Corpo de Engenheiros (NWD), a Army Engineer School e o Fort Leonard Wood; foi comandante adjunto do Terceiro Exército/United States Army Central (ARCENT) no Oriente Médio, comandante do Army War College, reitor da National Defense University (NDU) e assistente especial do chefe dos engenheiros. O major-general Martin é um engenheiro credenciado da Airborne-Ranger-Engineer e estrategista agraciado com o prêmio *Distinguished Service Medal* (duas vezes), com a *Bronze Star Medal* e o *Combat Action Badge*, entre outras distinções. Ele detém um título de doutor e dois títulos de mestre conferidos pelo MIT, além de ser mestre em estratégia de segurança nacional pelas escolas Army War College e Naval War College e bacharel por West Point. Martin, que viveu dentro do espectro bipolar durante a maior parte de sua vida, é um ardoroso defensor da saúde mental. Para mais informações, visite o *site* www.generalgreggmartin.com.

O Naval Institute Press é o braço editorial do U.S. Naval Institute, uma sociedade privada, sem fins lucrativos, para profissionais do serviço marítimo e outros que compartilham do interesse em assuntos náuticos. Fundada em 1873 na U.S. Naval Academy em Annapolis, Maryland, onde mantém até os dias de hoje seus escritórios, o Naval Institute tem associados em todo o mundo.

Os membros do Naval Institute fomentam programas educacionais da sociedade e recebem a influente revista mensal *Proceedings* ou a revista bimestral *Naval History*, além de descontos em belas impressões náuticas e em fotos de navios e aeronaves. Eles também têm acesso às transcrições do Oral History Program do instituto e a descontos na inscrição para qualquer dos seminários patrocinados pelo instituto e oferecidos em todo o país.

O programa de edição de livros do Naval Institute, iniciado em 1898 com manuais básicos sobre práticas navais, teve depois seu escopo estendido para incluir livros de interesse mais geral. Atualmente, o Naval Institute Press publica cerca de setenta títulos por ano, títulos estes que cobrem desde iatismo e navegação até histórias de batalhas, biografias, guias sobre navios e aeronaves e romances.

Para obter mais informações sobre os livros do Naval Institute Press que estão disponíveis atualmente, visite www.usni.org/press/books.

Comentários sobre o livro

"As memórias de Martin traçam um retrato brutalmente honesto da experiência debilitante, mas, em última instância, redentora, vivida por um oficial militar de alta patente em sua luta contra o transtorno bipolar. Para os civis, estas memórias oferecem um vislumbre fascinante da vida de um oficial bem-sucedido do Exército. Elas também destacam a complexa relação entre as Forças Armadas e as doenças psiquiátricas. Este livro contribuirá para que todos aqueles que lutam contra o transtorno bipolar compreendam melhor a sua doença e se sintam menos sozinhos."

— **Holly A. Swartz, doutora em medicina**, professora de psiquiatria, Universidade de Pittsburgh; editora-chefe do *American Journal of Psychotherapy*; tesoureira da International Society for Bipolar Disorders

"Uma franqueza de extrema coragem. Um bem-sucedido oficial fazendo um revelador relato de sua derrocada pessoal causada pela doença mental e sua posterior reabilitação. A história do major-general Gregg Martin é, do início ao fim, ao mesmo tempo, aterrorizante, ponderadamente instrutiva e de profunda inspiração."

— **General Stan McChrystal, U.S. Army (reformado)**, ex-comandante general da International Security Assistance Force e ex-comandante da U.S. Forces – Afeganistão (missão encerrada)

"A corajosa narrativa de Martin revela a questão das doenças mentais dentro das Forças Armadas por meio de sua catalisadora jornada pelo transtorno bipolar e posterior recuperação. Sua história de grande impacto oferece um caminho de esperança para qualquer pessoa acometida por essa condição, que é uma doença e não um fracasso pessoal. É muito persuasiva a descrição feita por Martin sobre como os níveis extremos de euforia causados pelo transtorno bipolar podem mascarar sua depressão debilitante."

— **Almirante James A. "Sandy" Winnefeld, U.S. Navy (reformado)**, antigo vice-presidente do Estado-Maior Conjunto (missão encerrada)

"Este é um livro revolucionário e corajoso – o primeiro do gênero. Em um esforço para reduzir o estigma que muitas pessoas no serviço público ainda associam com as doenças mentais, um oficial militar graduado revela sua batalha pessoal contra o transtorno bipolar. Parabéns a Gregg Martin pela determinação de compartilhar sua jornada desde o pesadelo até a recuperação da saúde."

— **Embaixadora Wanda Nesbitt**, antiga vice-reitora sênior da National Defense University

"Quase vinte anos após as mobilizações militares desencadeadas pelo 11 de setembro, nós ainda lutamos para entender um dos impactos inerentes ao combate – transtorno bipolar. Gregg Martin compartilha sua fascinante história neste livro revolucionário que ajudará aqueles que batalham contra doenças mentais, bem como os familiares e amigos que cuidam deles."

— **General Joe Votel, U.S. Army (reformado)**, ex-comandante, U.S. Central Command e U.S. Special Operations Command

"Eu ministro um curso intitulado Authentic Leader Development (desenvolvimento de um líder autêntico). Ao longo do semestre, desafio os alunos a pensarem sobre o 'papel contraintuitivo que a vulnerabilidade desempenha na liderança', e também em como 'uma entrega integral à missão, sem garantias', é o ato supremo de quem lidera. O major-general Martin, o líder de combate, foi um patrimônio nacional antes de escrever este livro. Gregg Martin, o autor, é um modelo inspirador para qualquer pessoa interessada em saber como é o poderoso impacto da vulnerabilidade crua (coragem) em ação."

— **Scott A. Snook**, palestrante sênior de Business Administration, Harvard Business School

"Gregg nos oferece o primeiro relato de um oficial graduado sobre sua própria luta contra o transtorno bipolar grave. Seu olhar aberto e brutalmente honesto na mente de alguém que sofre de uma incapacidade mental é uma leitura absolutamente obrigatória... É uma inestimável contribuição para o entendimento de como o transtorno bipolar age dentro do cérebro e causa uma metamorfose."

— **General John F. Campbell, U.S. Army (reformado)**, antigo vice-chefe do Estado-Maior do Exército e comandante das forças dos EUA e da Otan, Afeganistão

"Um relato arrebatador sobre suas próprias 'feridas invisíveis da guerra'. Deve ser lido por todos aqueles que são portadores de uma doença do cérebro ou convivem com alguém que tem a doença. Um verdadeiro e honesto olhar em primeira mão na vida de um general extraordinariamente bem-sucedido, cuja vida foi devastada pelo transtorno bipolar desencadeado em combate. Ele conseguiu depois sair do fundo do poço, com a ajuda do amor e da perseverança da esposa, da família, dos amigos e do VA. ... Esta é uma história sobre fé, esperança, amor, perseverança e inspiração."

— **Tenente-general Michael Linnington, U.S. Army (reformado)**, diretor-executivo do Wounded Warrior Project

"Quando pensamos na figura de um general de duas estrelas do Exército dos EUA, a palavra 'bravura' imediatamente nos vem à mente. Martin se revela o símbolo máximo da bravura ao compartilhar este relato profundamente marcante e pessoal de sua luta comovente contra as feridas invisíveis de um grave transtorno bipolar. Sua história corajosa lança luz sobre uma difícil e disseminada crise de saúde mental que acomete a comunidade militar."

— **Tenente-general Patricia D. Horoho, U.S. Army (reformada)**, CEO da Optum Serve; cirurgiã geral do 43º Exército dos EUA

"Este livro oferece um raro retrato íntimo da vida de um guerreiro largamente condecorado que foi o exemplo máximo do sucesso nas mais conceituadas instituições dos EUA – até que deixou de sê-lo. Martin faz um relato emocionante da montanha-russa do transtorno bipolar, bem como da vantagem em que a doença pode se transformar no caos do combate e, acima de tudo, do desastre que pode advir na esteira dos acontecimentos. Esta é uma narrativa brutalmente honesta e uma 'leitura obrigatória' para todos os líderes e administradores."

— **Vice-almirante William "Dean" Lee, U.S. Coast Guard (reformado)**, ex-comandante, U.S. Guarda Costeira na área do Atlântico

"Em 2012, fizemos uma parceria para aprimoramento da formação conjunta dos soldados. A energia, o entusiasmo e a motivação de Martin eram fenomenais – às vezes ao extremo. Não tínhamos ideia de que se tratava de mania total, no perigoso lado da euforia do espectro bipolar. Sendo o dinâmico líder de combate que é, ele nos ensina as causas, os sintomas, as estratégias de mitigação e de recuperação dessa doença destrutiva."

— **Sargento-major Bryan Battaglia, U.S. Marine Corps (reformado)**, ex-2º conselheiro sênior alistado do presidente do Estado-Maior Conjunto

"O general Martin contraria todas as expectativas ao enfrentar a mais tenebrosa das batalhas contra uma doença com frequência fatal. Sua sobrevivência é um milagre; e eu espero que sua história ajude a acabar com a mistificação e o estigma que cercam o transtorno bipolar... No final, os leitores fecharão este livro com o mesmo sentimento de reverência e gratidão por um verdadeiro herói americano que eu tenho pelo general. Ele salvou inúmeras vidas quando serviu ao nosso país nas frentes de batalha, e a história de sua luta contra o transtorno bipolar salvará outras tantas mais ao promover a conscientização a respeito de uma doença que frequentemente não é diagnosticada ou recebe um diagnóstico incorreto."

— **Lauren Loftis, doutora em medicina,** diretora médica da VITAS Healthcare; presidente da Brevard County Medical Society

"Escrito com honestidade e conhecimento inabaláveis, o livro de memórias do major-general Martin trata de uma carreira militar extraordinariamente bem-sucedida, que foi estimulada pelo transtorno bipolar e acabou destruída por essa mesma doença. O livro de Martin é leitura obrigatória para todos aqueles que buscam conhecimento, orientações e inspiração para entender as questões da comunidade e da saúde mental nas Forças Armadas dos EUA."

— **Brian McAllister Linn,** professor de ciências humanas na cátedra do Professor Thomas, Texas A&M University

"A forma genuína e sincera de Martin relatar a verdade faz a diferença para nossa compreensão, o tratamento e o apoio às pessoas – jovens e idosos, da sociedade civil e das Forças Armadas – que sofrem com problemas do cérebro e da mente, seja distúrbio bipolar, transtorno do estresse pós-traumático, depressão ou qualquer outro. A leitura deste livro deve ser obrigatória em todas as escolas militares, para todas as patentes, desde cadetes a generais. Também seria bastante profícuo se os líderes dos setores empresariais, governamentais, de entretenimento, bem como na academia e nas organizações sem fins lucrativos, estudassem este livro e assimilassem suas lições."

— **Leonard Wong, doutor, professor emérito,** professor pesquisador (aposentado), Strategic Studies Institute, U.S. Army War College

"Fui comandante de três estrelas de Gregg Martin em combate no Iraque. Ele foi um excepcional comandante no campo de batalha – altamente habilidoso e corajoso sob fogo... Fiquei chocado quando soube que ele tinha transtorno bipolar. ... O livro de Gregg conta a história angustiante sobre sua crise bipolar, sobre como foi a recuperação e a gênese de uma nova vida. Recomendo enfaticamente a leitura deste livro marcante a todos aqueles que sofrem de doenças mentais, que são afetados por elas ou que têm interesse em se informar."

— **General William S. Wallace, U.S. Army (reformado)**, ex-comandante do U.S. V Corps na Guerra do Iraque

"Todas as pessoas deveriam ler este livro por duas razões simples. Em primeiro lugar, por ser incrivelmente interessante. A vida do general Martin é repleta de triunfos extraordinários e episódios de extrema 'loucura'. Ele relata os eventos com honestidade e clareza, em um estilo envolvente, e, ao mesmo tempo, incorpora as vozes daqueles que o cercavam e foram testemunhas de suas extraordinárias realizações e seu comportamento desconcertante. A história por si só monopoliza nossa atenção. Porém, este livro é também importante. Embora a experiência de Gregg gire em torno de uma carreira militar notável, todos podem tomar consciência dos impactos debilitantes das doenças mentais e do que é necessário para a consecução e manutenção de uma remissão da doença. Em cada leitor pode surgir outro sofredor encorajado a buscar ajuda. Eu recomendo enfaticamente a leitura deste livro e o apoio ao general Martin em sua eterna batalha!"

— **Kristi Choate**, membro da diretoria da Fortune 100

"A vida do major-general Gregg Martin esteve à beira da destruição em decorrência do transtorno bipolar desencadeado pelos combates no Iraque. Depois de se arrastar pelo inferno sombrio e sem esperança da depressão e da psicose, ele e sua esposa enfrentaram uma fase extenuante de recuperação e construíram uma vida nova e maravilhosa. Esta é uma história de trabalho, desastre, recuperação e esperança – um livro arrebatador e profundo que ajudará todos aqueles que sofrem de doenças mentais, bem como os que têm por estes um grande apreço."

— **Dr. John Nagl**, autor de *Learning to Eat Soup with a Knife: Counterinsurgency Lessons from Malaya and Vietnam*

"Um ser humano exemplar ou um doente mental? Como estas agradáveis memórias mostrarão, não existe uma clara linha divisória entre as duas opções. Doenças mentais nas Forças Armadas dos EUA? Pode apostar. O major-general Martin comandou batalhões na guerra e agora lidera novamente, demonstrando que o transtorno bipolar pode viabilizar um desempenho fantástico, mesmo durante anos – e que, depois do mergulho em uma grave depressão, a plena recuperação e uma vida frutífera são possíveis."

— **Jim Phelps, doutor em medicina,** autor de
A Spectrum Approach to Mood Disorders

Prólogo

Você está prestes a adentrar a mente de um indivíduo que, em decorrência de sua predisposição genética, veio a desenvolver, quando em combate, o transtorno bipolar, doença que o levou a um estado de frenesi durante vários anos. Este é um livro que preciso escrever. Tenho com meus colegas veteranos, aqueles que estão ativos em serviço e a população em geral, o dever de compartilhar as experiências que vivi ao lidar com essa doença mental atroz. Felizmente meu cérebro agora está estável e me sinto saudável e feliz. Não tenho vergonha de ser um sobrevivente bipolar que viceja mais uma vez. Em vez disso, estou grato e orgulhoso.

Sou marido, pai, avô, soldado e guerreiro bipolar. Embora eu não deseje essa experiência a ninguém, a crise bipolar teve alguns efeitos positivos. Tornei-me uma pessoa mais compassiva, despojada, atenciosa e gentil; uma pessoa que testemunhou o fortalecimento de seu casamento, de sua família e de suas amizades. Além do mais, abracei uma causa importante: "compartilhar a história de minha bipolaridade para ajudar a eliminar o estigma, aliviar o sofrimento e salvar vidas".

Entrei para o Exército dos EUA em 1975, aos 18 anos. Minha principal motivação para ingressar na Academia Militar dos EUA, em West Point, foi a possibilidade de ter acesso a uma educação de alto nível, contando com uma bolsa de estudos integral. Uma vez lá, fui seduzido pela cultura, o desafio e o espírito do Exército. Abracei com entusiasmo a responsabilidade do serviço ativo durante cinco anos no posto de oficial comissionado do Exército regular.

Nos primeiros seis anos atuei principalmente como comandante dos soldados engenheiros de combate, primeiro como líder de pelotão (40 soldados) e depois no posto de comandante de companhia (180 soldados), na República Federal da Alemanha (Alemanha Ocidental), no período da Guerra Fria. Essa experiência foi a mola propulsora do que viria a ser uma carreira de 36 anos em serviço ativo no Exército. Eu me apaixonei pelos soldados, pela tarefa de liderá-los e pela enorme satisfação de realizar missões difíceis, importantes e muitas vezes perigosas. Fiquei viciado na empolgação, no desafio e no cumprimento das missões.

O Exército possui um sistema bastante eficiente que permite valorizar, recompensar e manter oficiais talentosos na equipe. Ao longo das décadas seguintes, a pós-graduação civil, as importantes atribuições e a educação militar adicional me incentivaram a permanecer no Exército. Tive uma carreira bem-sucedida. Aos 41 anos, fui escolhido para comandar um batalhão de 500 soldados, como tenente-coronel; aos 46, no posto de coronel, liderei uma brigada de combate formada por alguns milhares de soldados; depois veio a promoção ao posto de brigadeiro (general de uma estrela), aos 49 anos; e posteriormente, ao de major-general (duas estrelas), aos 52.

A título de ilustração, é importante ressaltar que, de um grupo de oficiais que entra no Exército em determinado ano, menos de 1% é promovido a oficial-general; de um grupo de coronéis (o posto mais alto antes de general), menos de 10% são promovidos a brigadeiro. Portanto, a possibilidade de chegar a qualquer patente de general é rara e seletiva – há menos de 400 generais em serviço no Exército em determinado momento, no contexto de uma força ativa de cerca de 500 mil soldados.

Ocupar o posto de general é uma honra e um privilégio muito especial, uma distinção cuja contrapartida é a grande responsabilidade de servir aos nossos soldados, aos nossos agentes governamentais eleitos e nomeados politicamente e ao povo americano. Enquanto nossos soldados são os principais trabalhadores das Forças Armadas, os sargentos são os capatazes operários, os oficiais são supervisores administrativos, e os generais, chefes operacionais e executivos que desenvolvem as estratégias, as políticas e os recursos destinados a organizar e orquestrar todo o complexo sistema, a fim de garantir que o Exército esteja pronto para se mobilizar, lutar e vencer em qualquer lugar do mundo. Eles se envolvem na linha ascendente com agentes dos níveis mais altos do governo; lateralmente, com funcionários de outros serviços, órgãos, Exércitos aliados, bem como da indústria e da academia, entre outros; e, na linha descendente, com os membros das próprias forças.

A função de um general implica um volume colossal de trabalho pesado. Nossos soldados e seus familiares queridos, a nação e nossos aliados, bem como todo o povo americano, dependem de nossa capacidade de consecução do serviço de que fomos incumbidos. Assim, os generais precisam estar em excelente forma – mental, física, espiritual e emocional.

Sem ter consciência do que acontecia, vivi no espectro bipolar durante quase toda a vida. Meu psiquiatra e eu presumimos que minha condição hipertímica (um estado quase permanente de mania branda, responsável pela produção de níveis excepcionalmente elevados de energia, entusiasmo, excitação, criatividade, capacidade de solução de problemas, positividade e outros quadros semelhantes) começou quando eu era adolescente, em torno de 1970. Essa doença me conferiu uma grande vantagem em termos de desempenho, porém avançou gradativamente, ano após ano, até se converter em mania extrema. Em 2003, quando a emoção, a euforia e a adrenalina causadas pelo combate na Guerra do Iraque acionaram o gatilho de minha predisposição genética, a hipertimia se transformou de repente em transtorno bipolar. Entretanto, minha doença maníaco-depressiva esteve sempre "ativa". Os sintomas maníacos estiveram sempre ativos com a hipertimia, e apenas aumentaram em número e intensidade até se tornarem um episódio maníaco "total" naquele ano. Meu transtorno bipolar, no entanto, só foi devidamente diagnosticado quando a doença entrou em uma fase aguda, em 2014, e eu acabei sendo afastado (em vez de ser demitido) do posto de comandante. De 2014 até 2016, enfrentei uma batalha pela vida. Depois de viver anos em uma condição de predominante mania – de 2003 a 2014 –, caí em um estado de desesperada depressão e terrível psicose. Graças à contribuição de meu desejo de melhorar, de minha esposa e meus familiares, de um grande amigo, das bênçãos de Deus, o VA e o lítio, a doença se estabilizou e eu iniciei minha jornada de recuperação. Refiz minha vida na Flórida, onde Maggie e eu desfrutamos até hoje da mais alegre, gratificante e feliz existência.

Decidi escrever este livro movido pelo desejo de compartilhar minhas experiências e as lições que aprendi com outras pessoas que possam ter transtorno bipolar ou outra forma de doença mental. Meu objetivo é levar esperança, inspiração e conhecimento prático àqueles que estejam sofrendo em decorrência de uma doença mental, ajudando-os a serem diagnosticados e tratados, bem como a iniciarem sua jornada de recuperação e uma nova vida. Eu desejo ajudar outras pessoas que possam estar enfrentando os mesmos percalços que minha família e eu enfrentamos. Quero contribuir para a eliminação do estigma, do tabu e da discriminação que ainda assombram aqueles que lutam contra doenças mentais – uma intolerância calcada principalmente na ignorância.

Qualificação

Vale observar que não sou médico, nem profissional da medicina ou cientista. Não tenho a intenção de indicar diagnósticos nem tratamentos, tampouco possuo qualificação para fazê-lo.

Notas

Acompanhando o exemplo de muitos psiquiatras e especialistas renomados, eu emprego de forma intercambiável em todo o livro os termos "transtorno bipolar", "doença bipolar" e "distúrbio bipolar". De acordo com os professores de psiquiatria Nassir Ghaemi e Holly Swartz, assim como outros especialistas, esses termos são descritores acurados e não expressões a serem evitadas.

Ademais, o relato que apresento a seguir, de minha batalha contra o transtorno bipolar, é baseado nas lembranças que guardo dos eventos conforme aconteceram, e podem ser diferentes do que lembram outros indivíduos que os testemunharam.

Prefácio

Por um período de dezessete anos, a partir de 1997, o **major-general Gregg Martin** e eu servimos juntos em diversos postos. Gregg ocupava o posto de comandante do 5º Batalhão de Engenharia de Combate, e eu comandava o 3º Regimento de Cavalaria Blindada. Posteriormente, atuamos em unidades próximas no Iraque e na Alemanha, ocasião em que eu comandei a 1ª Divisão Blindada no posto de general de duas estrelas (major-general) e Gregg comandou a 130ª Brigada de Engenharia, como coronel. Além disso, na função de general de quatro estrelas, fui comandante de Gregg no período em que ele comandou a área de Fort Leonard Wood, o Army War College (AWC) e depois a National Defense University (NDU) no posto de general de duas estrelas.

Gregg era um oficial e líder de admirável valor – brilhante, dinâmico, entusiasmado e extrovertido. Verdadeiro cidadão do povo, ele era criativo, inovador e estimulador. Entre as centenas de oficiais-generais que fizeram parte do Exército em sua época, Gregg era, em minha opinião, um líder transformador. Nós tínhamos a meta de reinventar o currículo da NDU, e eu escolhi Gregg para liderar essa transformação.

Desse modo, fiquei chocado quando, em 2014, comecei a receber relatos dando conta de que seu comportamento estava se tornando errático e perturbador para a missão. Sempre que eu conversava com Gregg, ele aparentava estar bem – o mesmo profissional inteligente, ponderado, dinâmico e entusiasmado que eu conhecia havia anos. No entanto, à medida que os relatos de suas oscilações de humor aumentavam em frequência e gravidade, realizei uma série de avaliações a fim de entender, objetivamente, o que estava acontecendo entre Gregg, o estado-maior e o corpo docente da NDU, na condução de nossos esforços de transformação, em curso.

As avaliações deixaram claro que, a despeito dos muitos eventos positivos que estavam acontecendo, Gregg Martin perdera a confiança do estado-maior e do corpo docente da NDU. Além disso, embora nenhum dos indivíduos que realizaram as avaliações pertencesse à equipe de médicos, estas indicavam claramente que Gregg apresentava um quadro de instabilidade emocional. Depois disso, tomei a decisão de afastá-lo do cargo de liderança na NDU e o incentivei a procurar tratamento médico.

Agora sabemos que, naquela época, Gregg estava sofrendo de transtorno bipolar agudo. De acordo com o departamento médico do Exército e o VA (departamento de assuntos de veteranos dos Estados Unidos), essa disfunção começou durante o período de combate no Iraque, em 2003, quando o estresse e o trauma intensos da guerra "atuaram como gatilho" de sua predisposição genética para o transtorno bipolar. Embora ele se mostrasse extremamente exuberante, feliz, dinâmico e "entusiasmado" durante as operações de combate, e tivesse um desempenho brilhante, o circuito cerebral que produz e regula a dopamina, as endorfinas e outras substâncias químicas essenciais sofrera danos. A consequência foi que, de 2003 até o auge da bipolaridade, em 2014, na NDU, seus episódios maníacos foram se tornando cada vez mais intensos, enquanto as crises depressivas o mergulhavam cada vez mais fundo, resultando, por fim, na bipolaridade aguda que se manifestou de 2014 até a estabilização dois anos depois.

O transtorno bipolar é uma doença brutal e destrutiva que atinge indiscriminadamente a vida, a saúde, os casamentos, as famílias, as carreiras, as finanças e as amizades de cerca de 5 a 10 milhões de americanos todos os anos, incluindo veteranos e membros do serviço militar ativo. Uma pessoa que sofre de transtorno bipolar pode acabar sucumbindo ao álcool e às drogas, bem como se tornar sem-teto, ir parar na prisão ou até mesmo ser levada ao suicídio.

Gregg teve sorte. Ele superou um difícil período de recuperação de vários anos graças ao seu firme desejo de melhorar, ao amor e carinho da esposa e da família, a um comprometido companheiro de batalha do Exército e ao VA. Ele enfrentou as adversidades e conseguiu estabilizar a bioquímica do cérebro em setembro de 2016.

Desde então, mudou-se para a Flórida e construiu uma vida nova e plena de significado, propósito e esperança. Ele e a esposa estão mais saudáveis e felizes do que já estiveram em muitos anos. Gregg se entregou de corpo e alma ao esforço de aumentar a conscientização a respeito da bipolaridade e da saúde mental, a fim de reduzir o "estigma" do transtorno bipolar e de outras doenças mentais e ajudar a mitigar os efeitos da bipolaridade nos milhões de americanos que sofrem de transtorno bipolar. Ele escreve com a esperança de instruir as várias dezenas de milhões de familiares, amigos e colegas de trabalho que são afetados pelas doenças associadas a esse transtorno.

É enorme o orgulho que tenho de Gregg e Maggie por sua trajetória de serviços prestados ao Exército, por sua capacidade de sobreviver à tempestade feroz da crise bipolar, por sua perseverança inabalável durante um difícil período de recuperação e pela maneira como reimaginaram e recriaram sua vida sob o sol quente da Flórida.

Eu me sinto pessoal e profissionalmente inspirado a apoiar Gregg e Maggie em seus esforços para combater, por meio de educação, compreensão e ação, os efeitos atrozes do transtorno bipolar.

Este livro é muito importante – e, até onde sei, o primeiro do gênero a contar a história de um oficial-general do Exército, que foi abatido pelo transtorno bipolar e dele se recuperou. Há décadas, Gregg e Maggie têm sido extraordinários embaixadores do Exército. Agora, serão embaixadores e guerreiros na batalha contra o transtorno bipolar e outros problemas de saúde mental.

— **Martin E. Dempsey**
General, Exército dos EUA (reformado)
18º Chefe do Estado-Maior Conjunto das Forças Armadas

Agradecimentos

Quando, em novembro de 2014, recebi o diagnóstico de transtorno bipolar com características psicóticas, decidi contar minha história e, durante uma internação psiquiátrica no VA,[1] em março de 2016, tomei a decisão de escrever meu livro.

Antes de mais nada, ofereço minha gratidão à minha esposa, Maggie. Sem seu amor, sua força e perseverança diante do grande infortúnio, eu não teria conseguido alcançar uma recuperação que me permitisse contar minha história. É incomensurável o valor que o efeito de suas decisões e sua coragem tiveram sobre minha recuperação e continuam a ter todos os dias. Maggie tem me proporcionado um apoio surpreendente. Ela leu os rascunhos, deu um *feedback* inteligente, ajudou na escolha das fotografias e escreveu seu testemunho. Meu filho Phillip me estimulou; leu os rascunhos, deu seu *feedback*; editou; escreveu seu depoimento; ajudou a escolher, reunir e digitalizar fotografias; e escreveu em coautoria comigo nosso artigo na *Task & Purpose*, em 2021. Meus filhos Patrick e Conor leram rascunhos, forneceram *feedback* e escreveram depoimentos. Conor me cedeu algumas fotografias excelentes. Phillip e Conor concordaram entusiasticamente em compartilhar suas próprias histórias com a bipola-

---

[1] N.R.: U.S. Department of Veterans Affairs (VA). É o Departamento de assuntos de veteranos dos EUA, que inclui cuidados de saúde.

ridade. Foi, de fato, um esforço em família. Que Deus abençoe todos vocês pelo apoio incondicional.

Também quero deixar meus agradecimentos aos companheiros do Exército, coronel Bill Barko, general Marty Dempsey e tenente-general Tom Bostick; à equipe de psiquiatria do VA em White River Junction, Vermont, cujos membros ajudaram a salvar minha vida; e à equipe do VA em Vierra, Flórida. Agradeço a todos os prestadores do VA, que me estabilizaram e colocaram em marcha meu renascimento – um caminho para a recuperação e a nova vida.

Meu muito obrigado à Naval Institute Press, em especial ao diretor Adam Kane, por acreditar em minha história, e ao editor sênior de aquisições, Padraic "Pat" Carlin, que, junto com o editor *freelance* Kevin Brock, o editor de produção Brennan Knight e o diretor de vendas e *marketing* Robin Noonan, ajudaram a converter em formidável algo apenas bom. Não posso deixar de agradecer a Joe Craig do programa de livros da AUSA (Associação do Exército dos EUA), que acreditou no livro e me ofereceu ideias valiosas, bem como opiniões sobre edição e *marketing*.

O Prof. Nassir Ghaemi, um brilhante psiquiatra, ensinou-me muito sobre a psiquiatria, a relação entre liderança e doença mental e minha própria vida dentro do espectro bipolar. Ele também revisou e editou o manuscrito a fim de garantir a acurácia no ponto de vista médico e psiquiátrico.

O Dr. Mike Lamm desenvolveu e faz a manutenção de meu *site* (www.generalgreggmartin.com), e Lisa Mullins, âncora da rádio WBUR/NPR, fez comigo uma entrevista e me ofereceu forte estímulo e orientações judiciosas.

Deixo meus agradecimentos ao agente literário Rusty Robertson e ao escritor Tom Abate pela ajuda, o encorajamento e o entusiasmo na primeira etapa da jornada de meu livro.

Recebi também *feedback* e incentivo valiosos de minhas irmãs Donna Martin, Denise Martin, Kelly Charles e Jill Gourley, bem como dos familiares Russell Gourley, John Charles, Claudia Donakowski, Cate Ryan e Eileen e Brian Schnepff

Um profundo reconhecimento aos colegas de classe de West Point: Corky Messner, que abriu sua casa no lago, em New Hampshire, e promoveu todos os anos minirreuniões da turma de West Point; Chris De Graff e Jack Marin, que leram inúmeros rascunhos e ofereceram *feedback* de valor inestimável; Kurt Webber, meu vizinho, que partilhou cerveja caseira, charutos e me levou a passeios em New Hampshire no momento em que eu estava preso em um inferno bipolar; Tim O'Connor; Brian Concannon; Jim McGorry; Jim Harris; Mark Rocke; John Campbell; Dave Halverson; Rick Dalzell; Matt Collier; Alan Westfield, Pete Weiland; Chuck Schott; Gary e Jerry Butler; Mike Gray; Jim "Whitter" Whitt; Pat Driscoll; Chuck Johnston; Tike Traylor; o falecido Bob Cone; Doug Doan, que também foi meu maior amigo na National Defense University (NDU); Ward Rotter, que me ligava e visitava regularmente quando eu vivia no inferno bipolar; e muitos outros colegas de classe que se mostraram interessados e estimuladores.

Um enorme muito obrigado aos oficiais de serviço para estrangeiros Karen Aguillar e John Fox, que serviram comigo no AWC e na NDU entre 2010 e 2014, e são amigos fantásticos e sábios. Meus agradecimentos ao amigo Tom Lacy, que gentilmente me levou a excursões de barco e viagens em New Hampshire, no meu período de inferno bipolar; a Hunt Kerrigan e Jack Moser, que me levaram a passear em Granite State e no Maine, quando eu estava parecendo um zumbi; a Keith Belcher, que me desafiou a investigar a relação entre transtorno bipolar e religião; a Larry Dillard, Chris McGowan e David Lyle, comandantes de companhia do 5º Batalhão de Engenharia; Prof. Emérito Martin Cook, da Naval War College, que leu meus manuscritos e ofereceu enorme incentivo e orientações sensatas; e Tom Sawyer, jornalista da *Engineering News-Record* incorporado junto comigo no Iraque, e que, ao lado de seus colegas Andy Wright e Tom Armistead, procurou incansavelmente a verdade e escreveu artigos notáveis no campo de batalha. Sawyer também leu os rascunhos deste livro, forneceu ilustrações e me incentivou.

Meus amigos de Cocoa Beach escutaram, discutiram entusiasticamente, criticaram os rascunhos, deram um sincero *feedback* e me estimularam. Agradeço aos meus amigos de academia e de dança, Jeanne Frazer, que conceitualizou a "abertura impactante"; Jori e Kevin Smith; George McCombs e Mark Tate, os primeiros Cocoa Beachers a quem contei minha história bipolar; Carol Auer; Kay McNamee; Linda Mitchell e outros.

Os grandes amigos e membros da tribo "Let's Dance", Kristi e Greg Choate, Julie Coffey e Mike Ryder, Debbie Linsday, Maria O'Leary, Tess Masonbrink, Karen Bijak, Michelle Moxley e Rick Anderson, além dos incríveis amigos da academia, Kat McMillen, Susan Mara, Mary Lou Smith, Tom Smith, Clara Puleo, Jim McCormick e outros, foram especialmente prestativos e incentivadores, ativamente entusiastas e sinceros em seu *feedback*. A amizade é a chave da felicidade, e esses amigos tornaram extraordinária a vida em Cocoa Beach.

Do meu círculo de "Guerreiros do bem-estar mental", eu agradeço em especial aos seguintes colaboradores e amigos por seu interesse atuante, sincero *feedback* e encorajamento ilimitado: Bill Barko, David Bartley, Denise Nolan, Chris Brayman, Ed Ergenzinger, Dra. Megan Quinn, Dra. Jessica Gallus, Andrea Vassilev, Dra. Cecilia Corrado, Heidi Lee, Amanda Gioia, Jen Buckner, Chris Haas, Chuck Dunn, Kristen Coe, Beth Cole, Jim Warner, Sara Carlson, Katalina Groh, Carolyn Mahoney, Takwa Gordon e Dra. Connie Thomas.

Um profundo reconhecimento à International Bipolar Foundation – amigos e colegas Debbie Brown, Mika Burgess, Savanna Ruiz e Jake Volo – por seu conhecimento, incentivo e colaboração, bem como pelo desenvolvimento de meu *blog, General Gregg's Corner*.

Um agradecimento especial à *Psychology Today* e à colega Devon Frye por me aceitarem como blogueiro regular e por me ajudarem a compartilhar e disseminar minha história bipolar por meio de minha escrita e minhas ideias.

Meus colegas de equipe e amigos no *BrainStorm the Film* (brainstormthefilm.com) – Sara Schley, Dra. Holly Swartz, Dr. Jim Phelps, Dra. Devika Bhushan, Bonnie Waltch, Melanie Wallace, Nina Bogosian Quigley e Andrea Vassilev – me incentivaram, ensinaram e ofereceram sábias orientações.

A Dra. Erin Michalak, fundadora e diretora do CREST.BD na University of British Columbia, uma líder mundial em pesquisa e colaboração sobre bipolaridade, é colega, mentora e amiga, junto com o Dr. Manuel Sanchez de Carmona, especialista mundial em transtorno bipolar na Anahuac University, México, e ex-presidente da International Society of Bipolar Disorders.

Agradeço ao Dr. Pedro Carmona, bem como a Tyrone Tice, Steve Lincourt, Mark Polczynski e Chip Phelps do Cursillo[2] e aos irmãos do grupo Every Man a Warrior (EMAW), Craig Myatt, Mark Benz, John Calvin, Hershel Holiday e Larry Sherbondy.

---

2   N.R.: Retiro católico Cursillo, em Orlando, Flórida, EUA.

Deixo meus agradecimentos a todos os meus subordinados de todas as patentes – de soldados rasos a majores-generais e embaixadores, de comandantes e estado-maior a ajudantes, motoristas e secretários – por cumprirem seus deveres, tomarem conta de mim e darem apoio a seu chefe, que, agora sabemos, estava enfrentando as agruras do espectro bipolar. Foram muitos os que ofereceram impressões sinceras sobre meu comportamento, as quais ajudaram a traçar um quadro claro da progressão de minha bipolaridade. Do mesmo modo, agradeço a todos os meus pares e amigos, que serviram comigo e me apoiaram ao longo de minha carreira.

Sou grato aos líderes que me ensinaram, orientaram e inspiraram, entre eles os professores da Holbrook High School, Tony Baxter e Wally Heleen, e o diretor Bill Buckley; os professores do MIT, Harvey Sapolsky, Fred Moavenzadeh e Richard DeNeufville; os oficiais do Exército, major-general Milt Hunter, major-general Walt Wojdakowski, major-general Ron Johnson, coronel Bob Killebrew, coronel Tom Luebker, brigadeiro Dan Kaufman, brigadeiro Jim Golden, tenente-general Tom Bostick, tenente-general Dan Christman, tenente-general Bob VanAntwerp, tenentes-generais Bob e Lynda Flowers, tenente-general Carl Strock, general William "Scott" Wallace, general Marty Dempsey, general Dave Petraeus, general John "J.C." Campbell, general Lloyd Austin, general B. B. Bell, o falecido general Bob Cone e o falecido general Ray O'Dierno; e os suboficiais, sargento de pelotão Willy Wilson, da Charlie Company/94º Batalhão de Engenharia, 1º sargento Ed Leahy da Bravo Company/79º Batalhão de Engenharia; o CSM (sargento-mor do comando) Sergio Riddle e o CSM Mike Buxbaum da 130ª Brigada de Engenharia; e o CSM Ken Preston do V Corps (5º corpo do Exército), mais tarde sargento-mor do Exército.

Agradeço ao tenente-general Bob Flowers, o major-general Bob Ivany, o coronel Bill Barko, o coronel Jeff McCausland, o coronel Cortez Dial e os coronéis da capela do AWC pelo apoio e a compaixão demonstrados durante a crise bipolar de Phil em 2001-2.

Meu muito obrigado a Paul Jacobsmeyer do escritório de pré-publicação e revisão de segurança do Departamento de Defesa (DOD, na sigla em inglês) pelas sábias orientações.

Meu profundo agradecimento a meus pais, Pat e Don Martin, pelo amor, carinho e conselhos que me apoiaram nos primeiros passos, assim como a minhas irmãs e à família estendida, que me deram amor quando eu não parecia ser amado.

Também agradeço a todas as outras pessoas prestativas que encontrei ao longo de minha vida, e não foram aqui mencionadas.

Muito obrigado a meu Criador, pois sem a Sua bondade eu não teria chegado até este ponto e não haveria este livro.

Introdução

Eu amo você, mas está demitido

Estávamos em meados de julho de 2014. Eu tinha 58 anos e cumpria meu 36º ano de serviço ativo no Exército, além de ser reitor da National Defense University (NDU), a mais alta instituição educacional militar do país, localizada em Washington, D.C. A NDU é subordinada ao presidente do Estado-Maior Conjunto (Joint Chiefs of Staff), que, na ocasião, era o general Martin E. Dempsey, um oficial militar do alto escalão dos Estados Unidos. Eu fui convocado a me apresentar perante o presidente, meu chefe, em seu gabinete no Pentágono.

Enquanto meu motorista, o paraquedista do Exército, SFC (sargento de primeira classe) Bryan Alexander, dirigia o SUV preto do Exército, de Fort McNair, passando pelo rio Potomac, até o Pentágono, meu assessor, o aviador naval tenente Hunter Scott, que usava óculos de aviador estilo Top Gun, mantinha-se calado, olhando pela janela. Minha esposa, Maggie, estava sentada ao meu lado no banco de trás e também se mantinha calada, contemplando a paisagem pela janela. Ela raramente comparecia aos encontros oficiais, contudo o presidente Dempsey pedira que me acompanhasse. Ninguém falou durante o trajeto.

Eu me perguntava se o motivo dessa convocação seria que o presidente aprovara minha solicitação para uma extensão de três anos no serviço, ou desejava reafirmar sua satisfação com meu ótimo trabalho e me daria orientações para o terceiro ano seguinte no comando, ou talvez planejasse me despedir. Em meu cérebro maníaco e iludido, calculei que todos os desfechos tinham probabilidades iguais.

O general Dempsey é um homem brilhante, que eu conheço e com quem – e para quem – trabalhei por dezessete anos, desde 1997. Durante esse tempo, ele foi um chefe, colega, mentor e amigo exemplar. Nós mantivemos uma extraordinária relação pessoal e profissional e ele me escolhera para ser reitor da NDU, o terceiro trabalho seguido que realizei para o general.

Ao atravessar a porta do gabinete, percebi a presença de seu advogado na sala e pensei: *Isso não é bom*. Saudei o presidente e ele cruzou a sala para me dar um abraço. Suas palavras foram: "Gregg, eu amo você como a um irmão, mas seu tempo na NDU chegou ao fim. Você realizou um trabalho fantástico. Ninguém mais teria conseguido o que você conseguiu, e em apenas dois anos!". Mesmo assim, minha atuação à frente da reitoria terminara. "Você tem até as 17 horas de hoje para me apresentar sua carta de demissão, ou eu o demitirei. Está entendido?" O presidente citou os inúmeros relatos que recebera sobre meu comportamento e minhas ações em tempos recentes na NDU, relatos estes que demonstravam a profunda preocupação de alguns com minha saúde mental. Ele sabia que era uma situação ruim e me afastou de lá. E acrescentou: "Também estou ordenando que você faça um exame de saúde psiquiátrica por recomendação do comando, no centro médico militar Walter Reed, esta semana".

Estivesse eu em um estado mental normal, com um cérebro sadio, provavelmente teria ficado atordoado, chateado ou desapontado. Porém, era tal meu estado de completa mania que não tive qualquer uma dessas reações. Eu já estava antevendo minha próxima missão grandiosa atribuída por Deus.

De fato, meu comportamento *tornara-se* errático e perturbador para a missão. Eu *perdera* a confiança de grande parte do estado-maior e do corpo docente da NDU. Renunciei naquela tarde.

Para ser exato, não fui injustiçado. O presidente Dempsey tomou a decisão correta. Ele estava cuidando de minha saúde e meu bem-estar, meu casamento e minha família, assim como do bem-estar e do sucesso da missão de sua universidade. Estivesse eu em seu lugar, certamente minha decisão seria a mesma. A liderança da embaixadora Wanda Nesbitt, que assumiu meu lugar como reitora interina, trouxe muitos benefícios para a NDU.

Eu não costumo discutir decisões, nem médicas nem administrativas. Além do mais, não sou médico, e acredito que os clínicos no Walter Reed são profissionais dedicados a fazer o seu melhor. Mas a questão era a seguinte: uma semana antes de ser instado a renunciar, eu passara pelo exame de dois médicos – meu clínico geral e um psiquiatra –, que me deram um claro atestado de saúde. "Minha opinião profissional é a de que o [major-general] Martin se encontra física e mentalmente apto para o serviço", escreveu o primeiro. O psiquiatra escreveu: "Eu não encontro evidências de doença psiquiátrica. Mais especificamente, ele não apresenta depressão, mania nem psicose. Ele está fisicamente apto para o serviço". Ao citar esse fato, meu intuito não é criticar, mas apenas enfatizar a dificuldade, mesmo dos profissionais da medicina, para identificar e diagnosticar corretamente o transtorno bipolar, inclusive quando ele está em um estágio agudo.

Até aquele dia no gabinete do presidente, nunca me ocorrera que eu estava mentalmente doente. Eu me sentia incrível e cheio de energia, dinamismo e ideias. De fato, na semana posterior à minha renúncia, passei por outro exame médico banal: "apto para o serviço". No entanto, a verdade é que, durante mais de uma década, eu servira na função de comandante sênior do Exército dos Estados Unidos, sem saber que sofria de um transtorno bipolar não percebido e não diagnosticado. De acordo com autoridades médicas, minha predisposição genética para a doença foi "despertada" em 2003, quando eu estava servindo como coronel e comandante de brigada durante a invasão americana do Iraque. O distúrbio foi se agravando por quase uma década, e, entre 2012 e o verão de 2014, minha mania se tornou primeiramente aguda e, depois, tomou conta de mim. No final de 2014, quatro meses após minha renúncia da NDU, entrei em uma espiral e, em seguida, mergulhei em uma depressão grave em um estado de psicose. Do final de 2014 até 2016, vivi em um "inferno bipolar", debatendo-me por minha vida.

Houve indícios e sintomas? Como eu não os percebi? Como puderam minha família, meus amigos e colegas deixar de notá-los? Como a instituição em que eu trabalhei durante tanto tempo também não os identificou? Se houve indícios, quais foram eles?

Minha renúncia da NDU foi o clímax. Após um aumento gradativo ao longo de onze anos, atingi o auge de uma mania completa e o início da subsequente espiral para dentro de uma profunda depressão e um estado de psicose (delírios e alucinações). Minha doença viria a piorar muito durante os dois anos seguintes. Eu logo me transformaria em um espectro daquele que tinha sido. Foi o mais duro combate de toda a minha vida.

Em suma, o que é exatamente o transtorno bipolar?

Derivado de um conceito diferente e mais amplo – denominado transtorno maníaco-depressivo (TMD) –, "transtorno bipolar" é um termo criado em 1980 pela American Psychiatric Association para a terceira edição de seu manual oficial de diagnóstico, o *Manual diagnóstico e estatístico de transtornos mentais* (DSM), e continuou em uso. O manual está atualmente em sua quinta edição (DSM-5). Transtorno bipolar é um termo genérico que, de acordo com o DSM-5, envolve a presença de episódios de mania prolongados e discretos que, em geral, alternam-se com episódios depressivos ainda mais prolongados. Ele compreende um conjunto de distúrbios correlatos, cuja característica é a existência de transições ou ciclos distintos e extremos. Esses estados de humor oscilam entre dois polos de variados graus: mania e depressão, ou "euforia" e "desalento". Essa observação é importante, porque a conceituação do DSM para transtorno bipolar pressupõe longa duração de episódios discretos, ao contrário do TMD, que pode envolver oscilações rápidas e breves com ou sem episódios prolongados e discretos.

Os estados de mania são marcados tipicamente por humor exaltado, efusivo ou irritadiço, acompanhado de nível aumentado de energia, sentimento de excessiva felicidade e otimismo – estados em que a pessoa se mostra muito falante, porém com a fala carregada de tensão, ou tem a autoestima inflada e/ou se sente grandioso ou religioso. Normalmente ela tem pouca necessidade de dormir, já que é comum se sentir descansada depois de três a quatro horas; contudo, a mente se mantém fervilhante de ideias e desatenta, o que pode levar o paciente a tomar parte em atividades perigosas, muito arriscadas ou potencialmente dolorosas, como abuso de álcool e drogas, sexo de risco elevado e gastos extravagantes.

Mania é muito mais do que a sensação de estar feliz e cheio de energia. Ela pode representar uma ameaça à vida e ser altamente destrutiva. Alguns sintomas maníacos são suficientemente graves a ponto de causar acentuado impedimento social ou ocupacional, ou mesmo exigir hospitalização a fim de que sejam evitados danos para a própria pessoa ou para outros. A mania é acionada, em grande parte, pelo excesso na produção e distribuição de substâncias químicas essenciais que formam e regulam o humor, mais notadamente a dopamina e as endorfinas. Os episódios profundos de depressão, por sua vez, em geral resultam de um nível baixo de energia, da falta de interesse e do sentimento de pouca valia, desesperança, falta de concentração, confusão, indecisão e recorrentes pensamentos de morte. Uma pessoa em crise de depressão se sente deprimida a maior parte do dia, quase todos os dias, e com frequência se mostra triste, vazia e sem esperança. Esses indivíduos encontram pouco interesse ou prazer na maioria das atividades, e quase sempre experimentam significativa alteração no peso e no apetite.

Entretanto, depressão é muito mais do que apenas ter um dia ruim e sentir tristeza. A verdadeira depressão do ponto de vista médico é uma doença que oferece risco à vida e inspira recorrentes pensamentos de suicídio. Ela é o espelho reverso da mania, e é desencadeada em grande medida pela deficiência na produção e distribuição das mesmas substâncias químicas que formam e regulam o humor – dopamina, endorfinas e outras. O transtorno bipolar e outras formas de doença mental são, na verdade, doenças físicas que ocorrem dentro dos complexos componentes bioquímicos e neurológicos do cérebro. Essas doenças do cérebro não são uma "falha" da pessoa afligida nem uma evidência de fraqueza moral, deficiência de caráter ou falta de força de vontade. Assim sendo, deve ser tratada como são tratados todos aqueles acometidos por câncer, diabetes ou a fratura de um braço – diagnosticar, tratar, curar e devolvê-los a uma vida feliz e saudável. Não criticamos o paciente aflito – nós amamos, oferecemos apoio e ajudamos –, porque as pessoas portadoras de transtorno bipolar e outras doenças mentais são merecedoras e carentes do mesmo apoio.

Dito isso, uma pessoa acometida pelo transtorno bipolar pode, sem qualquer culpa sua, prejudicar relacionamentos – algumas vezes como uma bola de demolição humana – em seu casamento e na família, com os amigos e colegas.

Além dessas manifestações mais graves, o transtorno bipolar pode se apresentar outras vezes em um quadro mais leve, de forma que não é percebido por aqueles que convivem com o doente.

Contexto

Meu cérebro passou a manifestar um estado de mania total em 2014, quando eu tinha 58 anos. Essa ocorrência é denominada "transtorno bipolar de início tardio" e é rara, pois apenas cerca de 5% dos casos diagnosticados ocorrem em um período avançado da vida. É bem possível que eu tenha tido anteriormente um caso não diagnosticado de transtorno bipolar, porém não houve sintomas bipolares claros que fossem reconhecidos por mim nem pelos outros antes de eu chegar aos 58 anos.

Analisando em retrospectiva, no entanto, todos os sinais de alerta – sintomas mais leves da doença – estavam presentes havia mais de uma década.

É provável que, antes do diagnóstico, a doença bipolar tenha me estimulado, alavancado meu desempenho e contribuído para que eu fosse mais bem-sucedido do que seria em outras circunstâncias. Meu extraordinário grau de energia, entusiasmo e extroversão foram fundamentais para minhas grandes realizações. Contudo, depois de um trajeto tumultuoso e uma vida de conquistas notáveis em sua quase totalidade, acabei desabando.

Mesmo antes do momento em que entrei em estado de mania total, todas as pessoas – eu mesmo, minha família, meus colegas de trabalho – não sabiam diferenciar o Gregg Martin "normal" do Gregg Martin "hipomaníaco" e até mesmo do Gregg Martin "maníaco total"; a mesma coisa aconteceu em relação ao lado depressivo da doença. Em geral, não há uma linha nítida distinguindo a personalidade dos diversos estágios da doença, à medida que ela avança. O transtorno bipolar consegue se dissimular no meio das características normais e saudáveis da personalidade e dentro delas. Ele costuma se mascarar, o que dificulta sua detecção e os diagnósticos por médicos e outros indivíduos envolvidos. Apesar de minha situação precária, contei com o extraordinário apoio de uma rede de segurança e uma família solidária. Muitos daqueles abatidos por essa doença devastadora não têm a mesma sorte. De um estado de confusão, solidão e pobreza eles se tornam destroçados, despossuídos e prisioneiros – ou morrem.

O impacto do transtorno bipolar sobre as outras pessoas

O impacto do transtorno bipolar não está restrito àqueles por ele acometidos. Com muita frequência, ele se torna um problema de família e, quase sempre, também da comunidade – "nenhum ser humano é uma ilha". As consequências nos outros costumam ser destrutivas. A doença destrói indiscriminadamente casamentos, famílias, amizades, carreiras e finanças. No meu caso, ela levou nosso relacionamento familiar até a beira da devastação. Chegamos perto do ponto de uma deterioração irreparável.

Felizmente, meu relacionamento matrimonial e familiar sobreviveu à experiência, cicatrizado ao longo do tempo, e vem se fortalecendo continuamente nos últimos anos. Eu fui de fato abençoado por ter uma família assim acolhedora e afetuosa – Maggie e nossos três filhos –, uma família que nunca me abandonou. Meus dois filhos que também têm diagnóstico de transtorno bipolar foram especialmente prestativos e empáticos, dada a própria condição deles. O transtorno bipolar forjou um poderoso vínculo partilhado que nunca havíamos imaginado. Mas, de sua maneira própria e incomum, provou-se uma benção sem paralelo.

Da mesma forma, as amizades passaram por uma extrema tensão. Contei com alguns amigos determinados e leais, que se mantiveram ao meu lado durante o mais difícil dos tempos, e me entregaram amizade e apoio inabaláveis – eles acreditavam na ética do Exército de "nunca abandonar um camarada abatido", e a colocaram em prática. Um grande amigo – o coronel reformado do Exército Bill Barko – foi fundamental para minha salvação. Meus colegas de classe de West Point foram fantásticos, mantendo a confiança e permanecendo leais – um verdadeiro bando de irmãos. Tive também alguns líderes seniores muito solidários. Por outro lado, houve amigos, colegas e mentores que desapareceram. Todavia, para ser justo, a maioria não compreendia o que estava acontecendo comigo, enquanto para outros a experiência era dolorosa demais e eles queriam esquecê-la.

No tocante à minha carreira, acredito que o transtorno bipolar ajudou bastante até o momento em que o distúrbio saiu de controle e provocou o fim inglório daquilo que, de outro modo, teria sido uma prestigiada carreira militar. Tive a sorte de a doença não ter se tornado aguda antes de eu chegar a uma fase avançada de minha carreira – momento em que fui afastado do comando. Nessa época, faltava menos de um ano para minha reforma programada. E o real diagnóstico médico de transtorno bipolar chegou seis meses antes da aposentadoria. Se esse diagnóstico tivesse acontecido antes, eu teria perdido minha autorização de segurança e sido dispensado do Exército por motivos médicos. Essa possibilidade motiva outros indivíduos portadores de doenças mentais a escondê-la em vez de confrontá-la.

Meu colapso produziu um impacto grave e perturbador na universidade que eu dirigia. Eles precisaram deslocar um líder sênior – Embaixadora Nesbitt – de seu posto de vice-reitora e levá-la a assumir a função de reitora em exercício até o momento em que meu substituto permanente fosse encontrado e empossado. Do mesmo modo, a unidade que me aceitou por dez meses depois da NDU – o Corpo de engenheiros do Exército – se viu obrigada a garantir diversas formas de apoio, enquanto procurava descobrir como, de uma hora para outra, integrar um duas estrelas no conjunto de lideranças e na química organizacional. Minha situação causou para as duas organizações uma disrupção de grande repercussão.

Alguns dos meus subordinados dos tempos nefastos dos episódios de mania me ignoram ou se recusam a conversar comigo, mesmo quando lhes falo que estava doente e que suas observações sinceras poderiam ajudar a salvar vidas. Infelizmente eles ficaram tão traumatizados com a experiência e/ou continuam tão revoltados comigo que preferem não revisitar aquele doloroso capítulo de sua vida. Naquela época eu estava maníaco. Eu os assustei, e isso os abalou profundamente.

Examinando em retrospectiva, é provável que eu vivesse dentro do espectro da bipolaridade, apresentando uma manifestação branda de um subdistúrbio bipolar desde a adolescência, com sintomas que foram se agravando ao longo dos anos como parte de uma doença mental de intensidade gradativamente crescente. Mas, a exemplo de um sapo deitado em um pote de água que se aquece lentamente, minha doença não foi percebida até o momento em que a água ferveu, e fui acometido por uma mania aguda, para depois mergulhar em grave depressão.

Décadas de um comportamento maníaco em nível baixo e moderado dentro do Exército não levaram ao reconhecimento de qualquer sintoma bipolar. Posteriormente, um renomado psiquiatra diagnosticou a presença de "hipertimia" – que não é uma doença mental, mas sim uma personalidade anormal, uma forma quase permanente de um "grau reduzido de mania" na qual traços de mania branda fazem parte da personalidade – desde minha adolescência. Na verdade, meu excepcional nível de energia, entusiasmo e dinamismo foram traços de personalidade muito valorizados que alavancaram meu continuado progresso no Exército. Nem mesmo o diagnóstico de severo transtorno bipolar recebido por meu filho adolescente mais velho, em 2001, e o de ciclotimia (uma forma mais leve da doença) dado em 2010 a meu filho mais novo, então com 21 anos, foram suficientes para despertar em mim, em minha família, meus amigos e colegas de profissão, ou na instituição, a suspeita de eu ser um potencial portador do distúrbio – uma doença inteiramente genética.

1
Soldado por acaso

Eu cresci em Holbrook, Massachusetts, perto de Boston. Minha mãe, Patricia Kelly, era de Boston. Quando adolescente, ela presenciou a morte súbita da mãe, o que provocou seu rápido amadurecimento. Seu pai, Jim "Pop" Kelly, veterano da Marinha, que lutou na Primeira Guerra Mundial, era eletricista e oficial de polícia de Boston. Minha mãe tinha dois irmãos, Jim e Joe Kelly, ambos formados pela U.S. Coast Guard Academy. Eles serviram durante toda a carreira na guarda costeira e chegaram à patente de capitão. Minha mãe, uma mulher muito inteligente e atleta excelente, tinha extraordinário nível de energia, entusiasmo e também um notável senso de humor, além de uma particular predileção por um amor difícil. Além de ser dotada de um temperamento explosivo e ser uma profissional à frente de seu tempo, ela era resistente com um prego. Nós a apelidamos de "Irish Drill Sergeant" (sargento instrutor irlandês). Depois da morte de meu pai, ela foi ficando cada vez mais extrovertida – aos 73 anos – e se converteu em um dínamo de proporções épicas. Minha mãe se tornou uma lenda em seu lar adotado de Gilford, New Hampshire, em virtude do extraordinário nível de energia e entusiasmo, sempre alegre, até sua morte aos 91 anos. Com quase 90 anos, quando problemas cardíacos a desaceleraram, ela ainda praticava esqui nas encostas, ciclismo, fazia caminhadas, nadava, caminhava na neve, e muito mais. Dos meus pais, era ela a que comandava.

Meu pai, Donald Martin, era de Chelsea, Massachusetts, e serviu na Marinha como soldado durante a Segunda Guerra Mundial, no campo de operações do Pacífico. Todos os seus três irmãos também serviram – dois na Marinha e um no Exército. Meu avô, Tom Martin, fazia conserto de máquinas de escrever, portanto meu pai viveu em uma família bastante pobre no período em que era criança. A Marinha foi o maior acontecimento da vida dele, ao lado de sua família. Ele sempre afirmou que Harry Truman foi seu presidente favorito, por ter jogado as bombas atômicas, colocando um fim na Segunda Guerra Mundial e salvando a vida de muitos americanos, vidas que teriam sido perdidas na planejada invasão do Japão. Após a guerra, ele se valeu da lei de benefícios para os veteranos (GI Bill) para cursar a Universidade do Kansas, onde se graduou em administração, iniciando em seguida sua carreira profissional no Missouri. Em 1954, meu pai se mudou com a família de volta para Massachusetts, onde eu nasci, dois anos mais tarde. Ele era um sujeito bastante tranquilo, extrovertido e amigável, um bom atleta, dotado de muita energia e entusiasmo, além de adorar praticar esportes ao ar livre e desfrutar aventuras na companhia de minha mãe e da família. Entretanto, ao mesmo tempo que gostava muito de brincar e dar boas risadas, demonstrava às vezes um temperamento explosivo. Ele também não sabia dizer não aos amigos, que costumavam incentivá-lo a concorrer a cargos públicos locais e tomar parte em atividades e comitês de caráter cívico, escolar e religioso, o que o afastava de casa em muitas noites e irritava minha mãe. Meus pais eram americanos católicos de ascendência irlandesa, cujos avós haviam emigrado. Eles foram filhos da Grande Depressão e da Segunda Guerra Mundial, e também parte da "Geração grandiosa".

Fui abençoado por ter como pais essas duas pessoas fantásticas, amorosas e dedicadas. Eles me criaram muito bem e me proporcionaram as bases para um excelente início de vida.

Infância

Tive uma infância feliz, ao lado de três irmãs mais velhas – Donna, Denise e Kelly – e uma mais nova – Jill. Não tive irmãos. Minha família não me deu um tratamento diferenciado pelo fato de eu ser o único garoto. Não fui mimado. A segunda irmã mais velha era bastante célebre e até um pouco temida na vizinhança, porque era alta, muito forte e intimidadora, e conseguia bater em quase todos os garotos que se aproximassem. Ela foi nossa protetora.

Nós mantivemos relações estreitas, e minhas irmãs costumavam ir me visitar em West Point, assim como em outros países e outras regiões dos Estados Unidos. Três de nós, junto com nossos pais, adquirimos um chalé nas montanhas em Gilford, New Hampshire, um local ideal tanto para as atividades de verão como as de inverno. Nós mantivemos a propriedade conjunta desse espaço entre 1984 e 2012. O esquema funcionou muito bem enquanto todas as crianças eram pequenas, e nós morávamos a uma distância passível de ser percorrida de carro, no nordeste.

Na nossa casa em Holbrook, que ficava nas proximidades de um bosque, havia um quintal e muitas crianças com as quais minhas irmãs e eu podíamos brincar. A geração "baby boom", após a Segunda Guerra Mundial, proliferava em nossa vizinhança e nossa cidade. Crianças da minha idade surgiam em muitas das casas. Eu era um garoto muito dinâmico: subia em árvores, brincava na terra com brinquedos de engenharia de construções, brincava de índio e caubói e, certamente, também de exército. Mais tarde, essa energia foi canalizada para os esportes.

Na primeira série, frequentei uma escola que ocupava uma única sala. Ao longo da caminhada diária até a escola, nós precisávamos ficar atentos aos ataques de cachorros. Em nosso bairro havia uma infinidade de cães grandes e bravos, alguns dos quais sempre amedrontavam minhas irmãs e eu, o que me levou a ter muito medo e repulsa por cães até a vida adulta. Meus pais também tinham medo e repulsa por cachorros – eles haviam lidado com muitos cães agressivos na cidade. Tão logo pude, tornei-me entregador de jornais e tinha minha própria rota. Essa atividade me permitia ganhar algum dinheiro, mas me expunha diariamente a muitos cães ferozes. Aprendi diversas maneiras de afastá-los de mim, algumas engenhosas e outras que exigiam força bruta.

À medida que fui crescendo, passei a me dedicar ao basquete – minha meta era me tornar jogador profissional. Fiz tudo o que foi humanamente possível para alcançar meu objetivo; contudo, limitações físicas (altura, velocidade, capacidade de saltar) me impediram de realizar esse desejo. Meu herói e modelo a ser seguido foi John "Hondo" Havlicek, o número dezessete do Boston Celtics, que era famoso pelo entusiasmo, a agilidade e a energia. Eu fazia exercícios de basquete frequentemente, participava todos os verões de acampamentos dedicados a esse esporte, jogava em ligas de verão, assistia a inúmeros jogos profissionais e também de alunos de faculdade e colégio – ao vivo e na televisão –, ia para as quadras de basquete da cidade, e voltava (um quilômetro e meio em cada sentido), fazendo exercícios de drible e jogadas de ataque durante todo o trajeto, e removia a neve das quadras para que pudéssemos jogar na quadra inteira. Em casa, à noite, eu praticava no aro de nossa garagem com a luz de um holofote.

Minha vida acontecia em torno do basquete. Nos verões, quando a família ia para o lago ou a praia para velejar, andar de barco e praticar esqui aquático, eu costumava ficar em casa e jogar basquete. Isso deixava meus pais um pouco irritados, mas eles, em geral, apoiavam minha paixão. Anos mais tarde, minha mãe passou a acreditar que aquilo já era uma primeira manifestação da mania.

Desconhecido para mim e muitas outras pessoas, e só recentemente diagnosticado pelo renomado psiquiatra Nassir Ghaemi, o transtorno que me acompanha desde a adolescência até os dias de hoje é a chamada personalidade hipertímica. Esse transtorno se caracteriza por um estado quase permanente de mania branda – que não deve ser confundido com a hipomania, marcada por episódios periódicos de mania branda) –, condição esta que confere à pessoa acometida o benefício de níveis excepcionalmente elevados de energia, dinamismo, criatividade, entusiasmo e otimismo. Ele acentua e estimula o talento e o desempenho naturais. De muitas formas, proporciona à pessoa uma vantagem significativa em relação àquelas que não sofrem de hipertimia. Por outro lado, no entanto, deixa o indivíduo mais suscetível a desenvolver um quadro de mania plena, depressão e oscilações extremas de humor, sintomas do transtorno bipolar. Ao longo dos anos, a hipertimia me beneficiou enormemente; porém, à medida que avançava para uma condição de mania e distúrbio bipolar, tornou-se uma ameaça. (É importante registrar que as pessoas portadoras de hipertimia não necessariamente desenvolvem transtorno bipolar, e aquelas acometidas pelo transtorno bipolar podem não ter tido hipertimia.)

Ensino médio

Na qualidade de atleta de destaque em várias modalidades esportivas e capitão de equipe no ensino médio, além de aluno condecorado com honra ao mérito, delegado do Boys State e eleito o "mais inclinado a ter sucesso" e o "mais atlético" da minha classe, eu tinha níveis excepcionalmente elevados de energia, entusiasmo, exuberância e criatividade – traços que conservei no decorrer de toda a minha vida.

Não havia indícios de que eu tivesse predisposição genética para desenvolver transtorno bipolar. Com exceção de uma tia pelo lado de minha mãe, que foi diagnosticada com essa doença, não havia qualquer outro histórico familiar conhecido desse distúrbio nem de qualquer outra enfermidade do cérebro ou doença mental. Sem sombra de dúvida, naquele tempo as doenças mentais carregavam um terrível estigma, sendo motivo de vergonha, e assim essas questões eram mantidas em segredo. A existência das pessoas portadoras de doenças mentais era sistematicamente ignorada, até mesmo no seio da própria família. Com o conhecimento que adquiri até aqui, eu agora acredito que outros membros de minha família direta podem ter tido transtorno bipolar não diagnosticado, embora nunca tão grave como o que meu filho Phillip e eu vivenciamos. Hoje eu consigo reconhecer claramente os sintomas.

Havia um lado diferente de minha personalidade, que era característico daqueles tempos. No ensino médio, eu gostava de ir a festas com meus amigos, bem como sair com as garotas e ouvir música de diversos gêneros, como *rock, folk, country, pop, bluegrass* e outros mais. Eu gostava muito de assistir a concertos ao vivo na companhia de familiares e amigos e, igualmente, ouvir um grande número de cantores e grupos musicais.

A natureza e o meio ambiente também me fascinavam. Eu costumava ler muitos livros de autores naturalistas como John Muir e outros, e passava bastante tempo nos bosques. E, embora tivesse sido no ensino médio um ótimo jogador de basquete, muito devotado ao esporte, entendi nos primeiros anos da faculdade que nunca seria um jogador profissional. Joguei contra alguns garotos do centro de Boston que jogavam basquete na primeira divisão universitária, e até mesmo nos profissionais, e para mim não seria possível competir fisicamente no nível deles. Ao mesmo tempo, a leitura e as atividades ligadas à natureza despertaram em mim um novo objetivo, que nunca se concretizou – tornar-me um guarda-florestal. Além disso, em um esforço para encontrar paz e serenidade, eu me entreguei à meditação transcendental e à yoga.

O ensino médio no início dos anos 1970 nas cercanias de Boston foi uma experiência interessante. Os protestos, as passeatas e as drogas da contracultura varreram nossa sociedade (pelo menos perto de Boston), e nós vivenciamos diversos problemas e questões disciplinares em nossa escola. As cortes haviam determinado a ilegalidade da imposição de códigos de vestimenta, padrões de corte de cabelo e outras regras disciplinares desse tipo pelas escolas. O ambiente escolar se tornou um campo aberto, ao qual os estudantes tinham livre acesso; e, antes que se percebesse, o vício em drogas e álcool, as brigas e as ameaças de bomba aumentaram drasticamente. Essa situação culminou em atentado à bomba em escolas, cuja consequência foi o patrulhamento escolar durante meses por oficiais armados da polícia, a fim de garantir segurança e proteção. Na sequência, muitos estudantes nas escolas passaram a participar de protestos de paz contrários à Guerra do Vietnã e manifestações contra a autoridade. Eu lia diariamente os jornais e acompanhava os eventos mundiais e políticos, em especial, mais de perto, sobre a Guerra do Vietnã.

Perguntei às minhas quatro irmãs se elas se lembravam de alguma coisa incomum sobre minha fase de crescimento, que pudesse indicar uma propensão ao transtorno bipolar. Além da dedicação exagerada ao basquete, elas disseram que, à mesa do jantar, eu costumava irritar nosso pai por não participar com ele de discussões e conversas sobre um assunto qualquer – política local, eventos mundiais, ou sobre como tinha sido meu dia. Nosso pai desejava manter um diálogo engajado, com contato visual, e eu opunha resistência.

Ele tinha muito orgulho de minhas realizações atléticas, assistia a todos os meus jogos e participava de todos os meus eventos, aplaudindo com vontade. Mas, durante anos, em casa, também me chamou de "a esfinge", irritado pelo meu silêncio à mesa de jantar. Eu tinha um comportamento egoísta, imaturo e fora do padrão para o tipo de personalidade que acabaria manifestando. Meu pai era um sujeito extrovertido, entusiástico e agradável, que simplesmente tentava se comunicar com os filhos e manter um diálogo interessante, uma característica muito parecida com a que eu assumi quando pai.

A essa mesma pergunta, minha irmã mais nova, Jill, respondeu que, quando estava no ensino fundamental, eu ganhara de presente de Natal um machadinho de escoteiro e perguntara a elas: "Você acha que a mamãe ficaria zangada se eu fizesse buracos nas paredes da casa?". Jill ficou horrorizada e respondeu: "Sim. Sem dúvida ficaria!". Eu não me lembro desse evento, mas ela jura que é verdade. Contudo, nunca fiz buracos nem usei o machadinho de forma agressiva.

O único comentário que minha mãe fez a essa pergunta foi a respeito de minha obsessão com o basquete, que me levava a preferir ficar em casa e jogar bola a ir com a família à praia ou ao lago.

Universidade do Maine

Depois de me formar no ensino médio em Holbrook, em junho de 1974, entrei, no mês de setembro seguinte, na Universidade do Maine, em Orono, aos 18 anos. Cursei o primeiro ano lá e me juntei voluntariamente ao ROTC (corpo de treinamento de oficiais da reserva) do Exército – o início de minha longa trajetória de soldado, uma trajetória que durou quatro décadas. O objetivo de meu ingresso no ROTC foi ter a possibilidade de participar do Ranger Club, cujos membros realizavam excitantes excursões de aventura, como montanhismo, esqui, *rafting* e outros.

Inicialmente, travei uma luta medonha com os desafios impostos pelas atividades acadêmicas de nível universitário, pois não havia adquirido a necessária base no ensino médio. Além disso, havia centenas de alunos nas salas de aula e as oportunidades para explicações adicionais eram escassas. Os professores também tinham horário de expediente limitado e, muitas vezes, sua competência para ensinar ficava aquém do desejado. Depois das primeiras seis semanas, eu estava indo mal, com notas F em todas as disciplinas, exceto um B no ROTC, e média de notas inferior a 20%. Além disso, eu tinha saudades de casa e, pela primeira vez na vida, comecei a me sentir solitário e deprimido. O herói do ensino médio transformara-se em uma negação acadêmica. Minha confiança foi abalada, e eu me sentia um perdedor. Hoje acredito que aquele foi meu primeiro embate com a depressão, o que, quando associado à hipertimia, desencadeou o transtorno bipolar.

Sentindo-me pior do que em qualquer momento anterior de minha vida, eu precisava de ajuda. Naquela ocasião, vivi uma intensa experiência religiosa com a organização evangélica do *campus*, chamada Navigators, na qual me tornei um "cristão renascido", em 17 de outubro de 1974. Todos os aspectos de minha vida melhoraram rapidamente depois daquela experiência de conversão: desempenho acadêmico (entrei para a lista de honra ao mérito da instituição no segundo semestre); motivação; organização pessoal; hábitos de estudo; manutenção de uma agenda disciplinada; arrumação de meu dormitório; aptidão física, mental e emocional; e vida social. Meus níveis de energia, entusiasmo e intensidade de concentração experimentaram uma escalada. Eu me sentia mais feliz do que nunca. Eu não sabia na época, mas isso era o resultado de uma intensa e prolongada euforia natural em meu cérebro, em consequência de um aumento significativo da produção e distribuição de substâncias químicas essenciais, como a dopamina e as endorfinas.

Vivi um enorme surto da atividade religiosa, que envolveu momentos de silêncio pela manhã, orações, leitura e memorização das escrituras, estudo da Bíblia, participação na igreja protestante e em retiros e atividades de evangelização dentro do *campus*. De acordo com meus amigos da Navigators, eu fora incendiado e preenchido pelo Espírito Santo. Eu me sentia incrível e operava em nível muito alto.

Foi uma grande mudança para um "católico de berço" que até então não tinha sido particularmente religioso, uma mudança que surpreendeu meus pais e familiares. Minha nova religiosidade os preocupou, e eles não conseguiam entender por que não bastava ser um católico romano. Tentei com todas as forças explicar minha conversão e convencê-los a fazer a mesma coisa, mas eles se limitavam a me olhar com desconfiança.

Agora acredito que, provavelmente, até o momento de minha conversão eu vivia em estado de depressão, seguido por um quadro prolongado de hipomania intensa e de alto desempenho, e que, possivelmente, eu também estava tomado pelo Espírito Santo. Tenho certeza de que Deus consegue fazer as duas coisas de uma só vez. Além disso, é possível que a experiência religiosa tenha desencadeado e alimentado a hipomania, o que, por sua vez, fortaleceu meu fervor religioso. Porém, como eu tinha plena capacidade funcional e meu desempenho havia melhorado em todos os domínios, ninguém percebeu o que acontecia.

Essa experiência também deu início a uma ligação duradoura com a Navigators, um vínculo que viria a desempenhar um importante papel ao longo de minha vida. Os nove meses que passei na University of Maine tornaram-se uma experiência transformadora em muitos aspectos.

O Exército dos Estados Unidos e West Point

Pouco depois de concluir meu semestre da primavera na Universidade do Maine, fui aceito em West Point, onde entrei em junho de 1975. Grande parte do estímulo para entrar em West Point veio de minha mãe, cujos dois irmãos haviam se formado na U.S. Coast Guard Academy e seguido uma carreira militar integral. Ela considerava fantásticas as academias militares e me incentivou a seguir esse caminho. Eu preferia outras academias e divisões de serviço militar, mas, em razão da minha condição de visão, era desqualificado de todos por motivos de saúde, exceto West Point.

Dadas as consequências da Guerra do Vietnã, no entanto, eu estava reticente em relação ao Exército. Eu conhecia inúmeros veteranos de combate de minha cidade natal, entre eles um excelente professor do ensino médio e treinador, e fui aconselhado por eles a me manter distante do Exército. Eu também li bastante a respeito da Guerra do Vietnã e do próprio Exército, e fiquei com uma impressão negativa. Contudo, no final, deixei minha casa e me apresentei em West Point, caindo nos braços da nova "mãe" e nova "família" que me aguardava – o Exército dos Estados Unidos. Minha turma foi a última classe de West Point formada apenas por homens e a primeira a ter autorização para usar calculadoras eletrônicas – todas as turmas anteriores usavam réguas de cálculo. Os tempos estavam mudando.

Inicialmente, eu me senti infeliz em West Point e estava prestes a abandonar a academia, sobretudo porque considerava fácil demais o treinamento físico e imaturo, tirânico e inefetivo o estilo de liderança. Em outras palavras, a academia se mostrava muito aquém do elevado padrão que eu esperara. Meu pai concordava com minha decisão e afirmou: "É isso mesmo, venha para casa; ainda há muito verão pela frente; nós vamos levar o barco para o lago para esquiar um pouco". Minha mãe, contudo, gritou comigo no telefone: "Que diabos, você acabou de chegar aí e nem sabe por que vai embora! Você não vai simplesmente desistir!! Volte para lá agora mesmo e se esforce, caramba!!".

Assim, entendi que minha mãe estava certa e eu não iria voltar para casa e ter que encará-la; então decidi ficar. Uma vez feito o "ajuste de atitude", passei a me dedicar com uma fúria implacável e assumi comigo o compromisso de ser o melhor em tudo o que fazíamos. Os "versículos empoderadores" do Navigator voltaram ribombando à minha mente e alimentaram em mim uma atitude ultrapositiva: "Qualquer coisa que você fizer, faça-a com todo o coração". Depois de um início vagaroso, eu me destaquei e fui declarado o "melhor cadete novato" de meu pelotão durante o "Beast Barracks" (o treinamento básico de cadetes) – uma prática célebre por seu caráter extenuante, bem com seu rigor e a dor (psicológica, emocional e física) imposta. Descobri que, quando me forçava até o limite de minhas possibilidades ao fazer tudo o que podia para ajudar meus companheiros, eu sempre me superava e ia além do convencional. Esse foi um excelente aprendizado, que muito me valeu no Exército.

Uma vez concluído o treinamento do Beast Barracks, assumi o compromisso de permanecer em West Point por um período de dois anos. Ao completar os dois anos, todo cadete podia deixar a academia sem qualquer obrigação de realizar o serviço militar. Entretanto, ao entrar no terceiro ano, ele passa a ser obrigado a dedicar um tempo ao Exército – como oficial, após concluir sua formação, ou como soldado alistado, se não conseguir se formar. Por isso, essa era uma decisão importante. No início do terceiro ano, eu me comprometi a terminar a graduação e depois assumir o serviço militar ativo, liderando os soldados no Exército dos EUA durante meu período de cinco anos de serviço obrigatório. Essa é a forma encontrada pelo governo americano de obter o pagamento pelos quatro anos de bolsa de estudos que ele concede a todos os cadetes.

Para mim, foi uma decisão fácil. Eu me apaixonara por West Point e pelo Exército, e desejava servir como comandante militar. Eu queria viajar para novos lugares e assumir missões desafiadoras e emocionantes.

Eu estava extremamente motivado. Meus colegas de classe me apelidaram de "Indomável" ou de "Maluco". Meu nome fazia parte da lista de honra ao mérito da instituição, e recebi duas vezes o distintivo de vencedor em esportes de equipe da universidade (nós derrotamos duas vezes o time da Marinha quando eu era corredor de meia distância no atletismo); além disso, competi em triatlo, *cross-country* e esqui; e fiquei em primeiro lugar no *ranking* de educação física da minha turma do terceiro ano de 1979. A natureza de intensa atividade física e atlética de West Point era perfeita para mim – eu adorava e sobressaía. Minha hipertimia acentuava todos os aspectos de meu talento natural e me conferia um estímulo significativo.

O programa acadêmico de West Point era muito superior ao da Universidade do Maine. O currículo amplo e profundo tinha uma acentuada ênfase nos temas públicos e da área de humanidades, assim como em matemática, ciências e engenharia. O foco do Exército era fundamentalmente comandar pessoas, mas essas pessoas lutavam com armas e equipamentos dependentes de tecnologia. Desse modo, nós estudávamos os dois domínios em profundidade. Eu me saía melhor nos cursos de matemática, ciências e engenharia; no entanto, tinha uma paixão muito mais forte pelas humanidades, em especial história, política e psicologia. As ciências humanas me fascinavam e eu me sentia mais vivo nessas aulas.

Todas as turmas eram pequenas, com apenas dezesseis cadetes. Mais de 90% dos instrutores prestavam serviço ativo como oficiais do Exército, sendo, em sua maioria, tipicamente capitães ou majores bem-sucedidos, na casa dos 30 a 40 anos, escolhidos com o específico objetivo de obterem o grau de mestre ou de doutor nas melhores universidades e depois retornarem a West Point a fim de ensinar, desenvolver e inspirar cadetes. A maior parte desses instrutores era formada por oficiais de combate (infantaria, blindados, artilharia, engenharia, aviação, forças especiais), Airborne-Rangers e veteranos da Guerra do Vietnã. Independentemente do curso acadêmico ou da aula do dia, a capacidade de liderança, a experiência e a sabedoria desses instrutores fluía em cada sessão e no coração, na mente e na alma dos cadetes. Eu me sentia inspirado quase todos os dias, em todas as aulas, e me predisporia a ir para a guerra com praticamente todos esses oficiais.

Nossos instrutores estavam disponíveis 24 horas por dia, sete dias por semana, para responder a perguntas e fornecer instruções adicionais. Os cadetes podiam se dirigir aos gabinetes desses oficiais e ser recebidos em um ambiente neutro, ou telefonar para a casa deles. Como nos tornaríamos seus oficiais juniores quando eles retornassem para as forças na qualidade de oficiais de grau médio e sênior e comandantes, recebíamos deles um extraordinário exemplo do que significa cuidar de seus soldados, com uma demonstração de interesse pessoal em nos ajudar a aprender e crescer (ou se livrando de nós, se fracassássemos). O sistema de West Point era brilhante. Muitos de meus instrutores se tornaram modelos de conduta, e com eles eu servi mais tarde no Exército de campanha.

Tive alguns excelentes amigos oriundos de todo o país, entre os quais meus primeiros amigos e colegas de quarto afro-americanos – com muitos deles mantenho até hoje uma amizade íntima. Adotei o lema de vida e a atitude de "ser feliz" que aprendi com o Sr. Bill Lewis, um guerreiro bravo e motivador que lutara na Segunda Guerra Mundial e que fazia parte do corpo docente de educação física – e vivi minha vida de acordo com essa máxima. Isso significa que, quaisquer que sejam as circunstâncias – chuva, frio e sensação de estar acabado, no limite de suas forças, na famosa corrida de obstáculos de West Point, ou nocauteado com um soco no nariz na luta de boxe –, você *escolhe* ter uma atitude de gratidão. Fazer essa escolha é uma decisão estimulante, energizante, edificante e transformadora.

Durante meu ano de calouro e no ano seguinte, estive intensamente envolvido no programa religioso dos cadetes. Nos anos posteriores, no entanto, meu envolvimento foi muito menor, o que se deveu, em grande parte, ao afrouxamento das restrições, o que me permitia deixar meu posto, além de uma renovada satisfação em participar de festas e da vida social.

No tempo de cadete, frequentei a Airborne School e me tornei um paraquedista qualificado. Frequentei também a Northern Warfare School, onde aprendemos táticas de manejo e sobrevivência nas montanhas, geleiras e nos rios da região selvagem do Alasca. Além disso, exerci durante um mês, no período da Guerra Fria, a função de comandante de pelotão em uma unidade de infantaria mecanizada do Exército regular, na Alemanha Ocidental, onde passamos quase um mês patrulhando e guardando as fronteiras com a então Tchecoslováquia contra uma ameaça do mundo real (os Exércitos do Pacto de Varsóvia). Foi uma experiência estimulante, que me levou a ter uma opinião ainda mais positiva sobre o Exército. Também tirei uma licença de duas semanas para viajar pela Europa, uma extraordinária experiência, que me convenceu a ficar em uma base na Alemanha após a formatura.

Eu me formei em 6 de junho de 1979, com um histórico de notas bastante substancial, e fui designado para o Corpo de Engenheiros, que era, naqueles dias, o mais seletivo de todos os ramos do Exército. Fiquei em 165º lugar em uma classe de quase mil cadetes.

Embora atraído pela infantaria, que é o coração e a alma do Exército, escolhi os engenheiros, porque era, de longe, o ramo mais diversificado em termos de missões, atribuições, equipamentos e organizações. Esse núcleo também superava os demais no aspecto de aplicabilidade, relevância e possibilidade de transferência para o setor econômico e empregatício da sociedade civil. Como eu estava convencido de que iria apenas cumprir meus cinco anos de serviço ativo obrigatório e depois deixar o Exército, considerei que a alocação nos engenheiros era a escolha mais inteligente. Foi uma decisão excelente, da qual nunca me arrependi. Ao mesmo tempo que eu me sentia um homem da infantaria e agia como tal, também era um engenheiro e comandava engenheiros – o melhor dos dois mundos.

As escolas do Exército

Como oficial júnior, eu gozava de elevado nível de energia e entusiasmo, um quadro que se intensificava consistentemente aonde quer que eu fosse. Depois da graduação em West Point, um grande grupo de engenheiros – cerca de 120 – frequentou o EOBC (curso básico para oficiais de engenharia), em Fort Belvoir, Virgínia, durante cinco meses. O objetivo do curso era ensinar táticas, técnicas, equipamentos e habilidades de combate, além de engenharia de edificações, que nós aplicaríamos quando fôssemos assumir a função de comandantes de pelotão nas respectivas unidades.

Mas os graduados de West Point eram um verdadeiro bando de leões soltos de um zoológico após quatro anos de cativeiro, e Washington ficava a cerca de 32 quilômetros apenas. O lema "trabalhar duro, divertir-se ainda mais" era retórico. Depois de frequentar a escola todos os dias e praticar os exercícios matadores do treinamento físico, incluindo corridas regulares de 16 quilômetros e levantamento de peso, um grupo de amigos meus ia para a cidade quase todas as noites e se divertia para valer nas festas dos clubes de Washington até as primeiras horas da manhã.

Depois do EOBC, muitos de nós fomos para a Ranger School, famosa por ser a mais difícil e desafiadora escola de liderança do Exército. Ela oferece um curso de nove semanas que leva os alunos a superar o que pensam ser seus limites de resistência física, mental e emocional. Uma significativa privação de sono e alimentos é parte inerente dessa extenuante experiência. Força de vontade é um fator crítico.

São marcantes as lembranças que tenho da escalada de um longo e íngreme espinhaço nas Montanhas Apalaches do norte da Geórgia, em total escuridão e frio congelante, em meio a neve e gelo, experimentando privação de sono e alimentos e carregando equipamentos de combate que pesavam mais de 40 quilos. A exemplo de muitos de meus companheiros da Ranger, entrei em estado de delírio e não demorou para me ver flutuando acima de nossa coluna e olhando para nós com desprezo à medida que avançávamos com dificuldade. Eu me via lá embaixo, e, como se fosse um desenho animado, havia borbulhas que saíam da minha cabeça e formavam uma nuvem acima de mim. Dentro da nuvem existia um grande prato fumegante de espaguete e almôndegas, com queijo parmesão e pão de alho. Eu não apenas enxergava a comida como também conseguia sentir seu cheiro. Posteriormente, em minha carreira no Exército, quando acometido por mania no Iraque e em Washington, vivi experiências semelhantes de alucinações extracorpóreas, nas quais me sentia flutuando e vendo a mim mesmo lá embaixo.

Quando estudante na Ranger School, de novembro de 1979 a janeiro de 1980, os instrutores da escola me marcaram por minha atitude extremamente animada. Eles eram muito mais duros comigo, porque a Ranger School não pretendia ser divertida – seu objetivo era sugar, e isso ela fazia. Foi a provação mais desafiadora da minha vida – física e mentalmente –, mas eu a adorava. Meu esquadrão de doze Rangers tinha uma atitude positiva, que nos fazia superar, como equipe, todos os obstáculos. Minha hipertimia, ou permanente mania branda, impregnava o esquadrão.

Durante meu período na Ranger, a então União das Repúblicas Socialistas Soviéticas (URSS) invadiu o Afeganistão. Os instrutores nos informaram que o curso estava sendo cancelado e que todos nós deveríamos retornar imediatamente às unidades às quais tínhamos sido alocados, para mobilização e guerra contra a União Soviética. Tínhamos carregado caminhões para começar a retornar às estações de base quando eles suspenderam a ação. Mas a mensagem foi clara: "Esse treinamento é para uma guerra real, e seu ensinamento, para um combate real. Prestem atenção, trabalhem para valer, cuidem de seu companheiro... o treinamento da Ranger pode salvar suas vidas e ser a diferença entre a vitória e a derrota". Depois dessa dramática lição nas frias e escuras florestas da Geórgia, descarregamos os caminhões e retomamos nosso treinamento da Ranger.

2
Guerreiro inclemente

Dando sequência à minha carreira como oficial júnior, conservei o mesmo comportamento dinâmico e entusiasta. Depois de me formar na Ranger School, eu me apresentei no 94º Batalhão de Engenharia da Charlie Company, em Darmstadt, na Alemanha Ocidental (48 quilômetros ao sul de Frankfurt), e assumi o posto de comandante de um pelotão de 40 soldados no Pelotão de terraplenagem (equipamento pesado). Depois de dezoito meses, assumi simultaneamente o posto de oficial executivo (XO, na sigla em inglês) e 1º comandante de pelotão, o que me possibilitou conhecer todos os soldados e o escopo completo das operações da companhia. Após três anos em Darmstadt, como tenente, eu me casei com a bela, divertida e dinâmica Margaret "Maggie" Ryan. Em dezembro de 1982, mudei para Karlsruhe, onde atuei como engenheiro de projeto durante dezoito meses, e depois, no posto de capitão, fui comandante de uma companhia com 180 soldados durante outros dezoito meses. Nós deixamos a Alemanha Ocidental em novembro de 1985.

Fiquei comissionado por seis anos consecutivos na Alemanha Ocidental – o epicentro da Guerra Fria entre os Estados Unidos e seus aliados da Otan (Organização do Tratado do Atlântico Norte) contra a União Soviética e seus aliados do Pacto de Varsóvia. Quando estive estacionado no coração dessa guerra essencialmente sem tiros, a Alemanha Ocidental era um local extraordinário para estar, tanto no aspecto de trabalho como de diversão. Além de trabalhar durante longas horas comandando os soldados e deles cuidando, bem como treinando duro para o combate, meus amigos e eu viajávamos pela Europa e nos tornamos esquiadores experientes e ativos frequentadores da vida social, com muita festa. Fui também um bem-sucedido maratonista, um dos mais rápidos do USAREUR (Exército dos EUA na Europa), tendo participado de sete maratonas com tempo inferior a três horas em um período de três anos, incluindo uma completada em 2 horas e 36 minutos, o que representa um ritmo de 3,7 minutos por quilômetro ao longo de 42 quilômetros. Meus níveis de energia, resistência e entusiasmo estavam muito altos e continuavam aumentando.

O lema não oficial de nossa unidade no 94º Batalhão era "trabalhar duro, divertir-se ainda mais". Entretanto, não muito longe a oeste, sempre na espreita, estavam os numerosos e poderosos Exércitos da União Soviética e do Pacto de Varsóvia, os quais, por meio de nossa prontidão e nosso poder de combate, tínhamos a firme determinação de impedir que atacassem a Europa Ocidental.

Minhas tropas

Eu nutria grande estima por meus soldados. Eles eram, em sua maioria, sujeitos durões (naqueles dias, não havia mulheres nas unidades de engenharia de combate), muitos dos quais ocultavam aspectos obscuros de sua personalidade. Nunca conheci um grupo de homens que fumasse tanto, tomasse tanto café preto, praguejasse tanto e, depois do serviço, bebesse tanto bebida alcoólica. A maior parte dos NCO (oficiais não comissionados), ou cabos e sargentos, era formada por veteranos da Guerra do Vietnã, que tinham algumas histórias fascinantes para contar. Além desses, havia alguns criminosos condenados aos quais foi apresentada a opção de "ir para a cadeia ou servir ao Exército". Em geral, esses homens tinham um bom desempenho, porque não queriam ser chutados para fora do Exército e acabar na prisão. Eles também mantinham um perfil discreto, para evitar grande exposição.

As drogas eram um problema, e muitos dos soldados tinham dificuldades pessoais significativas com questões familiares, financeiras e de saúde. Um trabalho social permanente ocupava uma parte importante das tarefas de liderança do Exército naqueles dias. Muito do meu trabalho visava ajudar soldados a resolverem seus problemas pessoais. No entanto, as tropas eram majoritariamente eficientes em suas atribuições e todos nós levávamos a sério nossa missão de combate. Treinávamos duro e tínhamos um considerável nível de prontidão para o enfrentamento.

Foi assim nos primeiros dias de um Exército de voluntários. Nós não necessariamente recrutávamos os melhores entre os melhores da sociedade americana, mas descobrimos que, se os líderes cuidassem de seus soldados e zelassem pelo bem-estar deles e das respectivas famílias, esses homens fariam qualquer coisa por seu comandante, bem como pela unidade e a missão. Não obstante, os oficiais costumavam portar uma pistola calibre 45 carregada quando cumpriam tarefas nos finais de semana ou depois do horário e quando entregavam em dinheiro o soldo dos soldados todos os meses, no dia do pagamento. Algumas vezes aconteceu de os oficiais terem sido atacados e espancados por soldados, portanto essa proteção era necessária.

Nossa missão de guerra era montar os pesados equipamentos de terraplenagem, conduzi-los em comboio até a fronteira com a Alemanha Oriental, na direção do leste, fazer conexão com a brigada de blindados/tanques dos EUA que iríamos apoiar e posicionar minuciosamente valas/obstáculos antitanque e pontos de combate de veículos, por toda a extensão de nosso setor defensivo. Essa missão constituía o cerne do plano de defesa dos EUA e da Otan na extensão do principal corredor de ataque às forças soviéticas. O simples fato de estar lá já era um considerável desafio, pois esperávamos ser emboscados por forças especiais soviéticas (Speznaz) ao longo do percurso.

Naquela ocasião, nós acreditávamos que os soviéticos tinham "três metros de altura" e rapidamente passariam sobre nós como um rolo compressor. Nossa missão envolvia tarefas tradicionais de engenharia – defender, postergar e retroceder na direção oeste –, ganhando tempo para recompor as forças. Uma maneira de entender o que são engenheiros de combate é fazer um paralelo com os jogadores de linha interior no futebol americano. Os engenheiros criam uma linha defensiva para proteger as forças amigas, e abrem buracos e brechas nas linhas defensivas do inimigo, de modo que nossas forças tenham condições de atacar com sucesso. Eles são rudes, durões e sujos; adoram estar no meio do frenesi do campo de batalha; e são, em grande parte, os heróis anônimos da sufocante luta de armas combinadas. Os homens dos blindados e da infantaria nutrem grande apreço por seus engenheiros, porque sabem, mais do que qualquer outro, reconhecer o valor que eles têm.

Em tom de piada, nós nos denominávamos "lombadas", cuja capacidade de sobrevivência no campo de batalha era praticamente nenhuma, pois seríamos esmagados pelo extraordinário poder da Força Aérea, da artilharia, dos tanques e da infantaria mecanizada dos soviéticos, que chegavam em ondas. Os engenheiros de combate compreenderam que, na eventualidade de uma guerra, seríamos todos mortos, mas, antes disso, abateríamos tantos russos quantos conseguíssemos. Nós entendíamos nossa missão como uma espécie de suicídio – éramos fatalistas. Os engenheiros falavam brincando que pelo menos todos nós morreríamos fazendo alguma coisa útil, como a defesa do mundo livre. E, parafraseando o que disse o general George S. Patton (conforme retratado no filme por George C. Scott), podemos agradecer ao Senhor Deus pelo fato de na Segunda Guerra Mundial termos estado no coração da ação em vez de cavando excrementos na Louisiana.

Fiquei enfeitiçado pela liderança no Exército como segundo-tenente, exercendo o comando de um pelotão na Guerra Fria. Aquilo não se tratava do cuspir e polir de West Point. Era o Exército real – duro e resistente, sujo, autêntico. Mais uma vez, minha vida sofreu uma revolução permanente. Eu me apaixonei pelo Exército e pela tarefa de comandar soldados em missões difíceis, emocionantes e perigosas.

Nos meus dois pelotões e na Charlie Company, em maior escala, as unidades tinham desempenho abaixo do esperado. Isto é, até a chegada do 1º sargento Otha Ellis (Companhia C), do SFC Willie Wilson (pelotão de terraplanagem) e do SFC Jim Hill (1º pelotão). Poucas semanas após sua chegada, Ellis virou a companhia do avesso, e nós passamos de piores para primeiros em qualidade de desempenho. Nos meus dois pelotões aconteceu a mesma coisa. A liderança dos NCO é fundamental, e esses três guerreiros tinham o que era preciso – eram perspicazes, durões e experimentados, bem como especialistas táticos e técnicos, além do fato de exalar paixão por nossa missão e compaixão pelos nossos soldados. Observando o modo de esses homens comandarem, e trabalhando intimamente ligado a eles, "adquiri" um conhecimento de liderança merecedor de um grau de mestre, talvez até de doutor. E todos eles me acolheram sob suas asas, ensinando-me a ser melhor como oficial e comandante. O Exército dos EUA está repleto de NCO como Ellis, Wilson e Hill. Eles são a espinha dorsal de nosso Exército, e sua qualidade é o fator que destaca o Exército dos EUA em relação a todos os demais Exércitos do mundo.

Como engenheiros, nosso foco era a criação de projetos entre abril e outubro de cada ano. Durante essa temporada de construção, desenvolvíamos projetos de elevado valor e baixo custo para o Exército e a Força

Aérea dos Estados Unidos, para nossos aliados da Otan e as comunidades alemãs. No período de novembro a março, nós nos concentrávamos no treinamento de campo – engenharia de combate, proficiência em armamento, manobras, destreza na infantaria, alertas sem aviso prévio e movimentos táticos para nossas áreas de encontro de tempo de guerra. Essa programação antecipada me permitia planejar e realizar trimestralmente excursões com foco em moral, bem-estar e recreação (MWR, na sigla em inglês) para diversos destinos na Europa, e para treinamento de aventura de verão e de inverno nos Alpes alemães, onde as forças especiais do Exército ("Green Berets") ensinavam esqui alpino e *cross-country*, caminhada na neve e sobrevivência no inverno, assim como montanhismo, *rafting*, caiaque e sobrevivência alpina no verão. A maioria dos soldados adorava esse treinamento. Vale notar que a alta cúpula nos incentivava a fazer essas viagens, tanto pelo valor do treinamento quanto pelos benefícios morais.

Como tenente, em Darmstadt, morei em uma fazenda alemã, na qual eu tinha um quarto individual e compartilhava o banheiro com dois trabalhadores agrícolas. Os proprietários reduziam o valor de meu aluguel se eu trabalhava na fazenda e em sua *Gasthaus* (restaurante e bar), tarefas que eu realizava com alegria. Aprendi alemão e falava esse idioma na fazenda, onde o conhecimento do inglês era muito limitado. Eu executava diversos serviços da fazenda e afazeres da *Gasthaus*. Os clientes eram trabalhadores alemães humildes. Muito depressa, descobri que não havia necessidade de escarafunchar demais para perceber que havia entre eles significativo apoio aos nazistas, mesmo cerca de 35 anos depois do fim da Segunda Guerra Mundial. Minha experiência cultural foi surpreendente e iluminadora.

Todas as manhãs, quando não estávamos mobilizados em algum lugar ou no campo, eu acordava cedo, fazia as tarefas da fazenda e depois corria cerca de seis quilômetros através de trilhas na floresta até minha base do Exército, a Ernst Ludwig Kaserne, mesmo no inverno, época em que estava escuro, com neve e gelo. Eu realizava então o treinamento físico com o pelotão, forçando-os a darem o máximo de si e cumprindo nosso regime de exercícios. Depois de um suculento café da manhã do Exército no refeitório (que me sustentava pela maior parte do dia), nós exercitávamos o treinamento, a manutenção de equipamentos, a prestação de contas de suprimentos e as ações de pessoal. Na hora do almoço, eu ia para o ginásio e praticava basquete de rua com as tropas, uma atividade bastante dura e exigente fisicamente; e depois fazia levantamento de pesos. Eu trabalhava a tarde inteira, até concluir todas as tarefas daquele dia, e então corria os seis quilômetros de volta à fazenda, através do bosque imerso na escuridão. Depois de uma ducha, eu comia alguma coisa e trabalhava na *Gasthaus*, ou ia encontrar alguns companheiros em um restaurante favorito nosso para degustar alguma deliciosa comida alemã e tomar cerveja. Nós saíamos então pela cidade para desfrutar do convívio social em festas e danças. Na manhã seguinte, a programação se repetia. Eu estava me tornando uma espécie de lenda entre as tropas, em virtude da minha demonstração de energia, resistência, força, liderança solidária e espírito amante das brincadeiras.

Minha futura esposa

Em janeiro de 1981, conheci, em um encontro às escuras, aquela que viria a ser minha esposa, Margaret "Maggie" Ryan. Ela era inteligente, dinâmica e intelectualmente curiosa; tinha um temperamento forte e uma personalidade aventureira; amava viajar; falava alemão fluentemente; ria de minhas brincadeiras; e tinha boa forma, além de ser bonita. Maggie possuía olhos azuis radiantes; cabelos castanho-escuros, curtos e encaracolados. Era uma mulher deslumbrante, com 1,66 m de altura e dona de uma risada alegre e contagiante. Ela morava perto de mim, era uma pirralha do Exército (ou seja, crescera em uma família ligada ao Exército) e, como tal, conhecia muito bem o serviço e o respeitava. A família de Maggie também estava instalada em Darmstadt, e ela morava na casa dos pais enquanto trabalhava para uma empresa alemã. Seu pai, Joe Ryan, foi coronel e comandante do 10º Grupo de artilharia antiaérea, em Darmstadt, na mesma *caserna* em que eu trabalhava. Ela gostava de encontrar meus soldados, especialmente os personagens reais com personalidades marcantes. Alguns de meus NCO extrovertidos adoravam brincar com ela e me provocavam dizendo: "Quando você vai se casar, tenente? Seria melhor você prendê-la, senão alguém fará isso – talvez eu. Hahaha".

Nós nos divertimos muito durante dois anos; viajamos por toda a Europa, tornamo-nos amigos inseparáveis e, então, casamos em 5 de dezembro de 1982, na capela católica em West Point. Nosso primeiro filho, Phillip, nasceu em 18 de novembro de 1983, depois de minha transferência de Darmstadt para Karlsruhe e da promoção para capitão. Eu nem sequer desconfiava que dezessete anos mais tarde nosso filho – hoje um jovem bonito, inteligente, atlético e extraordinário – estaria sofrendo com um transtorno bipolar agudo que colocava em risco sua vida, e que, provavelmente, ele herdara de mim.

Tive a sorte de ter uma namorada de minha cidade natal durante os anos de West Point. Depois que, em janeiro de 1981, eu lhe contei que estava saindo com Maggie e nós tínhamos nos tornado bastante próximos, ela escreveu uma carta encantadora que incluía a descrição seguinte de "Martino", o apelido pelo qual ainda sou conhecido. Suas observações são perspicazes e descrevem, assim como prenunciam, meu transtorno bipolar.

> No íntimo, Martino é verdadeiramente um "indomável". Sua personalidade é tão potente quanto a raiz-forte. E, a exemplo da raiz-forte, não há como ignorar a presença dele. Imagine uma roda extravagantemente colorida. Cada cor tem um brilho tão resplandecente que poderia existir por si só. Todas as cores vívidas se misturam no centro entre uma porca e um parafuso. O caráter de Martino é como essa roda de cores. Cada aspecto de sua personalidade brilha forte de modo independente. Cada um deles poderia existir sozinho, mas só a fusão desses traços é que faz com que Martino, como a roda colorida, se destaque com um brilho luminoso.
>
> A porca e o parafuso que unificam a personalidade diversa de Martino são a intensidade. Quer ele esteja correndo uma maratona, bebericando cervejas ou estudando para um exame, sua intensidade governa a ação. Parece não existir meio-termo para Martino. Sua vida gira em torno de uma opção entre extremos. Ou ele é intensamente t-u-r-b-u-l-e-n-t-o ou absolutamente pacato. Moderação tampouco faz parte de seu vocabulário. Se ele bebe cerveja, nada menos do que duas embalagens de seis são suficientes. Escalar *qualquer* montanha não serve. A escalada do Monte Everest ou do Monte Washington é o que melhor atende a suas preferências.
>
> Martino tem a força de um urso e, infelizmente para aqueles que precisam alimentá-lo, um apetite de igual magnitude. Ele devoraria um prato de pregos tão rapidamente quanto um de espaguete. Seu suprimento ilimitado de energia o mantém sempre em alta velocidade. Um pouco de descanso já basta.
>
> Qualquer que seja o curso de seus devaneios, Martino sempre desconsidera os precedentes, a tradição e qualquer outra norma existente que

possa decidir ignorar. Ele não se enquadra em uma categoria nem em uma classe – é um espírito livre que expande eternamente seus horizontes.

Essa carta foi escrita e recebida em fevereiro de 1981, um mês depois de eu ter começado a sair com Maggie. Muito embora o transtorno bipolar não fizesse parte de nosso universo de conhecimentos, essa descrição certamente parece retratar e indicar uma personalidade com aspectos de bipolaridade.

Capitão e comandante de companhia

Depois que Maggie e eu mudamos de Darmstadt para Karlsruhe, fui promovido a capitão e servi como engenheiro de projeto no Corpo de engenheiros durante dezoito meses. Nesse posto, eu era responsável por supervisionar os empreiteiros alemães de obras, que estavam construindo a infraestrutura para o Exército dos EUA. Foi um trabalho fantástico no qual desenvolvi minhas aptidões técnicas em engenharia e aperfeiçoei minha competência com o idioma alemão, inclusive por meio do uso de um tutor individual financiado pelo Corpo de engenheiros. Um chefe extraordinário (Lee Davis) e um colega alemão (Hans Deberle) me ensinaram muito, além de cuidarem de mim. Também adquiri conhecimento sobre a cultura alemã, como o fato de que operários de obras costumavam beber dois copos grandes de cerveja alemã no café da manhã – antes de começarem a trabalhar.

Como capitão, comandei a Bravo Company, 79º Batalhão de Engenharia em Karlsruhe. A companhia contava com 180 soldados, organizados em cinco pelotões, e milhões de dólares em equipamentos. A nós cabia uma missão de construção desafiadora e complexa, e outra de engenharia de combate na linha de frente em tempos de guerra. As duas eram excitantes, mas demandavam liderança competente e trabalho duro.

Tive a sorte de trabalhar com um abalizado primeiro-sargento, Ed Leaby, o NCO sênior da companhia. Ed tinha um par de tatuagens nas juntas dos dedos: AMOR e ÓDIO. Ele era incrivelmente inteligente, experiente e forte, além de saber exatamente como lidar de imediato com qualquer situação com que nos deparávamos – por mais complexa que fosse. Os soldados o amavam e temiam, como também o respeitavam. Ed foi o melhor NCO com quem já servi, além de ter sido fundamental para o sucesso da Bravo Company, assim como o meu. Nós éramos conhecidos como a dupla dinâmica e impossível de ser contida. Nossa companhia era classificada como a melhor em quase todos os quesitos. Meu comandante de batalhão, e chefe, tenente Milt Hunter (que seguiu na carreira militar até se tornar major-general) também era excepcional. Ele me ensinou, orientou e inspirou, tendo se tornado um mentor para toda a vida.

Um projeto digno de menção é o Grafenwoehr Range Upgrade (melhoria do campo de Grafenwoehr). Tratava-se de um conjunto plurianual de projetos, realizado no início de 1980, com financiamento de muitos bilhões de dólares. O trabalho de melhoramento reconstruiu, modernizou e transformou o complexo de grande porte em Grafenwoehr, Alemanha Ocidental (Graf), em instalações de treinamento de última geração, onde tínhamos a possibilidade de testar e treinar todos os recursos de combate terrestre dos EUA e da Otan até o máximo limite possível. Essa capacitação era fundamental para a prontidão de combate e dissuasão, porque os Exércitos dos EUA e da Otan estavam sendo modernizados com novos equipamentos que exigiam treinamento, teste e avaliação. Os campos antigos, construídos originalmente pelos alemães durante a Primeira Guerra Mundial, já não tinham capacidade para atender a essas necessidades. Havia anos que os Estados Unidos e a Otan tinham interesse nesse projeto, e a integração de novos equipamentos de combate, como o Tanque M1A1 Abrams (principal tanque de batalha), o helicóptero de ataque Apache e o veículo de combate de infantaria Bradley, converteu-o em prioridade.

A intenção era contratar uma firma de engenharia e arquitetura que atuasse no mercado internacional para traçar os planos e depois implementá-los sob a gestão e supervisão do Corpo de engenheiros. As fases de projeto e planejamento estavam indo muito bem, mas a de construção esbarrou em inegociáveis obstáculos quando as companhias de seguro se recusaram a oferecer cobertura para a segurança de trabalhadores exigida pela lei alemã, em razão do elevado nível de risco envolvido no trabalho de construção no complexo existente. Era estarrecedora a quantidade de material bélico não detonado e outros perigos, variando de granadas de mão a grandes projéteis de artilharia e bombas, passando por tudo o que havia entre esses extremos. O material bélico restara das duas guerras mundiais e incluía até mesmo bombas de gás mostarda da época da Primeira Guerra, que nós desenterramos na ocasião, felizmente sem ferimentos.

Assim, esse projeto estrategicamente essencial esbarrou em um impasse. O comandante do campo de operações do USAREUR, um quatro estrelas – originalmente, o general Frederick Kroessen e depois o general Glenn Otis –, consultou a equipe de engenharia antes de tomar a decisão de atribuir o projeto inteiro à 18ª Brigada de Engenharia do Exército no campo de operações, uma força dotada de extrema capacidade que estava posicionada na Alemanha Ocidental como parte do USAREUR. Os engenheiros assumiram entusiasticamente essa missão, que se tratava do maior projeto de construção militar desde a Segunda Guerra Mundial. Ele ampliou todos os recursos da brigada: pessoas, comando, treinamento, equipamentos, aptidões e resistência, entre outros. Além disso, não havia quaisquer exigências para que o Exército dos EUA tivesse seguro de proteção para seus soldados, que têm responsabilidade ilimitada, inclusive por suas vidas.

O trabalho foi concluído em três projetos de ano inteiro: Graf 82, Graf 83 e Graf 84. Na qualidade de tenente comandante de pelotão, no 94º, trabalhei no Graf 82. Como capitão comandante de companhia, no 79º, trabalhei no Graf 84 e fiz manutenção de acompanhamento e trabalho de certificação no Graf 85. Em todos os casos, era atribuída a nós uma parte do projeto completo adequadamente dimensionada para construção por um pelotão ou uma companhia. As tarefas incluíam a colocação de sofisticados sistemas de alvos móveis construídos dentro de enormes trincheiras protetoras; posições de disparo de tanques em concreto reforçado; redes de estradas de cascalho e estacionamentos construídos para suportar o peso de tanques e de outros veículos blindados e veículos pesados sob rodas; instalações para treinamento e torres de observação; centenas de quilômetros de cabos elétricos enterrados; e sistemas de paisagismo e drenagem.

Mais de dez mil soldados-engenheiros foram mobilizados em Graf e trabalharam em tudo durante a temporada de construção – de abril a novembro. A fim de aproveitar todos os minutos das condições meteorológicas favoráveis, trabalhamos em uma programação de 24 horas por dia, sete dias por semana, com equipes para o dia e a para noite – esta última trabalhando com iluminação auxiliar –, equipes de final de semana e outros meios inovadores destinados a proporcionar o máximo de produtividade. Nós também tínhamos que incorporar planos de sono, dias de recuperação, viagens de fim de semana para visitar a família e mini-MWR para motivação. Os desafios em termos de comando, engenharia e questões técnicas não tinham fim.

O general de comando do USAREUR, um importante líder estratégico, percorria rotineiramente a área, onde recebia atualizações, visitava os locais de trabalho, inspecionava unidades e esmiuçava os cronogramas de construção. O projeto precisava ser concluído dentro do prazo e de acordo com o padrão, sob pena de haver atraso no treinamento de suas unidades de combate, o que prejudicaria a condição de prontidão das forças dos EUA e da Otan, enfraquecendo nossa missão de dissuasão contra a URSS e o Pacto de Varsóvia, uma missão da máxima importância para o presidente dos EUA e outros líderes aliados.

A operação Graf envolvia alto risco. Do coronel comandante de brigada até o soldado raso operador de escavadeira, no extremo inferior da hierarquia, passando por todos os níveis intermediários – incluindo eu, como tenente comandante de pelotão e capitão comandante de companhia –, essa era a missão mais intensa e árdua que qualquer um de nós jamais vivenciara. Embora não estivéssemos na mira de tiro de ninguém, eram condições análogas às de combate. Assim sendo, tomávamos todas as necessárias medidas e precauções para proteção da força, como faríamos se estivéssemos em guerra. Todos nós usávamos capacete e colete à prova de balas. Todos os veículos e equipamentos ficavam fortificados com sacos de areia no chão. Precisávamos estar preparados para atingir artefatos bélicos em ignição, o que às vezes fazíamos. Todos os soldados carregavam, prontos para o uso, sua máscara de gás e seu equipamento de detecção de substâncias químicas, uma condição essencial quando se acertam realmente bombas de gás mostarda.

Na área próxima a nós, dentro de todo o projeto, aconteciam exercícios de tiro reais, incluindo artilharia, tanques, apoio aéreo direto, infantaria e outros componentes da equipe de armas combinadas. Nós estávamos o tempo todo cercados pela visão e os sons da guerra. Devastávamos um campo de exercícios para depois reconstruí-lo, mas os outros campos continuavam abertos para a realização de treinamentos. Felizmente, não perdemos um único soldado e não houve ferimentos significativos entre o nosso pessoal.

A missão Graf foi um enorme desafio e um laboratório de comando, em especial para um grande número de jovens líderes do Exército. Ela foi, sem sombra de dúvida, um dos eventos mais relevantes em termos de desafio e oportunidade de liderança de toda a minha carreira no Exército.

Todas as outras diversas missões de construção foram desafiadoras e gratificantes, mas o principal motivo para termos estado na Alemanha

Ocidental era nossa missão defensiva na Guerra Fria contra os Exércitos da URSS e do Pacto de Varsóvia. Os engenheiros foram (e continuam sendo) um elemento-chave da equipe de armas combinadas que deveria deter as forças do Pacto de Varsóvia localizadas a apenas alguns quilômetros a leste – e, se necessário, combatê-las.

Blindados (tanques), infantaria mecanizada, artilharia e apoio aéreo direto (para o Exército e a Força Aérea) são habilmente integrados para produzir o máximo poder de combate e efeitos letais. Os engenheiros são membros estratégicos da equipe, que atuam primordialmente dando forma ao terreno do campo de batalha; colocando em posição obstáculos destinados a restringir, bloquear e canalizar o inimigo; e erigindo posições de proteção de combate para blindados, infantaria e artilharia, a fim de aumentar a condição de sobrevivência desses atores em um campo de batalha letal. Os engenheiros protegem a infantaria, os blindados e a artilharia contra os ataques do inimigo, e abrem brechas nas linhas inimigas para penetração de nossa infantaria e nossos blindados. Eles sempre têm a missão secundária de estarem preparados para a luta como membros da infantaria.

Vivi seis anos fantásticos na Alemanha Ocidental no posto de oficial júnior, comandando soldados, desfrutando da família, adquirindo boa forma física e me divertindo. Eu adorava conhecer mais intimamente meus soldados, ajudando a resolver seus muitos problemas existenciais, bem como treinando com eles para combate, praticando esportes e organizando para eles excursões de MWR e de treinamento de aventura, vivendo, assim, essas fabulosas aventuras europeias de cultura, viagens, esqui e atividades esportivas ao ar livre, com meus soldados e minha família.

Na avaliação daqueles que comigo conviveram durante todos esses anos, fui uma pessoa supermotivada, dinâmica e determinada, com quem era divertido trabalhar e curtir a vida. O lema "trabalhar duro, divertir-se ainda mais" condizia comigo. Em geral, eles me viam como um modelo inspirador. A despeito da hipertimia que me acompanhou durante todo o tempo, não parece que qualquer dos sintomas do transtorno bipolar já tivesse se manifestado.

3
Soldado acadêmico e a pressão do comando

Com base em meu desempenho e em meu potencial, o Exército me selecionou para seu programa de bolsa de estudos integral Advanced Civil Schooling (ACS). Trata-se de um programa extraordinário por meio do qual o Exército investe em seus oficiais juniores mais promissores, enviando-os para escolas de pós-graduação de primeira linha, bem como pagando as mensalidades do curso, além do soldo integral e dos benefícios regulares. Depois de conquistar o grau de mestre (algumas vezes o de doutor), o oficial deve prestar ao Exército mais dois anos de serviço ativo para cada ano de pós-graduação subsidiada. O programa ACS desenvolve e retém os melhores jovens oficiais, ao mesmo tempo que aumenta a capacidade intelectual do corpo de oficiais.

Fui aceito no Massachusetts Institute of Technology (MIT), em Cambridge, para fazer uma pós-graduação. Depois de seis anos de serviço na Alemanha Ocidental, retornei para os Estados Unidos em dezembro de 1985, com Maggie e Phillip. Antes de me matricular no MIT no outono de 1986, iniciei em janeiro daquele ano os seis meses do curso avançado para oficiais de engenharia, em Fort Belvoir, Virginia, onde estudei engenharia de combate, construção e táticas de armas combinadas. Nesse meio-tempo, nasceu meu segundo filho, Patrick – saudável –, em 17 de abril de 1986.

A oferta no mercado imobiliário na área de Boston estava limitada e não havia moradias militares disponíveis. Minha irmã mais nova, Jill, morava em Newburyport, Massachusetts, na costa ao norte de Boston.

Era uma cidade incrível e eu sempre desejei viver perto do mar. Ela trabalhava como corretora de imóveis da região, e de repente fiquei muito entusiasmado com a ideia de comprar uma casa. Li livros e revistas e aprendi o máximo que pude, movido pelo enorme impulso de comprar.

O que descobrimos em seguida é que eu havia comprado uma casa com uma fresta apenas de vista para o mar. Não tínhamos muito dinheiro, portanto minha mãe foi obrigada a assinar como fiadora para que o banco me concedesse o empréstimo. Maggie ficou chocada e dizia que isso fugia à minha maneira analítica usual de pensar e me comunicar. Quando chegou, Maggie não gostou da casa, porém àquela altura não havia nada que pudesse fazer a não ser procurar encontrar um lado positivo. Anos mais tarde, ela ainda continua perplexa com minha decisão precipitada e imprudente e a vê como evidência de meu prévio comportamento maníaco.

Pós-graduação no MIT

Na condição de aluno de pós-graduação no MIT, de 1986 a 1988, meu dever era concluir um mestrado em engenharia civil, mas me formei com dois mestrados mais a condição de precisar "somente de uma tese e dos exames gerais" para um doutorado. Meu segundo mestrado foi em política de tecnologia, que associa uma especialização central em um campo específico da ciência ou da engenharia (para mim, foi engenharia civil) com economia, política e gestão. Minha dissertação de mestrado, intitulada "Construction – the Foundation of National Defense" (Construção – o fundamento da defesa nacional) tratou do papel da construção na defesa nacional. O diretor do programa era o Prof. Richard DeNeufville, veterano do Exército e engenheiro dos Airborne-Rangers.

Meu orientador de engenharia no MIT, o Prof. Fred Moavenzadeh, experiente diretor de departamento, que ensinara e orientara centenas de alunos de pós-graduação, convocou-me para cursar o doutorado. Sabendo da existência de inúmeros alunos brilhantes de pós-graduação no MIT, perguntei por que ele havia me escolhido, e a resposta foi: "Nunca tive um aluno com mais energia, entusiasmo, dinamismo e criatividade; seu trabalho tem sido excelente; se alguém virá a ser bem-sucedido no programa de doutorado, esse alguém é você". Fiquei surpreso pela confiança em mim depositada e, inicialmente, declinei da oferta. Mas ele persistiu durante meses, e acabei concordando. Eu trouxe então para fazer parte de minha comissão de doutorado o Prof. Harvey Sapolsky, meu conselheiro de defesa e política pública, que também se tornou um mentor para toda a vida. O professor de West Point, tenente-coronel Dan Kaufman completou minha comissão de doutorado. Posteriormente, ele me levou de volta para dar aulas em West Point, e foi também um mentor.

Eu adorava o MIT – em especial os estudos de política, gestão, economia e segurança nacional. Eu costumava chegar cedo para quase todas as aulas e palestras; sentava-me na frente, decorava o material e procurava conseguir um tempo adicional com os professores após as aulas, para obter mais conhecimentos. Eu sempre acompanhava meus professores quando eles retornavam para seu gabinete, fazia perguntas e absorvia seu conhecimento ao longo do trajeto. Mais tarde, depois que concluí o doutorado, meu orientador tentou me recrutar para trabalhar para ele no MIT. Era uma oferta tentadora, porém, como eu estava ainda em serviço ativo, e totalmente comprometido com o Exército, agradeci e recusei gentilmente.

Maggie e eu equilibramos as finanças quando vendemos a casa, o que foi um enorme alívio. No verão de 1988, mudamo-nos para West Point, onde fui designado para o posto de diretor de admissões. No dia 7 de janeiro de 1989, em West Point, na noite em que eu estava concluindo meus exames gerais para o doutorado no MIT, nossa família aumentou para cinco com o nascimento de nosso terceiro filho Conor, um garoto feliz, saudável e cheio de energia.

Um físico meu amigo, o coronel reformado do Exército Chris De Graff, autodidata especialista no estudo do transtorno bipolar, ofereceu-me as seguintes reflexões:

> Para mim, todo esse período reflete um episódio de hipomania que, muito provavelmente, começou antes de [sua] chegada ao MIT, quando você abraçou a nova "missão" acadêmica, entrou em um ritmo acelerado, foi levado a comprar a casa, assumiu o mestrado duplo – com a extensão para o doutorado –, enquanto, ao mesmo tempo, formava uma família e, posteriormente, assumiu suas novas funções militares "normais" em West Point. Há sinais de bipolaridade – algumas vezes em crianças, quase sempre na fase da adolescência e, ocasionalmente, na vida adulta – que frequentemente passam despercebidos para todos. Não sei se eles são suficientes para garantir uma intervenção precoce, mas apenas imagino se fosse possível quantificar esses sinais (quem sabe com o avanço da inteligência artificial?) e viabilizar um tratamento direcionado que evi-

tasse os primeiros episódios maníacos ou depressivos verdadeiros. Olhando em retrospectiva, seria o mundo um lugar melhor, estaria você em uma condição melhor, se, em decorrência de uma intervenção precoce que suprimisse o estado de euforia para evitar a futura mania, não tivesse experimentado o desempenho impulsionado pela hipomania? Acredito que a resposta é não. Mas estariam o mundo e você em uma condição melhor se ela tivesse sido percebida no Army War College (AWC) antes de aflorar por completo na National Defense University (NDU)? Penso que a resposta é sim.

O estado-maior e o corpo docente de West Point

Como diretor de admissões de West Point para sete estados da região Nordeste, entre 1988 e 1991, no posto de capitão, fui responsável por comandar e coordenar todos os aspectos das admissões de mais de 2 mil estudantes, centenas de escolas do ensino médio e várias dezenas de escritórios do Congresso e do Senado em toda a extensão da Nova Inglaterra e Nova York. Era um trabalho exaustivo. Embora eu não gostasse do excruciante lado administrativo da função, logo passei a adorar o componente da fala em público que a função envolvia. Eu era o especialista, o centro das atenções, a "estrela do *rock*" em centenas de eventos de admissão. Tais eventos incluíam sessões informativas, *workshops*, seminários e feiras universitárias dentro de toda a minha região de sete estados. Faziam parte de meu público: estudantes, os pais destes, professores, orientadores e funcionários do Congresso.

Eu adorava essas oportunidades de falar em público e colocar em ação nossos planos de *marketing*, o que elevava meus níveis de energia. As dezenas de entrevistas e telefonemas, bem como as apresentações que precediam as reuniões da comissão de admissões, davam-me novo vigor. Estar diante das pessoas – falando, explicando, ensinando, motivando – tornou-se o aspecto principal de minha competência profissional até a ocasião de minha aposentadoria. Eu era bom nisso e gostava da tarefa. Fui classificado como extrovertido radical segundo a escala Myers-Briggs.

Durante os três anos em que atuei como diretor de admissões, fui aprovado nos exames gerais e concluí a maior parte de minha tese de doutorado. Meus estudos do doutorado incorporaram as disciplinas dos programas de mestrado que cursei e tinham foco em mudança organizacional e liderança estratégica no Corpo de engenheiros do Exército ao longo de um período de trinta anos de profunda transformação organizacional, institucional e de missão. O título de minha tese foi: "Turning 'Green' – Organizational Change in the Army Corps of Engineers, 1962-1992" (Tornando-se "sustentável" – Transformação organizacional no Corpo de engenheiros do Exército, 1962-1992). O conhecimento histórico e a experiência em liderança estratégica e mudança organizacional que esses estudos me proporcionaram viriam a me beneficiar muitíssimo no futuro e pelo resto de minha carreira, tanto de instrutor como de comandante sênior.

Com o intuito de persuadir o Exército a me enviar para o Naval War College, cujo foco era mais estratégico e histórico, cursei também o Command and General Staff College, por meio do recurso de ensino a distância. Esse foi para mim um enorme investimento do tempo de folga do serviço e refletia um pensamento estratégico e tático, bem como motivação – todos eles traços de personalidade valorizados pelo Exército. Além do incremento do aprendizado, eu desejava viver em Newport, Rhode Island, perto de casa e, fundamentalmente, perto do MIT, de modo que eu poderia dirigir até lá com facilidade para me reunir com meu orientador e a comissão de acompanhamento da tese. Essa era mais uma evidência de intensa energia e motivação.

Naval War College

Nós deixamos West Point e eu frequentei o Naval War College em Newport, a escola de pós-graduação sênior da Marinha dos EUA, entre junho de 1991 e junho de 1992. Enquanto estive lá – na ocasião no posto de major –, obtive o grau de mestre em estratégia de segurança nacional e concluí os requisitos do doutorado no MIT. O programa acadêmico no Naval War College incluía cursos fundamentais em estratégia e política, bem como em operações conjuntas, processo decisório em segurança nacional, história militar e diplomática, além de ampla gama de disciplinas eletivas. O ensino era excelente. Havia uma agenda fantástica de palestrantes e um corpo discente de primeira linha – todos escolhidos a dedo nos locais em que prestavam serviço, nas agências governamentais ou nas nações aliadas.

Depois de deixar o MIT em 1988, com meus dois títulos de mestre, trabalhei na tese, na condição de não residente, de 1988 a 1992, tanto em West Point como em Newport, e obtive o título de doutor em 1992.

De acordo com meu orientador, esse nível de realização acadêmica em tão pouco tempo era algo inédito no MIT. Fiz as pesquisas e escrevi minha tese enquanto servia em tempo integral no Exército, além de desempenhar meu papel de marido e pai de três garotos e, simultaneamente, tomar parte em caráter voluntário nos escoteiros, nos esportes e em nossa igreja. As realizações no MIT foram catalisadas por uma dedicação focada e um elevado nível de energia, determinação e paixão.

Depois de concluído o doutorado, o Exército o registrou em meu histórico oficial, já que fora financiado por essa instituição. Isso se converteu em uma faca de dois gumes pelo restante de minha carreira. A cultura militar valoriza pessoas "inteligentes", mas é ambígua no que diz respeito a "intelectuais" ou pessoas que são "inteligentes demais". Daquele ponto em diante, até me tornar oficial-general, fui obrigado a lutar contra a percepção de que eu poderia ser um "intelectual frouxo" em vez de um "guerreiro empedernido". Minha arma nuclear para eliminar essa percepção errônea foi o treinamento físico. Depois de me apresentar em Fort Lewis, Washington, no verão de 1992, assumi como objetivo – todas as manhãs às 6 horas – esmagar todos nos exercícios de treinamento físico de nossa unidade. Quaisquer que fossem os padrões, quem quer que fosse o soldado melhor ou mais rápido, eu superaria os padrões e derrotaria todo mundo em todas as coisas. Minha missão passou a ser correr mais rápido, saltar mais alto e fazer mais flexões e remadas na barra do que qualquer outra pessoa – superiores, subordinados e pares. Em pouco tempo eu havia destruído a falsa percepção de ser um intelectual frouxo.

Em Fort Lewis, fui nomeado oficial do estado-maior no I (First) Corps (1º corpo do Exército), comandado por um tenente-general, e depois do 864º Batalhão de Engenharia de Combate, que era passível de mobilização no mundo todo em curto prazo. Durante os trinta meses em que permaneci naquele posto, passei um ano em um destacamento especial em Honduras com a Joint Task Force Bravo. Minha função principal era orientar e comandar unidades de engenharia que construíam escolas, clínicas, estradas e poços para a população civil hondurenha. Nós também reconstruímos um campo de pouso distante, de terra, que era fundamental para o sucesso de nossa missão. Meu contingente de engenharia fazia parte de um comando mais amplo que dava assistência a outras organizações com operações humanitárias e no treinamento do Exército de Honduras.

Durante a primeira semana que passei em Honduras, o comandante sênior, coronel Robert Killebrew, chamou-me em seu gabinete. Ele tivera acesso ao meu histórico acadêmico. "Eu sei que você faz um trabalho de engenharia durante o dia, Martin", disse-me ele, gesticulando na direção de um grande mapa pendurado na parede de trás e coberto com pinos e notas adesivas. "Você quer, então, um trabalho noturno como meu assistente especial de estratégia?" Na época, eu ocupava o posto de major, e era bastante estimulante estar envolvido em cuidar não apenas de operações militares, mas também de questões diplomáticas, culturais, geopolíticas e interagências. Eu aceitei.

Terminei esse período – de 1995 a 1997 – lecionando relações internacionais, política americana e estratégias de defesa para os cadetes de West Point. Na frente doméstica, eu comandava escoteiros, treinava equipes esportivas, ajudava nos deveres da escola e reservava tempo para atividades religiosas. Eu estava estimulado. Maggie se lembra de ter feito no Parque Yellowstone, durante uma visita sobrecarregada, do amanhecer até o anoitecer, passeios turísticos que preencheriam uma semana.

O doutorado foi minha passagem para duas fantásticas atribuições docentes. A primeira aconteceu em West Point, quando lecionei para estudantes de graduação, entre 1995 e 1997. Posteriormente, no AWC, dei aulas para estudantes de pós-graduação, entre 2000 e 2002. Lá, ensinei segurança nacional, estratégia e liderança. Eu apreciava demais as duas tarefas – ensinando, aprendendo, crescendo intelectual e profissionalmente e ajudando meus alunos a se desenvolverem.

No posto de oficial-general, um título de doutor representava uma enorme vantagem, porque o intelecto e a capacidade de raciocinar e de elaborar estratégias são a moeda corrente naquele nível. Generais de três e quatro estrelas atribuem um valor relevante a títulos de pós-graduação. O doutorado, mais especificamente, foi um fator de peso na minha escolha para ser comandante do AWC (2010-12), a escola do Exército que oferece pós-graduação em estratégia para oficiais seniores, e reitor da NDU (2012-14), a mais avançada escola de todo o Departamento de Defesa.

Ao longo de todo esse período, fui inconscientemente beneficiado por estar na maior parte do tempo em estado de hipertimia. Tive também episódios de depressão, mas, na ocasião, ignorava até mesmo o que era estar deprimido. Embora não soubesse o que se passava comigo ao vivenciar esses estados de espírito revigorantes, eu tinha consciência de que me sentia fantástico quase todo o tempo e que essa energia positiva maximizava meu desempenho. Tudo isso era emocionante e viciante.

Esse excitante estado de ser me impactou com força na época em que servi como instrutor em West Point, ensinando para os cadetes todos os dias. (Minha primeira e grave centelha de raiva no trabalho teve como alvo um cadete que não conseguiu entregar seu artigo de pesquisa e me pediu uma extensão do prazo. Em uma reação que não me era comum, eu me irritei com ele e lhe dei uma bronca. Essa manifestação súbita de intensa raiva se tornou mais frequente com o passar do tempo e eu fui me aproximando cada vez mais de um transtorno bipolar total.) Depois de West Point, meus picos de euforia que beiravam a mania aumentaram significativamente durante o trabalho muito intenso e estimulante de comandante de batalhão, de 1997 a 1999, trabalho este que foi, até aquele momento, o mais importante de minha carreira e para o qual fui selecionado por uma junta administrativa do Exército.

Comando de batalhão

Meu batalhão estava posicionado no Fort Leonard Wood, Missouri (FLW) e eu era responsável pelo comando de quinhentos engenheiros de combate, que tinham a missão de estar prontos para mobilização em todo o mundo, a fim de realizar operações de combate. O 5º Batalhão de Engenharia de Combate era parte da 1ª Brigada de Engenharia em FLW, que era comandada por um coronel engenheiro pouco ortodoxo e muito talentoso. Ele conseguia excelentes resultados, principalmente por meio de sua profunda experiência, seus elevados padrões e uma forma de liderança intransigente e ditatorial. O estilo e a filosofia de comando do coronel remontavam a um passado distante, muito fora de sintonia com o moderno Exército dos EUA. Ele descrevia sua liderança como a velha escola, uma combinação de "inferno e amor" e "mais parecida com o Deus do Velho Testamento do que o Deus do Novo Testamento".

O 5º Batalhão era frequentemente anexado ao 3º Regimento de Cavalaria Blindada (3ACR, na sigla em inglês), em Fort Carson, Colorado, uma das unidades blindadas de combate de primeira linha, que foi um dia comandada por George S. Patton. O comandante na ocasião – o então coronel Martin Dempsey, 67º coronel do regimento – era um soldado de cavalaria até o mais íntimo de seu ser: carismático, confiante e inspirador; bravo e criativo; bem-humorado e sociável. Era também guerreiro e mestre em táticas, um eterno estudante da história militar e da arte da guerra, além de líder nato. Dempsey era também um soldado de "botas sujas de lama", mas elevava seu esporte a um nível muito mais alto. Ele era um "guerreiro renascentista".

Esses dois comandantes tinham atributos diametralmente opostos em quase todos os aspectos, com exceção de serem talentosos ao extremo, tática e tecnicamente competentes, mestres no combate de armas combinadas, extraordinariamente disciplinados e dedicados e adeptos de padrões muito elevados. Contudo, um deles tinha uma personalidade e um estilo de liderança que atraía as pessoas – seus soldados lutavam para fazer parte de sua unidade, de modo a poderem marchar sob seu comando para ir detonar os portões do inferno. O outro, a despeito de seu considerável talento e sucesso, afastava muitas pessoas.

Minha experiência de comando de batalhão foi fantástica, e esses dois comandantes fizeram de mim um oficial, líder e comandante muito melhor. Entretanto, foi uma espécie de "experiência bipolar", que foi de um extremo a outro em termos de estilo de liderança.

Em virtude de seu tamanho, o 3ACR era provavelmente a formação de combate mais letal e poderosa do Exército. Ele era, literalmente, uma "minidivisão", dotada de imenso poder de combate e repleta de armamentos pesados e temíveis: tanques Abrams, veículos de combate de cavalaria Bradley, artilharia de autopropulsão, helicópteros de ataque Apache, veículos blindados lança-pontes, cargas de linha para desminagem e muito mais. Até então, eu tivera pouca experiência com a cavalaria (cav) e fiquei imediatamente cativado por seu espírito de união, seu elã, bem como a agressividade, a filosofia de liderança baseada na delegação de autoridade e responsabilidades para os comandados, o hábito de fumar charuto e os chapéus Stetson. O *éthos* da cavalaria (cav-ethos) incluía não se deixar abalar pela incerteza; sempre se adaptar, inovar e superar; ser bravo e audacioso; e, quando em dúvida, ser mais rápido e atacar. A adrenalina de treinar com essa unidade histórica e fazer parte dela, assim como os revezamentos para o National Training Center (NTC), no deserto de Mojave, para o mais intenso e realista treinamento de guerra blindada no deserto existente no planeta, contribuiu para aumentar ainda mais minha euforia. O treinamento no NTC foi uma das mais importantes experiências de minha carreira em termos de formação e desenvolvimento, paralelamente aos projetos Graf e a Ranger School, desembocando na Guerra do Iraque.

O fato de estar com a cav e seu comandante, o coronel Dempsey, elevou consideravelmente meu estado de espírito. Isso me inspirou e motivou a ser como eles, bem como me estimulou a transformar meu batalhão à sua imagem e semelhança. Adotei muitos de seus métodos e, onde foi possível, adaptei os símbolos, as estórias e histórias da cav em versões de engenharia. Cheguei até mesmo a tomar a canção do 3ACR, introduzir na melodia termos do 5º Batalhão de Engenharia e transformá-la em nosso hino. Toda a unidade o entoava frequentemente, com muita alegria, em toda espécie de evento, a fim de infundir o orgulho da unidade e o espírito de luta. Durante a maior parte do tempo que permaneci na cav, eu estava quase maníaco.

Também copiei a técnica do comandante do 3ACR de escrever notas pessoais e manuscritas todos os dias, e as escrevia somente em cartões e papéis de carta do 5º Batalhão de Engenharia. Eu escrevia notas de agradecimento, notas de congratulações, notas de motivação e notas de solidariedade para soldados, líderes, cônjuges, filhos e funcionários civis do posto que nos apoiavam.

Nós nos deslocamos com o 3ACR até o NTC para um exercício de treinamento completo de força contra força, com duração de um mês, exercício este que poderia ser chamado de "Super Bowl" do treinamento do Exército. Além disso, participamos de inúmeros eventos de treinamento de menor escala, de seminários de planejamento e reuniões sociais em Fort Carson e na vizinha área de treinos de Piñon Canyon. O 5º Batalhão de Engenharia teve um ótimo desempenho, e o comandante do 3ACR ficou bastante satisfeito tanto com o batalhão quanto comigo.

Embora o coronel Dempsey não fosse meu avaliador oficial, ele escreveu uma carta elogiosa detalhando meu desempenho no apoio ao 3ACR, e enviou-a ao meu avaliador – também coronel –, o comandante da 1ª Brigada de Engenharia, e para meu avaliador sênior, o major-general Robert Flowers. A avaliação do coronel Dempsey foi incluída em meu histórico anual de avaliação de oficiais, o que conferiu muito mais prestígio a esse histórico aos olhos dos comitês de promoção e seleção do Exército.

Tive muita sorte por ter desenvolvido um estreito relacionamento pessoal e profissional com o coronel Dempsey. Mais tarde, nós servimos em comandos circunvizinhos tanto no Iraque como na Alemanha, de 2003 a 2005, quando ele era major-general e eu, coronel. Em 2008, ele assumiu o posto de general e foi meu chefe quando comandei o FLW.

O general Dempsey me promoveu a major-general e cantou músicas irlandesas de rua em minha festa de promoção. Ele então me escolheu para ser comandante no AWC e foi meu chefe lá em 2010. Depois disso, o general Dempsey assumiu a presidência do Estado-Maior Conjunto das Forças Armadas e me escolheu para ser reitor da NDU em 2012. Ele teve um papel significativo em meu sucesso no Exército, bem como em minha carreira e em minha vida.

O comandante de meu batalhão de engenharia

O 5º Batalhão de Engenharia foi alocado para a 1ª Brigada de Engenharia no FLW. Nós éramos a única unidade da brigada que tinha condições de ser mobilizada e estava "pronta para a guerra". Todos os outros eram batalhões de treinamento que treinavam, ensinavam e formavam soldados, bem como NCO e oficiais, que se graduariam e seriam alocados nas unidades mobilizáveis em todo o Exército. O comandante da brigada era perfeccionista, dotado de padrões impecáveis e zelosa atenção aos detalhes. Seus uniformes estavam sempre em notável perfeição, em sintonia com botas muito bem engraxadas e seus cabelos grisalhos ondulados e bem tratados. Ele possuía um Volvo cinza, sempre também impecável e brilhante, por dentro e por fora. Seu gramado era perfeito. O comandante dizia que uma forma infalível de avaliar o caráter de um homem era inspecionar a limpeza e arrumação de seu carro e do interior de seus armários. Isso, segundo ele, revelaria a alma do indivíduo.

Na primeira vez que me encontrou, ele anunciou em tom alto e autoritário, com um forte sotaque do Arkansas, "Eu também tenho um doutorado! Em Orgulho, Atividade e Determinação! No que é o seu?" Minha destreza no treinamento físico neutralizou grande parte de seu preconceito contra intelectuais. Ele ficou impressionado com o fato de eu ter um desempenho fantástico no treinamento físico, e também respeitava a escolha do Exército ao ter me designado para comandar o 5º Batalhão, que era de combate mobilizável, e não de treinamento. Entretanto, um dos meus colegas comandantes de batalhão foi alvo de sua ira por conta do doutorado que possuía e de sua futura nomeação para o cargo de professor permanente em West Point. Esse colega era constantemente perseguido pelo comandante da brigada, que o chamava ironicamente de "professor de escolinha" convencido de ser especial e muito melhor do que todos os outros. Mais de uma vez ele demonstrou escárnio, dizendo: "Por que razão o Exército desperdiça um comando de batalhão com você, um professor de escolinha, quando existem tantos soldados verdadeiros que adorariam comandar um batalhão?!".

Houve muitos exemplos mais desse tipo de liderança ofensiva. Tanto os soldados como os servidores civis levavam inúmeras reclamações aos níveis superiores da cadeia de comando e ao general inspetor (IG, na sigla em inglês) sobre essa forma hostil de comando. O comandante foi advertido e aconselhado a modificar seu comportamento, mas não acredito que alguma vez na vida tenha acatado os conselhos.

Na maioria das vezes ele dava demonstrações de um temperamento raivoso e impaciente, e gritava e insultava; mas algumas vezes deixava a fúria de lado e se mostrava feliz, até mesmo vacilante. Em diversas ocasiões, quando entrava nesse estado de espírito feliz, ele costumava dizer em tom de brincadeira que havia esquecido de tomar suas "pequenas pílulas verdes", em alusão a algum tipo de medicamento para transtornos do humor.

O comandante da brigada passou a gostar do 5º Batalhão e de mim, e assumiu a determinação de nos recriar à sua imagem e em conformidade com seus padrões profissionais. Ele sentia puro prazer em se afastar de suas unidades de treinamento e ir nos visitar – chegava aterrorizando quem quer que avistasse primeiro e ameaçando despedir todo mundo. Eu corria até o lugar onde ele estava prestes a se intrometer, fosse no quartel-general, em uma companhia, no parque de máquinas ou em uma área externa de treinamento. Ele esbravejava comigo, zombando de meu doutorado, bem como de eu ter lecionado em West Point na condição de "professor de escolinha"; dizia que eu me achava um "cavaleiro atraente", que eu não era um verdadeiro engenheiro de blindados como ele e que eu não sabia o que estava fazendo. Aí, então, ia direto ao assunto, falando em detalhes sobre o que estava vendo, sobre como havia aprendido a fazer isso e "como era o certo". Meus subordinados e eu ouvíamos com atenção, fazíamos muitas anotações e apresentávamos a ele um resumo para possíveis correções. Nossa abordagem profissional a seus ensinamentos e suas aulas sempre o impressionava. Em geral, ele ia embora com expressão de calma.

Depois, eu reunia minha equipe de líderes essenciais, repassava em detalhes todo o traumático encontro, discutia seus méritos – que todos costumavam concordar que atingiam o objetivo – e, então, desenvolvíamos um plano de ação para implementação das orientações do comandante. Em seguida, eu extraía a essência desse plano e enviava naquele dia a ele, seu XO e seu S3 (oficial de operações) em um e-mail conciso.

Posteriormente, eu me encontrava com ele dentro de um dia ou dois para obter seu *feedback*. Em geral, ele dizia algo como "Sim, agora você está começando e entender; você sabe que eu vou continuar a elevar os padrões; a erguer o nível, cada vez mais alto, porque nossos soldados e suas famílias não merecem nada menos; vá em frente". Ele não costumava falar muito mais do que isso; mas na minha mente sua intenção era bastante clara. Ele aplicava seu "inferno" porque amava seus soldados e desejava que tivessem sucesso na prova de fogo dos combates e retornassem salvos para o seio de suas famílias.

Esses encontros de "ensinamento" aconteceram três ou quatro vezes por mês em meu primeiro ano de comando e foram reduzidos para cerca de um ou dois por mês em meu segundo ano. Maggie diz que minha religiosidade cresceu vertiginosamente ao longo dessa dolorosa experiência e que eu mergulhei na Bíblia, nas atividades evangélicas e, até mesmo, passei a fazer, todos os dias, devoções matinais para nossos filhos antes de irem para a escola. A religião me proporcionou força, conforto e paz em uma época difícil. Eu também consumia quantidades crescentes de bebida fora do expediente e automedicava a depressão que me afligia.

Meus soldados e eu implementamos meticulosamente no 5º Batalhão as ideias e orientações do comandante, mas o fizemos com um enfoque positivo e com o estilo e a alegria do 3ACR e seu comandante. Continuamos nos aperfeiçoando, mês após mês, e os resultados eram nítidos em todas as áreas. O 5º Batalhão passou de bom a ótimo, e minha atuação em termos de liderança, conhecimento e desempenho foi, de longe, a melhor em meus vinte anos de carreira.

Atribuí uma grande parcela do crédito a meus dois coronéis comandantes. De certa forma, eu estava me tornando o especialista tático e técnico que o comandante de minha brigada de engenharia havia tão penosamente me orientado e ensinado a ser. Ao mesmo tempo, eu estimulara meus instintos e dons naturais de liderança no sentido de me converter no líder inspirador, dinâmico e positivo que meu comandante da cav havia moldado.

O comandante de minha brigada de engenharia nos visitou durante o revezamento com o 3ACR no NTC, um contexto de área e treinamento com o qual ele tinha muita familiaridade. Ele zombou de nosso relacionamento com o 3ACR e chamou ironicamente a cav de bando de "garotos atraentes" que não tinham a mesma competência das "verdadeiras" forças blindadas e mecanizadas. Contudo, depois de nos ver em uma missão real, ele mudou de tom rapidamente. A velocidade, a capacidade ofensiva e o poder de fogo do grupo superou o que ele vira ou vivenciara antes, em especial o alcance e a letalidade dos helicópteros de ataque Apache, que eram "peça constitutiva" do regimento. Em outras palavras, o 3ACR tinha a própria Força Aérea, algo que as brigadas blindadas e mecanizadas não tinham em sua formação orgânica.

Ele ficou tão entusiasmado que, em vez de continuar me dizendo o que fazer e como fazê-lo, começou a tentar me colocar de lado para assumir o comando e o controle do 5º Batalhão. O engenheiro sênior treinador do NTC, coronel Bruce Porter, interpretou essa atitude como uma importante anomalia e ruptura da política de seu "visitante". Ele lhe ordenou que se afastasse de mim e da área do batalhão e terminasse sua visita a distância a partir do veículo de um observador. Porter disse ao meu chefe: "Você já fez isso quando era comandante de batalhão; agora é a vez de o tenente-coronel Martin ter essa oportunidade".

Os revezamentos foram bem-sucedidos, e tanto o 3ACR como o 5º Batalhão de Engenharia receberam pontuações muito altas. Quando retornei para o FLW, o comandante de minha brigada me parabenizou e depois elogiou o 3ACR, principalmente seus Apaches. "Eu acho que a cav não é tão ruim assim ... e aqueles Apaches, oh, meu Deus."

Investigação

Na primavera de 1999, apenas um mês ou dois antes de eu e o comandante da brigada estarmos prontos para o revezamento, uma nova rodada de reclamações foi apresentada pelos soldados dele e por servidores civis, reclamações estas que desencadearam outra investigação sobre a hostilidade do ambiente de comando e da liderança. O oficial responsável pela investigação era um brigadeiro (uma estrela). Ele entrevistou diversas pessoas, inclusive eu e os outros comandantes de batalhão, que não tinham sido entrevistados na investigação precedente. Ele conseguiu entender bem a situação, e o general comandante do FLW, major-general Flowers (duas estrelas), decidiu repreender o comandante da brigada, mas permitir que ele permanecesse no comando até a data programada para seu revezamento.

Depois de ter sido aconselhado e informado sobre seu destino, ele reuniu seus comandantes de batalhão e nos posicionou a respeito da situação. O comandante da brigada mostrou-se bastante arrependido e se desculpou muito. Ele admitiu ter cometido erros, mas disse que o fizera em nome de um sentimento de afeição e que lamentava o excesso de dor que causara. Falou também que seu maior medo era a possibilidade de que nenhum de seus comandantes fosse visitá-lo em seu novo posto de engenheiro-chefe em West Point. Esse fato o entristeceria demais. Ele estendeu então um convite geral a cada um de nós para que fôssemos visitá-lo e nos hospedássemos em sua casa. Alguns de nós o fizemos, e ele e sua amável esposa se mostraram excelentes anfitriões. Durante essas visitas, nós bebíamos, fazíamos grelhados, fumávamos charuto, contávamos histórias e nos entregávamos a festança de soldados até altas horas da noite.

A despeito da intensa dor causada por seu "inferno", tive a sorte de tê-lo como meu comandante de brigada. Embora fosse da velha guarda e também muito durão, ele me treinou e melhorou consideravelmente minha atividade. Serei eternamente grato por tudo que ele fez pelo 5º Batalhão de Engenharia e por mim. Apesar de não termos sido mobilizados para combate, todas as lições me foram de grande valia alguns anos mais tarde, quando conduzi a 130ª Brigada de Engenharia na Guerra do Iraque.

Pouco antes de partir do FLW para o AWC em julho de 1999, o major-general Flowers me puxou de lado e afirmou que estava muito bem impressionado com o excelente trabalho que eu e o 5º Batalhão tínhamos realizado. O general declarou que eu possuía um estilo mágico de liderança e tinha criado um ambiente no qual os soldados e as famílias do batalhão sobressaíram e tiveram prazer no serviço prestado. Ele me disse que meu comando forte e positivo fora um significativo multiplicador de energia. Finalmente, o major-general Flowers afirmou que eu tinha pela frente um futuro extraordinário, com muito mais sucesso por vir.

O coronel Larry Dillard, um oficial de grande talento que servira no 5º Batalhão de Engenharia como capitão, e um de meus comandantes de companhia que, mais à frente, assumiria o posto de comandante de brigada, fez as seguintes observações e análises sobre o tempo que passamos juntos no 5º Batalhão:

> Você fala sobre os anos de crescente [hipertimia] e como essa doença pode ter de fato alavancado seu sucesso... Para exemplificar, eu me lembro de ter chegado em casa depois de meus primeiros dias no comando da companhia e dito para minha esposa algo como "o tenente-coronel Martin é um grande balão de falsa motivação. Ele está sempre muito

entusiasmado. Ninguém jamais tem todo aquele entusiasmo o tempo todo". E depois, alguns meses mais tarde, eu retornei ao assunto e disse a ela "Acredito que eu estava errado. Aquele sujeito está verdadeiramente estimulado o tempo todo". Olhando agora em retrospectiva, eu creio que nós dois conseguimos reconhecer que eu estava observando um período de [crescente hipertimia].

Você tem forte tendência a ter um olhar positivo em relação ao Exército, às suas experiências e às pessoas (i. e., nosso comandante da brigada de engenharia). Por mais desagradável que possa ser, isso se revela ilegítimo. Ele [comandante de nossa brigada] era um imbecil furioso e cuspidor de saliva – que provavelmente sofria de alguma doença mental e foi viabilizado por um sistema que o colocou no comando de uma grande formação e não conseguiu fazê-lo responder por seu comportamento. As razões para isso podem ser uma história interessante e vir a produzir percepções a respeito do processo do Exército para a seleção de líderes.

Na qualidade de comandante de batalhão, aprendi a me estimular rapidamente naquilo que agora acredito devem ter sido estados periódicos de real mania. Eu conseguia isso ao associar e potencializar pequenos surtos de exercício vigoroso, música altamente motivacional, intensa repetição de preces potencializadoras e textos das Escrituras, e pensamentos muito positivos. Quando estava fora de serviço, eu acrescentava álcool a essa mistura. Creio que essa combinação gerava em meu cérebro um aumento das substâncias químicas naturais e, em seguida, uma intensa euforia. Tal atividade elevava muito depressa meus níveis de dopamina e endorfinas, e, consequentemente, minha energia, meu entusiasmo e minha confiança – eu estava em ascensão na vida. Eu fazia isso regularmente – em média duas a três vezes por semana – e, em especial, para importantes eventos nos quais eu ocupava uma posição de destaque na frente das tropas, assumindo um certo *status* de estrela.

Ao mesmo tempo, minha hipomania e meu estado de espírito quase maníaco me levavam a ter comportamentos extremos, principalmente no círculo de meus soldados e oficiais. Além de liderar o batalhão a cantar a canção "Fightin' 5th", eu conduzia pessoalmente os eventos de boas-vindas para calouros, bem como eventos de despedida daqueles que iam embora. Eu conversava com todos os soldados e os interrogava sobre todas as particularidades do 5º Batalhão, como também sobre minha filosofia de comando e minhas orientações, e sobre a história do batalhão.

Liderei os soldados na execução de até cem flexões e *flutter kicks* de uma vez, em cadência, façanha que correu por todas as guerras dos EUA, todos os ramos do Exército e a história do 5º Batalhão. Em mais de uma ocasião, arranquei a camisa, expondo um enorme "5" raspado em meu tórax e preenchido com o vermelho da engenharia, e liderei a formação na execução de flexões e *flutter kicks*. Em outra oportunidade, arranquei a camisa e corri em torno do batalhão em formação, saltando como um macaco, gritando "hoo-ahh", acenando e fazendo o movimento de cortar com uma machadinha. Eu me tornara um ator, e esses atos me energizavam, levando-me a um estado de quase mania.

Propus às tropas o desafio de um treinamento físico do comandante do batalhão. Se qualquer um na unidade conseguisse me derrotar no teste de aptidão física do Exército, eu lhe concederia um passe de quatro dias. Durante os dois anos em que estive no comando e competi contra quinhentos soldados muito mais jovens, nenhum jamais conseguiu me derrotar. Eu me dei muito bem nessas competições.

Além disso, os "versículos empoderadores" das Escrituras vistos no Navigators e que memorizei na Universidade do Maine retornaram aos borbotões à minha mente e ao meu espírito. Eles foram especialmente poderosos depois de eu ter vivenciado o "inferno" do comandante de minha brigada e após suas sessões de "ensinamento". Os versos contribuíram sobremaneira para me estimular nos períodos em que eu me sentia abatido e deprimido.

Houve na ocasião em que eu lecionava em West Point, na primavera de 1997, durante os meses imediatamente antes de eu assumir o comando do 5º Batalhão, um episódio que foi decisivo para o aumento de minha religiosidade. Ser escolhido pelo Exército para o posto de comandante de batalhão é uma enorme honra, bem como um privilégio e o reconhecimento de um excelente desempenho e futuro potencial. Eu sabia que aos olhos do Exército eu tinha total qualificação e estava pronto para assumir essas novas responsabilidades. Mesmo assim, a sensação de não estar preparado e de carecer da necessária qualificação para o trabalho me assombrava. Avaliei todas as coisas que eu fizera até aquele ponto em meus dezoito anos de carreira, e tudo o que me vinha à mente eram as coisas que eu *não* tinha feito e as experiências fundamentais de desenvolvimento que me *faltavam*. Em particular, eu carecia de experiência em armas combinadas como elemento constitutivo de uma divisão de blindados ou infantaria.

Vi crescerem minhas dúvidas quanto a estar preparado, e aumentou meu medo de fracassar nessa enorme empreitada. Movido pela ansiedade, recorri a alguns membros seniores do corpo docente do departamento – coronel Don Snider [reformado] e coronel Kerry Pierce – que realizavam ao meio-dia um estudo da Bíblia, e lhes relatei a situação. Os dois tinham sido bem-sucedidos comandantes de batalhão e, portanto, acolheram com empatia minha ansiedade. Como a essência do comando de um batalhão é a liderança, eu perguntei se poderíamos dar início a um novo estudo com foco em liderança, em uma perspectiva cristã, e assim abrandar meus medos e me preparar melhor para a posição de comando. Um de meus colegas conhecia um livro largamente reconhecido – *Transforming Leadership* (Transformando a liderança), de Leighton Ford –, e nós o estudamos. Ele revolucionou minha maneira de encarar o papel de um líder, assim como me inspirou e proporcionou força emocional e psicológica, amenizou minhas preocupações e meus temores, além de suscitar novas ideias sobre como comandar o batalhão. Apliquei essas lições todos os dias. A exemplo de todos os meus significativos episódios religiosos, é possível que os conceitos apresentados nesse livro tenham aumentado e alimentado minha exuberância (hipertimia e, talvez, mania), mas também ajudaram a evitar ou mitigar a depressão.

Minha experiência no 5º Batalhão – pessoal e profissional – foi intensa, cheia de momentos de euforia e de desalento. Meu estado de espírito passava de eufórico e hipomaníaco a deprimido. Em busca de remédio, eu me entreguei cada vez mais aos exercícios vigorosos, à religião, ao álcool e a um comportamento turbulento. Quase todas as pessoas que trabalhavam ao meu redor falavam não apenas sobre minha energia, motivação e liderança inspiradora, mas também sobre meu comportamento turbulento, festeiro, impulsivo e imprudente. O *feedback* da maioria dizia que era divertido, excitante e motivador estar perto de mim e que nós realizávamos coisas incríveis, mas muitas pessoas também me achavam louco. Ainda assim, ninguém aventava a hipótese de eu ter transtorno bipolar.

Army War College (AWC)

O Exército avaliou meu comando de batalhão como muito bem-sucedido e me escolheu para cursar o AWC, sua escola de pós-graduação em segurança nacional e estudos estratégicos. O processo de seleção para essa instituição é extremamente competitivo, apenas os melhores tenentes-coronéis e coronéis e menos da metade de todos os comandantes de batalhão são escolhidos.

A missão dos estudantes durante esse ano em Carlisle Barracks, no centro da Pensilvânia, é obter o título de mestre em estratégia de segurança nacional e, simultaneamente, desenvolver uma rede de relacionamentos com seus pares e se preparar para o desafio de servir na qualidade de oficial sênior pelos próximos dez anos ou mais. É um momento de transição, durante o qual um oficial deixa de pensar, comandar e servir no nível tático e passa a fazê-lo no nível estratégico.

O corpo discente, formado por trezentos alunos, era de primeira linha, com oficiais de todos os setores do Exército e dos serviços militares, do Departamento de Estado, das agências de inteligência e de várias dezenas de países estrangeiros. Nós éramos organizados em seminários de quinze a dezoito estudantes, e a maior parte do aprendizado se dava de aluno para aluno, um aprendizado entre pares sob a orientação de um instrutor experiente.

O aspecto social é um elemento explícito do programa – fazer amizades e desenvolver relacionamentos profissionais duradouros que serão de grande valia no futuro. Nosso calendário era cheio de festas e eventos sociais oficiais, todos eles regados a grandes quantidades de bebida. Eu levei a sério o elemento social e, assim, meu consumo de álcool aumentou bastante, como também ocorreu com muitos de meus colegas. Mais uma vez, minha disposição para festas e exercícios, bem como minha religiosidade e o comportamento tumultuoso, aumentaram significativamente. Acredito que, nessa época, eu estava subindo no espectro bipolar.

O currículo nos fazia mergulhar no estudo de história, liderança, planejamento de campanha, política, gestão de defesa e desenvolvimento de estratégias de segurança nacional. As séries de palestras, as viagens e outros programas especiais tinham um valor inestimável. Todos os estudantes, independentemente do nível de experiência ou bagagem, aprendiam e cresciam muitíssimo, enquanto se preparavam para posições de maior responsabilidade no nível estratégico. Havia também uma forte determinação do AWC em propiciar aos estudantes tempo para refletirem sobre seus anos anteriores de experiência tática e compreendê-los, assim como pensarem a respeito de seu caminho futuro em níveis seniores. Os alunos eram estimulados a se reconectar com sua família, a procurar interesses fora da profissão e, até mesmo, a adotar alguns passatempos.

Intensifiquei minha atenção familiar e assumi funções de liderança, ensino e treinamento nos escoteiros, na igreja e nos esportes juvenis. Também me voluntariei para competir e treinar basquete e trilha com meus colegas amantes dos esportes para a competição esportiva Jim Thorpe, realizada todo mês de abril entre as seis escolas de guerra. Mas, além da família e dos esportes, eu me entreguei ao interesse e à paixão pela religião. Todos os dias no café da manhã, eu fazia as devoções e preces matinais com meus filhos. Havia também uma variedade de programas religiosos, que incluíam cafés da manhã semanais de orações, seminários, estudos, serviços na igreja e retiros.

Além disso, existia um grupo de coronéis que haviam se aposentado do corpo docente do AWC. Eles eram líderes seniores dinâmicos, amigáveis e experientes, bem como cristãos comprometidos que agiam de acordo com o que pregavam. Esse grupo participava da maioria dos eventos religiosos na qualidade de professores e mentores. Eles exerciam uma influência positiva sobre mim, tanto no aspecto profissional como no religioso, e foram muito solidários na ocasião em que enfrentamos a crise bipolar de nosso filho em 2001. Além disso, ofereceram-me um enorme apoio quando retornei, uma década mais tarde, como comandante.

Como aluno do AWC, de 1999 a 2000, optei por escrever meu compulsório artigo de pesquisa estratégica (SRP, na sigla em inglês) sobre o tema "Jesus, o líder estratégico". Era um tema bastante incomum, mas tomei como eixo condutor o estudo pessoal que eu desenvolvera dois anos antes em West Point com base no livro de Ford, *Transforming Leadership*, bem como minha experiência em liderança no 5º Batalhão de Engenharia. Meu SRP, que repercutiu dentro do Exército e das Forças Armadas – e nos círculos cristãos –, foi lido por milhares de pessoas e acabou me levando a apresentar o artigo em diferentes retiros, conferências e fóruns religiosos.

Eu havia discutido o tema do SRP com alguns dos coronéis aposentados já mencionados, e todos eles apoiaram entusiasticamente a proposta e apresentaram ideias para a escolha de um orientador. Logo encontrei um líder sênior, membro do corpo docente e diretor de um instituto de pesquisa exclusivo do AWC – Army Physical Fitness Research Institute (APFRI) –, que, com o mesmo entusiasmo, apoiou e endossou esse tema. O coronel Bill Barko se voluntariou de bom grado para atuar como meu orientador e foi alvo de algumas críticas por fazê-lo. Dezesseis anos mais tarde, ele viria a ser o amigo devotado que me ajudou a ser admitido na instituição de internação psiquiátrica do VA em White River Junction, Vermont.

Quando eu era aluno no AWC, foi divulgada a lista de promoções dos coronéis, e, pela primeira vez em minha carreira, o Exército me selecionara para promoção como "abaixo da faixa" ou precoce. Essa seleção prematura, conseguida pela primeira vez no posto de coronel, é bastante incomum e um claro indicativo de que, aos olhos do Exército, meu desempenho havia evoluído significativamente. A escolha para comandante de brigada aconteceu logo depois. (Em geral, uma brigada é constituída por três ou mais batalhões, com alguns milhares de soldados.)

Certamente, o Exército tinha planos mais grandiosos para mim, e minha carreira estava em ascensão. No entendimento de meus amigos cristãos, esse elevado nível de sucesso era, pelo menos em parte, devido aos meus esforços sinceros para ser um líder pautado pela fé e orientado para Cristo. Mal sabíamos nós o quanto essa ideia seria colocada à prova – e rapidamente.

Euforia do corredor

Existe comprovação científica da ação sobre o cérebro e dos benefícios para o humor proporcionados pela prática de exercícios intensos, o que é largamente conhecido como "euforia do corredor". Quando, no ensino médio, tomei conhecimento da existência dessa manifestação, eu soube que acontecia comigo e que disso eu colhia potentes benefícios psicológicos e emocionais. Eu adorava minhas corridas diárias tanto pela ação sobre o humor como pelo aproveitamento físico. Minha empolgação se intensificava em resposta ao aumento do ritmo e da intensidade das corridas, de modo que, ao terminar, eu sentia um prazer extraordinário. Outras formas de treinamento físico proporcionavam satisfação, mas nada tão positivo quanto correr.

Meu prazer em correr foi interrompido duas vezes: a primeira, durante alguns meses, em 2000, em decorrência de uma lesão, quando eu era aluno do AWC, e depois, permanentemente, após a colocação de uma prótese no quadril, em junho de 2010. Muito provavelmente, o fato de eu ter parado de correr acelerou o agravamento de meu transtorno bipolar.

4
Trágico prognóstico

Depois da formatura, em junho de 2000, o Exército decidiu me manter no corpo docente do AWC por um ano, para ensinar liderança estratégica antes de retornar a Fort Lewis e assumir o comando da brigada. Ao longo daquele ano, nosso filho mais velho, Phil, teve as primeiras manifestações de um transtorno bipolar grave, aos 17 anos, quando estava no terceiro ano do ensino médio. Maggie e eu ficamos chocados. Até aquele momento, ele sempre fora saudável e tinha um alto desempenho – acadêmico, atlético e como escoteiro membro do Eagle Scout. Entretanto, depois de discussões recentes com ele, em 2020, Phil nos chamou a atenção para distúrbios de humor, depressão e sérios problemas existenciais que o atormentaram desde a quinta série e que se intensificaram durante os anos do ensino médio.

Durante o outono de 2000, Phil sofreu uma lesão na região lombar. A dor era intensa e sua mobilidade ficou bastante restrita. Em consequência disso, ele perdeu a possibilidade de participar do time de futebol da escola e de jogar ao lado dos amigos. Phil gostava muito de esportes e era ativo, e essa lesão teve um grande impacto sobre seu humor. Nós o levamos a diversos médicos, mas eles tiveram dificuldade em diagnosticar a lesão lombar e tratá-la efetivamente. No final, descobriu-se que Phil havia fraturado um osso no cóccix, e era essa razão da dor extrema e da imobilidade. Ele entrou em depressão e deixou de ser o garoto que costumava ser.

Ao notar que Phil estivera cortando o próprio rosto, Maggie percebeu que havia alguma coisa muito errada. Ficamos horrorizados. Ele entrou então em grave depressão, e durante longos períodos não conseguia sair da cama nem circular pela casa. Nosso filho não conseguia ir à escola, fazer as lições de casa, nem mesmo manter uma conversa coerente. Sua vida havia desmoronado completamente. Phil mergulhou em uma depressão sombria, com tendência suicida. Jamais havíamos vivenciado nada parecido e ficamos apavorados. Felizmente, nós o levamos primeiro ao profissional de saúde mental na clínica do AWC e, depois, finalmente, a um psiquiatra de adolescentes no centro médico Walter Reed, em Bethesda, Maryland – nos dois casos, com atendimento presencial e por VTC (teleconferência por vídeo). O fundamental para que Phil recebesse esse nível de cuidados médicos foi o fato de ele ser um suicida potencial, que planejava acabar com a própria vida.

No momento seguinte, ele saiu da depressão e entrou em estado de mania aguda. Phil aprendeu sozinho a tocar música clássica no piano, sem qualquer tipo de aula, e se saiu tão bem que foi convidado a tocar na escola e na capela. Ele também aprendeu sozinho a pintar, e após algumas semanas havia pintado dezenas de quadros que conquistaram prêmios locais. Mais tarde, ficamos sabendo que ele saía de casa tarde da noite, depois que Maggie e eu já estávamos dormindo, e caminhava por toda a base, a cidade e pela faculdade local durante a noite toda. Phil dormia pouco – a mania o transformava em um dínamo de energia, motivação e criatividade. Entusiasmados com o fato de ele ter saído de uma grave depressão – pelo menos por um tempo –, não conseguíamos acreditar no que estávamos vendo e vivenciando.

No início eu não compreendia e não dispunha de qualquer estrutura de referência que me permitisse lidar com o transtorno bipolar de meu filho. A exemplo da maioria das pessoas do Exército que eu conhecia naquela época, não me ocorria que existisse algo como uma doença mental, e eu achava que "era tudo fruto da mente da pessoa". Eu acreditava ingenuamente que Phil precisava apenas de um "ajuste de atitude". Que ignorância de minha parte – e quão prejudicial para meu filho e a família! Aprendi depressa, e rapidamente me tornei o maior defensor de meu filho.

Como o quadro de Phil continuou piorando e ele voltou a cair em depressão, lutamos por mais avaliações médicas e ajuda. Paradoxalmente, o fator determinante para que ele fosse ou não elegível para receber os cuidados vitais necessários em regime de internação era a condição de ele apresentar ou não predisposição suicida. Por uma ironia do destino, tivemos a "sorte" de ele estar realmente em um quadro de propensão ao suicídio, tendo um plano para tirar a própria vida, plano este que inclusive ele havia ensaiado.

Como atendia a esse critério, Phil foi admitido na ala de internação de psiquiatria para jovens no centro médico militar Walter Reed. Foi preciso afastá-lo das últimas semanas de aula no terceiro ano do ensino médio, e, em decorrência da necessidade de lidarmos com esse inesperado problema de família, o Exército postergou a data em que eu assumiria o comando da brigada e nos manteve por mais um ano onde estávamos. A internação para tratamento salvou a vida de nosso filho. Phil foi liberado depois de duas semanas, com uma vida inteira de conscientização e trabalho duro a ser seguida.

O estresse, o transtorno e a repercussão sentidos por toda a família foram profundos em cada um de nós. Maggie, uma rocha sólida, foi sacudida e sufocada pelos muitos problemas decorrentes da situação. Ela queria salvar nosso filho e evitar que a família se desagregasse, mas, ao mesmo tempo, desejava também manter em andamento nossa carreira no Exército. Nossos outros dois filhos ficaram atônitos e traumatizados com o fato de o irmão mais velho, que eles admiravam tanto, ter sido abatido por uma doença invisível, tornando-se um suicida potencial, e que fosse agora uma pessoa que eles não reconheciam mais. A despeito da preparação para a mudança para Fort Lewis a fim de assumir o comando da brigada, meu foco logo passou a ser o resgate de meu filho, a proteção da família e a preservação de nosso casamento.

Terapia familiar

Os amigos, a comunidade do AWC e o comando sênior do Exército foram de inestimável valia, assim como a terapia familiar, que nos ajudou a entender a dura realidade de nossa nova vida e a lidar com ela. Tivemos a sorte de contar com uma excelente terapeuta local, que trabalhou conosco em estreito contato uma vez por semana. Ela mergulhou nas diversas questões, analisou detalhadamente as complexidades e levou cada um de nós a falar e, acima de tudo, a escutar.

Esse procedimento foi vital para nossos dois filhos mais jovens, que lutavam para entender os acontecimentos e eram forçados a lidar com questões difíceis que a doença bipolar gerara na vida de cada um deles. A terapeuta conseguiu conduzir o jovem Patrick, de 15 anos, e o garoto Conor, de 12, a falarem sobre seus sentimentos, suas emoções e sua dor. Foi inestimável a contribuição dessas sessões para compreendermos e seguirmos adiante com uma conduta compassiva de ação. A terapia familiar para o transtorno bipolar é um imperativo.

Durante os graves episódios bipolares ocorridos no inverno e na primavera de 2001, o desempenho escolar e as notas de Phil caíram muito. As notas, que em sua maioria eram A, passaram a apresentar uma predominância de F e insuficientes. A escola de ensino médio em Carlisle, Pensilvânia, foi colaborativa e empática. Eles já haviam testemunhado antes o estrago que o transtorno bipolar pode causar na vida de jovens estudantes e, assim, trabalharam conosco em estreita e compassiva cooperação a fim de traçarmos um plano capaz de resgatar nosso filho do abismo. O esforço coordenado de Phil e da escola, dos prestadores de serviços médicos, de Maggie e meu, em um trabalho duro, lado a lado, contribuiu para que ele se formasse dentro do prazo no ano seguinte, em maio de 2002.

Phil aprendeu a conviver bem com essa doença e tem levado uma vida de grandes realizações: escoteiro membro do Eagle Scout, aluno formado na faculdade com honra ao mérito, professor escolar na Alemanha, soldado condecorado e NCO nas forças especiais em diversos destacamentos de combate, um filho maravilhoso, e muito mais. Ele também descobriu sua paixão pelos idiomas e pela escrita.

Nosso terceiro filho, Conor, também sofre de transtorno bipolar, embora nunca com o grau de intensidade da bipolaridade que acometeu a mim e a seu irmão mais velho. Ele enfrentou inicialmente uma grave depressão no final do ensino médio – 1º ano (2004) e 3º ano (2006) –, sem ter tido um diagnóstico de bipolaridade. Em 2010, quando foi para a faculdade em Harrisburg, Pensilvânia, ele lutava com uma vida de desespero e começou a ser atendido por um psiquiatra. O doutor diagnosticou uma ciclotimia – uma forma moderada de transtorno bipolar –, e Conor tomou medicamentos durante dois anos. Essa foi a última vez que ele consultou um médico e tomou medicações para a doença até a pós-graduação, em 2020, ocasião em que foi diagnosticado com transtorno bipolar tipo II e recebeu a prescrição de medicamentos, que produziram bons resultados. A vida foi difícil, mas ele se formou na faculdade com honra ao mérito, descobriu uma paixão por fotografia e arte, viajou bastante, tomou parte no Eagle Scout e concluiu a National Outdoor Leadership School, uma experiência de aventura na natureza selvagem. Conor exerceu uma série de trabalhos diversificados. Ele se inscreveu como bolsista e se formou no programa de pós-graduação em arte da elite do Rochester Institute of Technology e obteve o título de mestre em belas-artes.

Comando de brigada: aceitar ou recusar?

Quando a bipolaridade de Phil veio à tona na primavera de 2001, eu me deparei com uma questão de significativa importância: devo recusar o comando da brigada, um trabalho muito árduo e exigente que demandará uma mudança para uma nova base do outro lado do país (Fort Lewis, Washington), bem como uma nova escola, novo tratamento médico, novos amigos e um novo lar em nova vizinhança? A recusa do comando possibilitaria a permanência no AWC, onde eu continuaria lecionando e manteria a conjuntura da vida de minha família.

Tanto minha esposa como meus filhos preferiam a mudança. Eles estavam dispostos a deixar Carlisle depois de dois anos e começar uma nova aventura no leste, porém, no fundo do coração, eu sabia que essa não seria a decisão mais acertada. Acometido por um grave transtorno bipolar só recentemente controlado, Phil teria que começar de novo e entrar em outra escola, agora como um recém-chegado aluno do último ano do ensino médio. Ademais, eu praticamente não teria tempo algum para dedicar a ele ou para ajudá-lo a se formar com êxito. Fizemos umas poucas reuniões familiares para discutir o assunto, e além disso procurei a orientação de profissionais e de colegas de capela, e rezei.

Recusei o comando de brigada, sem remorso, sabendo que isso representaria o fim de minha carreira no Exército. O posto de comandante é a joia da coroa para um oficial do Exército – ele é simplesmente irrecusável. Mas permanecer no AWC era a coisa certa que eu tinha a fazer. Nossa família poderia continuar a viver na mesma casa, com a mesma vizinhança. Phil permaneceria na mesma escola, onde era conhecido, querido e respeitado, mantendo a mesma rede de amizades. Eu poderia continuar no meu posto no corpo docente da escola de guerra, cuja cadeia de comando tinha ciência da situação que estávamos enfrentando e poderia nos apoiar. Além disso, os cuidados médicos teriam continuidade. Desse modo, abri mão do comando de brigada e permaneci na escola de guerra, em cujo corpo docente continuei por um segundo ano.

Um solidário líder sênior

Quando minha solicitação chegou ao chefe dos engenheiros, Robert Flowers, que naquele momento era tenente-general, ele "negou" meu pedido de recusa e o reformulou como pedido de "adiamento". Esse três estrelas era um líder forte e uma pessoa solidária, que já tivera a própria parcela de desafios no enfrentamento de problemas de saúde seus e de seus filhos. Ele foi o comandante da base e meu avaliador sênior na época em que eu era comandante de batalhão no FLW, apenas um par de anos antes, e nós tivemos um excelente relacionamento.

O tenente-general Flowers me ligou e disse: "Gregg, eu entendo. Estou com você. Cuide do Phillip. Ajude-o a recuperar a saúde e voltar à normalidade. Essa é a sua missão. Porém, você não está 'recusando' o comando; está apenas 'postergando'. Há uma grande diferença. Está claro? Hoje, meu estado-maior levará de volta a papelada revisada, para você assinar. Nós realocaremos você para o comando de uma brigada diferente no próximo ano, e tudo ficará bem. Você está fazendo a coisa certa. Vamos nos falar dentro de alguns meses e você me contará como estão seu filho e sua família. Eu deixarei, então, você decidir se pode ou não assumir o comando e, em caso afirmativo, nós o realocaremos".

A resposta dele corroborou nossa decisão de colocar nosso filho e a família em primeiro lugar. Ela também me tirou da sepultura profissional, colocando-me de volta no rumo certo no Exército, e pavimentou o caminho para minha designação, um ano depois, para comandar a 130ª Brigada de Engenharia, na Alemanha, uma das unidades mais importantes na invasão do Iraque em 2003. Eu poderia então fazer as duas coisas – manter o foco na recuperação de Phil e na reconstrução de nossa família e assumir o comando da brigada um ano mais tarde, se ainda o desejasse.

Sem dúvida alguma, Phil herdara de mim os genes do transtorno bipolar. No entanto, embora já tivesse tido indícios da bipolaridade havia muitos anos, eu não tinha a menor ideia nem consciência de tal fato, tampouco, aparentemente, nenhuma outra pessoa que me conhecia – familiares, colegas de profissão ou quem quer que fosse. Não houve uma tentativa por parte de ninguém, inclusive eu mesmo, de ligar os pontos, de procurar entender qual seria a origem da predisposição genética de nosso filho. Minha trajetória pessoal com o transtorno bipolar estava prestes a avançar um degrau decisivo no sentido do agravamento, na ocasião em que fui comandante de brigada no Iraque.

Em junho de 2002, Phil se formou na Carlisle High School. Nós fizemos as malas e viajamos para a Alemanha, onde assumi o comando da 130ª Brigada de Engenharia, em 13 de junho de 2002, em Hanau (cerca de 30 quilômetros a leste de Frankfurt).

5
A Guerra do Iraque desencadeia o transtorno bipolar

Então, qual foi o evento que desencadeou meu transtorno bipolar agudo aos 58 anos? O ponto de inflexão ocorreu no período de 2002 a 2004, quando, no posto de coronel de 46 anos, com 23 anos de serviço, fui designado para assumir um comando de brigada, o posto mais importante a que um coronel do Exército pode almejar. Depois de obter autorização para que nosso filho pudesse viajar para outro continente, dada sua condição médica bipolar, assumi o comando da 130ª Brigada de Engenharia em 13 de junho de 2002, em Hanau, Alemanha. A brigada era um grupo fundamental de combate do V Corps, uma unidade de nível operacional comandada por um três estrelas, unidade esta que fora escolhida e designada pelas mais altas autoridades militares do Departamento de Defesa (DOD) para atuar como principal força na invasão e libertação do Iraque.

Além de ser comandante de brigada, eu desempenhava a função de diretor de engenharia do estado-maior da unidade. Na qualidade de comandante de brigada, eu treinava, mobilizava e comandava em combate uma complexa organização formada por milhares de soldados. Como diretor de engenharia do estado-maior da unidade, eu conduzia o planejamento, a alocação de recursos e o acompanhamento de todas as atividades de engenharia dentro do campo de operações da Guerra do Iraque.

Nossa missão

Quando me juntei à companhia, a brigada e os corpos militares estavam se preparando para a mobilização no Kuwait. O país do Golfo Pérsico seria posto de concentração de tropas, bem como centro de logística e campo de treinamento no deserto para recepção, preparação e subsequente integração de milhares de soldados, equipamentos e centenas de unidades provenientes da Alemanha e dos Estados Unidos; e também para o ataque a Bagdá a partir do vale inferior do rio Eufrates, assim como a deposição de Saddam Hussein e seu governo, e a posterior ocupação e estabilização do Iraque. Nós não sabíamos quando a missão terminaria, tampouco por quanto tempo lá permaneceríamos. As diretrizes do alto-comando diziam: "vamos ficar até que a missão esteja concluída – independentemente de quanto ela durar".

Embora não pretendesse aumentar a pressão, o comandante do V Corps, tenente-general William "Scott" Wallace, olhou-me nos olhos e disse: "Sapper [meu sinal de chamada de rádio e a palavra francesa que significa 'engenheiro de combate', aquele que escava uma trincheira coberta para se aproximar de um local sitiado sem o perigo do fogo inimigo], a manobra operacional e, portanto, o sucesso do corpo militar [bem mais de 100 mil soldados] dependem de você e dos engenheiros. Estes proverão para o corpo militar a mobilidade operacional que nos permitirá chegar a Bagdá, ou não... Se os engenheiros tiverem êxito na instalação das pontes de assalto flutuantes atravessando os rios e canais, nós chegaremos a Bagdá e seremos bem-sucedidos. Se você não o fizer, nós fracassaremos".

Essa advertência vinda de um três estrelas tinha um importante significado – ela tornava o objetivo ainda mais contundente e claro. Wallace era um notável comandante de corpo militar, e todos nós tínhamos por ele grande estima. Ele gozava da considerável reputação de ser o melhor combatente de guerra da cavalaria blindada ou infantaria mecanizada de toda uma geração do Exército dos EUA, e fora escolhido a dedo para comandar essa ação. O Exército lhe dera um treinamento rigoroso e agora o colocara exatamente no lugar certo, na hora certa. A missão de comandar a 130ª Brigada de Engenharia no V Corps sob a liderança desse general guerreiro foi o ponto culminante de minha carreira no Exército.

Meu supervisor imediato era o meu vice-comandante do corpo militar, major-general Walt Wojdakowski, um soldado de infantaria que jogara basquete em West Point sob a coordenação do lendário treinador

Bobby Knight, tendo como companheiro de equipe Mike Krzyzewski, que mais tarde veio a se tornar conhecido como o célebre " Coach K" na Duke University. Esse dois estrelas resolvia a maior parte dos meus assuntos antes que eles se transformassem em problemas. Walt era o oficial do Exército mais corpulento e com a aparência mais cruel que eu já conheci, mas tinha um coração de ouro e foi um dos líderes mais atenciosos e solidários com quem já servi. O V Corps teve a sorte de contar com Wallace e Wojdakowski, ao lado do CSM (sargento-mor do comando) Ken Preston, que, na sequência de sua carreira, veio a se tornar sargento-mor do Exército – o NCO de posto mais alto no Exército.

Depois de sete meses – junho a dezembro de 2002 – de treinamento e preparação intensos para os 1.700 soldados da brigada estacionados na Alemanha, fomos mobilizados para o Kuwait em janeiro de 2003. Lá, recebemos e montamos nossos equipamentos, integramos à brigada mais milhares de soldados que tinham sido mobilizados dos Estados Unidos para o centro de operações do comando central (CENTCOM) e, então, planejamos exaustivamente a invasão. (Vários meses após o início da campanha, a brigada tivera um aumento temporário, passando para mais de 20 mil soldados, o que a tornou uma das maiores e mais diversas brigadas de engenharia na história militar dos EUA.)

Uma vez posicionados, nós treinamos rigorosamente e realizamos com nossos aliados do Kuwait algumas missões de pré-invasão contra o Iraque, missões como a organização prévia para redução do complexo de obstáculos fronteiriços, com meus engenheiros, o Exército e o governo do Kuwait e as forças especiais do Exército dos EUA. Essa operação clandestina viabilizou a redução muito mais rápida do tamanho do sistema de obstáculos no dia da invasão, em especial a sofisticada e cara cerca eletrônica, integrada a sensores computadorizados.

No dia do ataque, a operação foi também antecipada em várias horas, o que deu tempo para nossas forças de invasão, contribuindo para o elemento surpresa e reduzindo enormemente o nível de risco a que nossos engenheiros de combate estavam expostos. A execução foi tão engenhosa que nós a levamos a efeito debaixo dos olhos vigilantes dos guardas de fronteira do Iraque e dos observadores das Nações Unidas, sem que fôssemos detectados. Os kuwaitianos classificaram essa missão como uma de suas principais contribuições para o esforço de guerra, com economia de bilhões de dólares para seu país em decorrência das perdas evitadas no tocante às barreiras fronteiriças de alta tecnologia.

O ataque a Bagdá e muito mais

Nas primeiras horas da manhã do dia 18 de março de 2003, protegidos pela escuridão na fria e estéril terra inculta do deserto da Arábia, ao norte do Kuwait, nós atacamos o Iraque. A invasão terrestre foi lançada com antecedência de três dias em relação ao programado – antes de qualquer campanha aérea preparatória –, para que conseguíssemos maximizar o elemento surpresa. Nossas unidades haviam penetrado em grande extensão na parte sul do Iraque, já a caminho de Bagdá, quando o regime de Saddam percebeu que tínhamos invadido com força total.

Os engenheiros iam na linha de frente, destruindo o complexo de obstáculos na fronteira entre o Kuwait e o Iraque como primeira e necessária etapa da invasão. Nós abrimos vias de ataque através do complexo sistema de obras de grande extensão – arame, bermas e valas antitanque. Enquanto avançávamos na linha de frente, ataques da aviação da artilharia destruíam os postos avançados e as forças de reconhecimento do inimigo. A artilharia amiga lançou um bombardeio fortíssimo que passava rugindo sobre nossas cabeças a uma velocidade impressionante, mirando nas forças inimigas dentro do território iraquiano e aniquilando-as.

Após reduzir e romper o complexo de obstáculos, avançamos rapidamente através do terreno uniforme do deserto e ao longo de estradas – pavimentadas em sua maioria –, até chegarmos às vizinhanças de Nasiriyah, uma cidade às margens do rio Eufrates, no sul do Iraque. Lá, a 3ª Divisão de Infantaria (Mecanizada) (3ID, na sigla em inglês), proveniente de Fort Stewart, Geórgia, tomou das forças regulares do Iraque a Base Aérea de Talil, um recurso estrategicamente importante, localizada nas proximidades da ancestral cidade de Ur. Nesse ínterim, os fuzileiros navais enfrentaram forte resistência, depois impuseram decisivamente sua força e começaram um rápido avanço pelo vale do rio Tigre. Nasiriyah foi também o local onde tomamos a ponte sobre a Highway 1 e o lugar em que se deu o fiasco do "comboio perdido" e a subsequente captura da soldado do Exército Jessica Lynch (ela não era da minha brigada).

Nossa missão na base aérea era assegurar sua posse, bem como eliminar todos os escombros e o risco dos explosivos e deixá-la pronta para o pouso dos aviões dos EUA em um prazo de doze horas. A enorme pista de aterrissagem estava coberta de montanhas de lixo, pilhas de pedras, entulho, sucata de carros e caminhões, tudo misturado ao perigo que representavam os explosivos – expediente usado pelos iraquianos com o propósito de impedir que nossos aviões utilizassem as pistas de pouso. Também precisávamos estar preparados para enfrentar disparos de franco-atiradores e possíveis contra-ataques. Nossas tropas de engenheiros foram fantásticas, e além disso a sorte estava do nosso lado. Realizamos a missão em menos da metade do tempo, e os aviões da Força Aérea dos EUA logo começaram a usar as pistas para pousos e decolagens.

O restante do V Corps impôs sua força no lado esquerdo (sul e oeste) do rio Eufrates, tomando pontes ao longo do percurso e fazendo repetidos movimentos simulados para indicar que estávamos cruzando o rio a fim de atacar diretamente a parte vulnerável no sul de Bagdá. Enquanto essa ação imobilizava grande parte do Exército iraquiano e de suas divisões de elite da Guarda Republicana, o V Corps continuava pressionando ao norte, subindo pela margem esquerda do rio, com a poderosa 3ID no comando.

De maneira inesperada, que não fora antes considerada em nenhum planejamento da inteligência, o V Corps foi subitamente atacado por um número significativo de guerrilheiros denominados Fedayeen Saddam (homens de sacrifício de Saddam). Esses assaltos irregulares ocorreram ao longo de toda a nossa rota de avanço, mas principalmente nas cidades xiitas ao longo do Eufrates. Movidos por uma inabalável lealdade a Saddam Hussein e comandados por um de seus filhos, esses homens eram combatentes sunitas fanáticos que haviam recebido treinamento especial em táticas de guerra de guerrilha, intimidação violenta e eliminação de qualquer pessoa que se opusesse a Saddam. Eles estavam fortemente armados, tinham mobilidade e inspiravam profundo terror na população xiita.

Essa força tinha grande atividade, empregava técnicas de ataque frontal e em massa e realizava emboscadas nos flancos abertos nas forças dos EUA. Os guerrilheiros costumavam se deslocar em caminhonetes Toyota brancas (chamadas "técnicas"), com metralhadoras pesadas, lançadores de granadas com propulsão a foguete e outros armamentos montados no chão dos veículos. Eles usavam o que parecia ser uniformes no estilo caratê, brancos ou pretos, com faixas vermelhas na cabeça, ou então roupas civis comuns. Dirigiam em alta velocidade e eram muito agressivos. Aparentemente não tinham medo de morrer e, segundo nossa inteligência, drogavam-se e faziam longas orações antes dos ataques.

O primeiro ataque em bando saiu da cidade fluvial de Samawa. Em razão das táticas bem-sucedidas e do elemento surpresa com que os guerrilheiros contavam, o V Corps decidiu contornar Samawa e isolá-la a fim de mantê-los dentro da cidade. O passo seguinte seria afastar-se das áreas urbanas – onde o inimigo poderia se esconder –, sair da estrada principal e seguir para o oeste através de uma estrada secundária paralela à rodovia pavimentada e ao oleoduto, atravessando pelo deserto a oeste do rio. Esse expediente garantiu uma distância entre os Fedayeen Saddam e as forças dos EUA, bem como reduziu a capacidade daqueles de realizar ataques surpresa, garantindo-nos mais tempo para nos prepararmos para os assaltos ferozes e conseguir derrotá-los.

Em decorrência dessa mudança, nossa coluna agora usava uma incipiente estrada de terra, que rapidamente entrava em colapso sob o peso massivo dos nossos milhares de forças blindadas e mecanizadas, bem como dos veículos de rodas pesadas em movimento, o que se tornou um problema. De repente, os engenheiros se viam diante da enorme e desafiadora missão não planejada de transformar essa deteriorada estrada secundária de terra em uma via de cascalho pesado, de mão dupla, com cerca de 150 quilômetros de extensão e adequada para uso por milhares de veículos sobre esteiras e rodas que atacavam ao norte de Bagdá – e isso para ontem. Era difícil conseguir pedras e água para abrir tantos quilômetros de estrada, mas nós improvisamos, trabalhamos depressa com empreiteiros iraquianos locais e realizamos o trabalho. Isso é o que fazem os engenheiros do Exército.

Os ataques dos Fedayeen Saddam exigiram resposta e contra-ataques de considerável intensidade, à medida que forçavam a paralisação de toda a força de ataque do V Corps a meio caminho de Bagdá e se estendiam ao longo de quilômetros entre Samawa e Najaf. Meu "posto de comando móvel em movimento" – constituído por dois Humvees não blindados (High Mobility Multipurpose Wheeled Vehicles, veículos multiuso com rodas, dotados de alta mobilidade), por equipamentos de comunicação, alguns suprimentos, alimentos, água e equipamentos pessoais –, do qual, além de mim mesmo, faziam parte mais quatro outros soldados armados apenas com armas de pequeno porte (rifles e pistolas), em mais de uma ocasião pareceu estar na mira direta da ofensiva das guerrilhas. Eles poderiam ter-nos destruído facilmente, do mesmo modo que destruíam tanques de combustível e de munições, sistemas de comunicação e outros veículos de apoio.

Felizmente, eles desviaram de nós e atacaram diretamente o poder de fogo de nossos principais tanques de batalha Abrams e veículos de combate de infantaria Bradley, que tinham o suporte da artilharia e de um compacto apoio aéreo. Esses guerrilheiros eram destemidos; porém, por sorte nossa, imprudentes – e não estavam à altura de nosso poder de fogo. O ataque a essas estruturas de armamentos logo resultou em veículos dos Fedayeen destruídos e incendiados, além de corpos retalhados, ensanguentados e queimados. Os veículos destruídos e os corpos mutilados se espalharam pelo deserto iraquiano, de Samawa até Najaf, uma distância de cerca de 150 quilômetros.

Por que razão eles lutavam dessa forma e optavam por atacar tão diretamente esses alvos temíveis? Nós presumimos que foi uma atitude cultural machista que os levou a perseguir nossas estruturas de abate mais poderosas, em vez dos veículos de apoio, os quais eles poderiam ter facilmente destruído, causando enorme perda para as forças dos EUA. Esses guerrilheiros acreditavam que havia mais honra em atacar e destruir um tanque poderoso do que um caminhão de combustível, não blindado e precariamente armado – e, assim, atacavam os tanques.

Foi necessária uma paralisação das forças dos EUA a fim de nos permitir rechaçar os ataques ferozes, bem como reabastecer combustível, munições e água, para que tivéssemos condições de atacar as cidades xiitas (em especial Samawa e Najaf) e eliminar os Saddam Fedayeen dentro de seus campos e, depois, reposicionarmos nossas forças para a investida final contra Bagdá. Nos ataques dentro dessas cidades, nós empregamos a infantaria leve aeromóvel da 101ª Divisão Aerotransportada e os paraquedistas da 82ª Divisão Aerotransportada. Para eliminar os combatentes de Saddam, essas forças de infantaria leve lutavam rua por rua dentro dos bairros compactos, nos quais tanques e Bradleys tinham eficácia limitada. Nossas forças de combate leve complementavam perfeitamente o poder mecanizado da 3ID, repleta de tanques, Bradleys, artilharia pesada e muito mais. No comando da 101ª estava o major-general David Petraeus e os comandantes de brigada a ele subordinados, Mike Linnington, Ben Hodges e Joe Anderson, todos os três a caminho de se tornarem três estrelas. Na 3ID, dois dos comandantes de brigada – Dave Perkins e Dan Allyn –, bem como o comandante assistente de divisão, Lloyd Austin, seguiam a passos largos rumo à obtenção da patente de quatro estrelas. (O general Austin tornou-se secretário da defesa [SECDEF] em 2021.)

Para dar apoio a essas forças de infantaria leve, nós incorporamos a elas engenheiros e equipamento pesado. Jamais vou esquecer da cena de um ataque de combate urbano em Najaf, no qual um engenheiro da 130ª estava no comando, operando um trator de esteira D-9 com blindagem reforçada (que nós recebêramos de Israel havia apenas algumas semanas e que o mundo árabe apelidara de "monstro sionista"). Ele retirava obstáculos, escombros e explosivos perigosos em uma rua estreita de Najaf com um esquadrão de infantaria da 101ª seguindo coeso logo atrás para dar proteção. Balas zuniam próximo ao trator de esteira à medida que eles atacavam as forças inimigas. Parecia uma cena saída de um filme sobre a Segunda Guerra Mundial.

Em consequência dessa luta acirrada e do inesperado atraso em nosso objetivo de chegar rapidamente a Bagdá, o SECDEF Donald Rumsfeld e seus líderes seniores começaram a se preocupar com a repentina falta de progresso do V Corps. Eles queriam que nós retomássemos o ataque imediatamente. O tenente-general Wallace estava sob enorme pressão. Ele precisava se empenhar e eliminar essas forças inimigas, bem como reabastecer logisticamente e retomar a ação; no entanto, Rumsfeld foi intransigente e insistiu em recomeçar o ataque naquele exato momento.

Quando jornalistas incorporados ao grupo quiseram saber qual era o problema, o comandante do corpo militar respondeu que o inimigo que estávamos combatendo não era aquele contra o qual havíamos lutado em nosso preparatório jogo simulado de guerra, resposta que foi entendida por alguns como uma crítica às análises de inteligência que recebêramos na preparação para a guerra. Como a inteligência dos EUA poderia ter deixado passar uma ameaça dessa importância ao longo de nossa principal rota de ataque? No momento em que esse comentário foi relatado a Rumsfeld, ele, supostamente, ficou enfurecido. Por sorte, os líderes seniores defenderam o comandante do nosso corpo militar e deram a ele cobertura máxima para consecução de seu trabalho.

Durante todo esse tempo, os iraquianos lançaram rotineiramente ataques com mísseis Scud, os quais nós acreditávamos que estavam carregados com ogivas químicas. Cada lançamento nos obrigava a adotar o mecanismo de proteção química. Em virtude da temperatura do deserto durante o dia, o uso de trajes de proteção química e a colocação de máscaras de proteção era muito desconfortável e reduzia ainda mais nossa velocidade de avanço.

Durante essa fase da investida, soldados da 130ª Brigada de Engenharia reduziam e eliminavam obstáculos, inclusive minas e artefatos com perigo de explosão; construíam e reparavam estradas, campos de aterrissagem, plataformas de pouso de helicópteros e bases logísticas; abriam espaços protegidos por bermas contra mísseis de defesa aérea Patriot, bem como para comunicações por sinais, distribuição de combustível e postos de comando; reparavam e erguiam pontes; escavavam posições de combate para a infantaria, os blindados e a artilharia; desenvolviam e distribuíam sofisticados artefatos para visualização do terreno; realizavam missões de mergulho subaquático, desobstrução e reconhecimento; e combatiam como soldados da infantaria.

Depois de quase uma semana de recomeço e reabastecimento, o V Corps lançou aquela que deveria ser a investida final contra Bagdá, com a 3ID liderando a ação principal e a 101ª Divisão Aerotransportada, a 82ª Divisão Aerotransportada, o 11º Regimento de Helicópteros de Ataque, o 2º Regimento de Cavalaria Leve e outros dando apoio nas funções críticas de combate. Após um combate decisivo ao longo do caminho, o essencial para atingirmos o ponto culminante dessa investida era a corajosa e habilidosa travessia do rio Eufrates pela 3ID – uma operação de armas combinadas liderada por um engenheiro – na direção do sul e do oeste de Bagdá, operação que capacitaria o V Corps a encurralar grande parte das forças da Guarda Republicana Iraquiana, que haviam preparado uma robusta defesa com blindados pesados ao sul da cidade. Seguiu-se um combate feroz, no qual entrou em ação a capacidade letal combinada das forças americanas blindadas, mecanizadas e leves, juntamente com os engenheiros, o fogo de artilharia e o compacto apoio aéreo. O resultado no campo de batalha foi devastador. As forças do Iraque foram dizimadas em sua maior parte, e as forças dos EUA avançaram rapidamente sobre Bagdá a fim de tomar o Palácio Republicano e o aeroporto internacional e derrubar o regime. A carnificina e a devastação no campo de batalha foram impressionantes: centenas de veículos destruídos – desde tanques e peças de artilharia a caminhões e jipes – e um incontável número de soldados inimigos mortos. Em resumo, uma cena horripilante, dominada pela presença perpétua de fumaça, incêndios e cheiro de morte.

Um destaque durante o ataque foi o bravo resgate pelos meus soldados engenheiros do piloto de um Air Force A-10 abatido. O capitão Bryan Sizemore e seus *sappers* do 54º Batalhão de Engenharia viram quando o avião foi abatido e o piloto ejetado para dentro de um grande lago pantanoso ao sul de Bagdá. Sob fogo inimigo, eles lutaram até chegar ao aviador abatido, derrotando os iraquianos que pretendiam capturá-lo.

Atravessando com dificuldade o campo de batalha a caminho de Bagdá, cheguei ao local logo depois de eles terem retirado o piloto para um lugar seguro. Ele e meus engenheiros – todos encharcados – estavam em estado de estonteante satisfação.

O fim do combate convencional e o início de guerras de guerrilha/terror

Na sequência do colapso do Exército e do regime iraquiano, em abril de 2003, os combates continuaram durante alguns meses, em menor escala, contra bolsões de resistência, combatentes guerrilheiros e terroristas. Entretanto, à medida que as forças dos EUA se espalhavam pelo país, para garantir sua segurança, começaram a surgir novos inimigos – milícias e terroristas provenientes do Irã, combatentes estrangeiros que entravam através da Síria e, acima de tudo, iraquianos nativos enfurecidos com a invasão e ocupação americanas e a subsequente má administração de seu país –, cujo objetivo era aniquilar as forças dos EUA, desestabilizar e arruinar nossos esforços e levar nossa missão ao fracasso. Nós havíamos vencido a luta nas principais operações de combate, mas será que conseguiríamos conquistar a paz? Será que compreendíamos a natureza do Iraque – seu povo, sua cultura, sua religião, suas facções – e o novo conflito no qual acabáramos de entrar? Infeliz e fatidicamente, a resposta é não.

Dois erros colossais cometidos pelo enviado especial dos EUA ao Iraque, em maio de 2003, depois da queda do regime, foram: o desmantelamento do Exército iraquiano e a rápida des-Baathificação do governo e da sociedade iraquianos. (Por des-Baathificação entende-se a eliminação de todos aqueles que pertenciam ao partido Baath de Saddam Hussein, que constituíam a maioria dos adultos; e também que esses indivíduos não tivessem acesso a empregos no novo Iraque.) Essas duas decisões estabeleceram as condições para a revolta decorrente.

Os ataques terroristas e as guerras de guerrilha aumentaram continuamente de abril a julho de 2003, à medida que crescia a resistência. De uma hora para outra, emboscadas e outros ataques com o uso de dispositivos explosivos improvisados (IED, na sigla em inglês), carros e caminhões-bomba, morteiros, foguetes e disparos de armas de pequeno porte tornaram-se rotineiros. O esperado era que nossa campanha tivesse entrado na fase de manutenção da paz e reconstrução, mas o inimigo não cooperava com nosso plano. Em pouco tempo, tínhamos mais soldados mortos e feridos desde a queda de Bagdá do que durante as "cruciais operações de combate", sendo a maioria das baixas consequência de IED. Em abril, nós conseguíamos atravessar cidades e bairros e ser saudados e aplaudidos pelos iraquianos locais. Depois das desastrosas decisões políticas de maio, passamos a nos deparar, nesses mesmos locais, com demonstrações de raiva, com multidões que atiravam pedras, além de emboscadas ferozes e IED mortais. A maré havia mudado – e para pior.

As mortes e os ferimentos causados por IED eram terríveis – corpos com membros amputados, queimaduras horrorosas e sangue perdido em abundância. Além disso, veículos destruídos e incendiados ficavam abandonados pelas ruas. Nós enfrentávamos agora uma guerra hedionda e brutal contra um inimigo selvagem e fanático, disposto a fazer praticamente qualquer coisa para matar e mutilar o invasor americano. A carnificina nesse campo de batalha foi mitigada de certa forma pelas maravilhas das drogas usadas no campo de batalha, drogas que salvaram dezenas de milhares de vidas americanas que teriam sido perdidas nas condições das guerras anteriores.

A enormidade da responsabilidade, da complexidade e do estresse envolvidos nas atividades de treinamento e mobilização, nas operações de pré-combate e no ataque a Bagdá, seguidos do mês de combate convencional de alta intensidade e depois da luta de quase um ano contra a insurgência mortal que se valia de IED, emboscadas, franco-atiradores e ataques com foguetes e morteiros, além da guerra de guerrilha, desencadearam em mim uma resposta de euforia eletrizante, estresse extremo e adrenalina. Meu corpo e meu cérebro produziam um excesso de endorfinas, dopamina e outras substâncias químicas relacionadas ao humor. O aumento dessas substâncias químicas naturais elevou meu desempenho, permitindo que eu lidasse eficazmente com esse ambiente penoso durante o primeiro ano da Guerra do Iraque.

Hoje eu sei – a partir da análise experiente dos profissionais médicos do VA e do Exército – que minha predisposição genética ao transtorno bipolar foi desencadeada pela Guerra do Iraque, fazendo com que eu passasse de uma condição de hipertimia a um estado de mania de alto desempenho. Eu me sentia um super-homem, em uma euforia extraordinária, com níveis impressionantes de poderosas substâncias químicas naturais explodindo em meu cérebro. Quanto maiores os níveis de estresse e perigo, mais "substâncias químicas da felicidade" meu cérebro produzia, e mais eufórico, energizado e exuberante eu me tornava. Meu desempenho em combate foi classificado como excelente, e a maior parte do tempo eu me sentia inebriado com tal situação. Minha esposa me relatou ter recebido uma carta que escrevi durante o ataque inicial a Bagdá, na qual eu dizia: "Não se preocupe comigo – estou me divertindo muito!". Contudo, analisando em retrospectiva, houve aspectos negativos que me prejudicaram muito, entre eles a enorme pressão decorrente da possibilidade de fracasso desse ataque e morte de muitas tropas americanas caso eu, como comandante engenheiro, falhasse. Tomei todos os dias dezenas de decisões apressadas de vida ou morte, decisões que, algumas vezes, causaram morte e ferimentos de meus soldados e produziram a subsequente culpa do sobrevivente.

Presenciei a morte e a destruição que estavam por toda parte no Iraque, não apenas resultantes de nossa guerra em curso, mas também nas valas comuns que remontam ao massacre em massa perpetrado por Saddam contra sua população xiita do sul, após a guerra do Golfo Pérsico, no início da década de 1990. Um perigo sombrio espreitava em todo lugar, e ninguém sabia quem era aliado e quem era inimigo. Percebia-se nitidamente o medo que afligia o povo e a sociedade iraquianos. Depois de décadas da ditadura brutal de Saddam e das devastadoras sanções internacionais, era possível sentir a total desesperança da população.

As favelas xiitas do subúrbio de Sadr City, em Bagdá, eram um cenário do inferno: enormes pilhas de lixo em decomposição misturado a animais mortos, esgoto bruto correndo pelas ruas, incêndios e fumaça de explosões e tiroteios ocasionais. Crianças iraquianas descalças, vestindo roupas sujas e esfarrapadas, corriam em meio ao esgoto entre nossas tropas, implorando por comida e água. Soldados, confinados em suas armaduras, ajudavam os iraquianos a limpar os próprios bairros densamente povoados embaixo de um calor de quase 50 graus Celsius e num ambiente de fedor nauseante, sendo o tempo todo atentamente vigiados por uma força invisível de milícias e franco-atiradores xiitas. Eu era responsável por essa operação, conhecida como Força-tarefa da vizinhança.

Outras missões da engenharia durante esse período de transição do campo de batalha foram: a abertura do Aeroporto Internacional de Bagdá; os trabalhos prioritários de recuperação dos sistemas de eletricidade, água e abastecimento de petróleo em todo o país; uma operação de apoio à 4ª Divisão de Infantaria para colocação de uma das mais longas pontes flutuantes de assalto da história do Exército dos EUA, uma ponte cruzando o rio Tigre, em Tikrit, cidade natal de Saddam, rio que foi palco de uma inundação recorde; a construção de várias dezenas de pontes; a implantação de dezenas de acampamentos de base; centenas de projetos de ação cívica destinados a conquistar o apoio dos iraquianos e estimular sua economia; e a inspeção e o reforço da barragem de Mosul, no norte do Iraque, cujo rompimento temíamos que estivesse prestes a acontecer, vindo a provocar uma catastrófica inundação de todo o vale do rio Tigre, de Mosul até Bagdá, uma distância de cerca de 380 quilômetros. Essas missões complexas e exigentes provocaram a escalada de meu temperamento – já estimulado pela busca de um elevado desempenho – na direção de uma mania cada vez mais intensa, e deram continuidade ao processo de reconexão do meu cérebro bipolar.

Entretanto, nosso foco logo foi direcionado novamente para um combate intenso, desta vez contra a guerrilha e as forças terroristas que empregavam IED, franco-atiradores, emboscadas e ataques com foguetes. Para nós, engenheiros, a missão principal era proteger a vida dos americanos por meio de operações de caçada e eliminação dos mortais IED que o inimigo escondia dentro de todo o espaço de batalha.

Eu estava também com muita raiva de nosso próprio governo por sua total imprudência ao lançar uma guerra assim tão mal concebida, que carecia de quantidade suficiente de recursos e que não tinha uma estratégia clara para garantir o bom êxito depois de derrubado o regime. E, para piorar uma situação já ruim, nosso governo cometera em maio de 2003 os erros catastróficos de desmantelar o Exército do Iraque e empreender uma rápida des-Baathificação do governo e da sociedade iraquianos. Essas decisões contrariaram diretamente as recomendações dos comandantes seniores das Forças Armadas dos EUA. O nível de ignorância, incompetência, arrogância e imprudência de nossos líderes civis do alto escalão foi desconcertante. Eles foram indiscutivelmente responsáveis pelas desnecessárias mortes e mutilações de milhares de soldados americanos e dezenas de milhares de iraquianos, além do deslocamento e reassentamento de um incontável número de civis iraquianos, tudo isso contribuindo para o enfraquecimento de nossa posição geoestratégica e de nossos interesses de segurança nacional no Oriente Médio, especialmente em relação ao Irã.

Os líderes do Exército dependiam da ajuda do Exército iraquiano para garantir a segurança interna e a das fronteiras, pois não havia um número suficiente de membros do serviço americano para levar a cabo essa missão crítica. Antes do início das hostilidades, havíamos fechado esses acordos com grande parte do Exército regular iraquiano. No entanto, quando o enviado especial dos EUA ao Iraque desmantelou as forças militares deles, um grande número desses 400 mil soldados armados ficou desempregado e furioso. Da noite para o dia, eles passaram a integrar a resistência iraquiana, que lutava contra nós em vez de trabalhar ao nosso lado. Essa malfadada decisão nos fez perder o apoio da força de segurança do Iraque, com cuja cooperação estávamos contando, e gerou a insurgência da maior parte do Exército iraquiano contra a qual logo estaríamos combatendo. As forças americanas ficaram atordoadas, de cima a baixo da cadeia de comando.

A segunda decisão desastrosa foi a ação de rápida des-Baathificação do país. No regime de Saddam, para uma pessoa atuar como professor, bombeiro, médico, enfermeiro, oficial de polícia, coletor de lixo, empresário ou funcionário público – em outras palavras, para ter praticamente qualquer espécie de trabalho no Iraque –, ela era obrigada a se registrar junto ao governo e se tornar membro do partido Baath. Quando o governo dos EUA deu a ordem de des-Baathificação, a consequência foi o imediato desemprego de milhões de iraquianos que simplesmente precisavam trabalhar para sustentar a família. Em vez disso, esses indivíduos, agora desempregados, uniram-se à resistência e passaram a nutrir um profundo ressentimento contra os Estados Unidos.

Essas foram horrendas feridas autoinfligidas pelo governo americano contra suas próprias forças e contra a missão que a elas cabia. Fiquei frustrado e enfurecido com o fato de nossas lideranças políticas civis terem agido de uma forma tão insensível e incompetente que resultou na perda de vidas americanas.

Em meu cérebro – tanto física como mentalmente –, a conjunção de todos esses fatores gerou uma mistura tóxica de euforia, energia, alegria, estresse, medo, tristeza, hipervigilância e raiva. Em associação com o transtorno bipolar, meu cérebro operava em alta velocidade e acelerava descontroladamente. Durante o ano que passei no Iraque, meu humor oscilou de normal a maníaco e para surtos de depressão. Contudo, eu certamente carecia de qualquer tipo de consciência quanto à minha doença cerebral/mental.

Eu tinha um excelente relacionamento com o comandante de meu corpo militar, o tenente-general Wallace. Após um ano, segundo a avaliação dele, eu fazia parte do grupo dos principais comandantes de brigada do corpo militar entre dezenas deles, bem como era o melhor comandante de brigada de engenharia que ele já conhecera. O general Wallace me descrevia como uma pessoa positiva e dotada de um nível de energia extremamente alto, que se movimentava por todo o campo de batalha, identificando e resolvendo de forma antecipada problemas complexos por meio de soluções rápidas, práticas e criativas, antes mesmo que alguém se desse conta da existência do problema. Mas houve pelo menos uma ocasião em que ele me repreendeu – merecidamente – por eu ser excessivamente agressivo, por avançar demais na linha de frente e me colocar em risco de ser morto ou capturado. É possível que meu excesso de agressividade fosse o reflexo de certa dose de imprudência e mania. Depois de tomar conhecimento de meu diagnóstico de bipolaridade, Wallace me segredou que eu era a última pessoa no mundo que ele poderia suspeitar que sofresse de uma doença mental.

Treinamento físico e religião

Depois da tomada de Bagdá, as forças dos EUA se espalharam pelo Iraque e ficaram estacionadas em bases operacionais avançadas (FOB, na sigla em inglês) e em acampamentos de base. Os quartéis-generais de minha brigada e muitas das unidades a mim subordinadas foram alocados na extensa FOB Anaconda, em Balad, uma antiga base aérea iraquiana situada a cerca de uma hora ao norte de Bagdá. Quando não estávamos em missões de combate ou planejando e treinando para elas "fora da área de fogo", tínhamos tempo para participar de treinamento físico, serviços religiosos e de outras atividades recreativas.

No período em que passei a maior parte do tempo em uma FOB, estabeleci uma rotina na qual realizava intenso treinamento físico com minhas tropas. Nós corríamos pelo menos oito quilômetros, ou até mais, subindo e descendo em enormes pilhas de cascalho de rio – pedrinhas lisas e redondas –, que se estendiam por centenas de metros; e também fazíamos corridas curtas de alta intensidade (*sprint*) em abrigos escarpados para aeronaves, bem como pliometria e inúmeras flexões, remadas na barra, abdominais e levantamento de pernas. Eu alternava entre diferentes unidades e tropas quase todos os dias. Os soldados mais em forma e motivados pareciam gostar da atividade, enquanto outros a temiam. Essas sessões de treinamento físico se tornaram lendárias. Não tenho a menor dúvida de que eu atingia o estado de mania durante esses exercícios intensos, os quais frequentemente se estendiam por quase duas horas.

Ao despertar nas primeiras horas da manhã, antes da sessão de treinamento físico, eu sentia algumas vezes um profundo medo e um estado de depressão que quase me incapacitavam e faziam a náusea revirar meu estômago. Tudo isso era novidade para mim, e eu rezava para ter forças, recitava os versículos empoderadores da Bíblia, alimentava pensamentos intensamente positivos, escutava músicas inspiradoras e me forçava a sair da cama e me movimentar. Era uma batalha dura; contudo, no momento em que eu estava fora, na frente de minha tropa, sentia-me cheio de entusiasmo e energia. Essas sessões mortais de treinamento físico me impulsionavam pelo resto do dia. A sequência de mania e depressão no curso de um mesmo dia é conhecida como "ciclagem rápida". Minha ciclagem rápida passou a ser um evento quase diário.

Correr e escalar enormes pilhas de pedras até a exaustão era essencial para que eu queimasse minha raiva contra as citadas decisões políticas, bem como contra os políticos que as tomaram. De novo, as corridas e o mortal treinamento físico eram fundamentais para meu bem-estar mental.

Minha religiosidade também experimentou um crescimento exponencial. Aos domingos, quando estava na base, era comum eu participar dos serviços religiosos de quatro igrejas diferentes – Católica Romana, Episcopal, Evangélica Louvor e Adoração e Black Gospel. Eu adorava esses serviços e, neles, as músicas, a cantoria, as danças, a proximidade com meus soldados e as mensagens religiosas do tempo de guerra elevavam minha mente ao estado de mania. Os serviços da igreja Gospel transmitiam a sensação de que eu estava participando de um concerto de música e dança cujo centro era Deus. Eles alimentavam minha mania – era uma acentuada euforia bioquimicamente induzida.

Eu já vivia um estado de intensa empolgação em relação à religião antes de partirmos da Alemanha rumo ao Kuwait e ao Iraque. Nossos capelães organizavam cultos inspiradores com base nas Escrituras, bem como em orações, pregações e músicas, e esses cultos produziam um efeito calmante e poderosamente motivador e fortalecedor em mim e em outras pessoas. Tivemos um memorável almoço de oração no quartel-general da corporação pouco antes da mobilização, e nesse almoço nosso líder sênior nos incentivou dizendo: "Eu rezo a noite toda pela paz, mas treino o dia todo para a guerra". Os versículos empoderadores que eu havia memorizado em 1974 na Universidade do Maine estavam diante de minha consciência, inspirando-me e proporcionando força, sabedoria, orientação e paz. Essa religiosidade viria a ser um precursor do que estava por acontecer.

Para escrever este livro, entrevistei muitos daqueles que foram meus subordinados no Iraque. Havia entre eles o consenso geral de que eu era superpositivo e supermotivado, com manifestação de elevado nível de energia, de um entusiasmo sem limites, além de notáveis ideias e percepções, e que eu os inspirava. A maioria afirma que gostou demais de trabalhar para mim e que sentia orgulho de ter servido sob meu comando. Houve, entretanto, alguns comentários discordantes: que eu não dormia o tempo suficiente e, portanto, cochilava com frequência nos encontros para transmissão de instruções e nas reuniões, tendo mesmo sucumbido um dia (eu me recuperei rapidamente tomando um Gatorade); que eu exagerava demais no treinamento físico (as pessoas ficavam chocadas ao me ver fazendo exercícios intensos durante a ação em Bagdá, mas nunca se manifestaram); que eu excedia os limites na questão religiosa; que eu circulava demais pelo campo de batalha, atravessando todo o Iraque para visitar as unidades e, assim, expondo meu pessoal e eu a um risco muito maior que o realmente necessário de sermos mortos ou capturados; que eu queria verificar cada missão e cada um de meus 10 mil soldados lutando em todo o Iraque, um objetivo louvável, mas impraticável e arriscado; e que me distraía com facilidade e algumas vezes perdia o foco. Um comandante de batalhão ficou muito preocupado com minha saúde mental quando lhe contei, apenas uns dias antes da data prevista para deixarmos o Iraque, que não queria ir para casa, mas sim permanecer naquele país e continuar combatendo. Estavam evidentes muitos sintomas da bipolaridade, mas ninguém os reconhecia.

Também no Iraque, vivenciei o início de uma paranoia. Com base em determinado tipo de ações, expressões e comentários, comecei a acreditar que certas pessoas-chave de meu estado-maior haviam se virado contra mim e desejavam me ferir e testemunhar meu fracasso. Essa desconfiança inicial viria a se transformar, ao longo dos onze anos seguintes, em incapacitantes delírios paranoicos e psicose, o que, juntamente com a depressão, chegou próximo de me matar.

A despeito de quaisquer afirmações em contrário, foi maravilhoso sair do Iraque em fevereiro de 2004, após um ano de guerra, e voltar a me reunir com Maggie e minha família, na Alemanha. Considerando o que nós realizamos durante a invasão e o campo de batalha em que lutamos, o número de mortos e feridos da brigada foi relativamente pequeno, embora cada uma das perdas individuais tenha sido uma tragédia. Milagrosamente, eu não sofrera qualquer arranhão, mas não fazia a menor ideia de que o meu cérebro tinha graves feridas – não obstante invisíveis –, ou que elas chegariam a quase destruir minha vida dentro de uma década.

Depressão pós-guerra

Durante o exame de saúde pós-mobilização, todos passaram por uma avaliação de saúde mental, na qual os profissionais da enfermagem faziam uma série de perguntas, a maioria delas com foco em suicídio, transtorno do estresse pós-traumático (TEPT) e depressão, mas nada em relação a mania ou transtorno bipolar. Relatei à profissional da enfermagem que conduziu minha avaliação que, após o prolongado período de emoções do combate no Iraque, eu estava me sentindo cada vez mais deprimido, letárgico e desanimado, e que começara a beber mais após o serviço para me medicar. (Eu não tinha ingerido álcool durante todo o ano de mobilização no Kuwait e no Iraque.) Ela fez algumas perguntas, das quais a maior parte visava verificar se eu alimentava pensamentos suicidas, o que não era meu caso.

    Contei novamente à profissional da enfermagem que nunca antes me sentira assim e que eu acreditava que havia algo errado. Ela me perguntou: "O que você faz quando se sente mal?". Eu respondi que rezava, repetia versículos empoderadores da Bíblia, tentava nutrir pensamentos felizes, escutava música motivacional, realizava exercícios vigorosos e, quando fora do serviço, bebia. Expliquei também que, anteriormente, essas coisas tinham sempre despertado em mim a sensação de euforia e grande disposição, mas não estavam tendo o mesmo efeito agora. Ela respondeu que eu estava bem e não necessitava de qualquer apoio médico adicional, e que poderia retornar ao trabalho. Entretanto, eu não estava bem, e meu pêndulo se inclinava para o lado de uma profunda depressão, depois da mania que vivi no Iraque. Sem que tivesse consciência, eu me encontrava no primeiro dos inúmeros perigosos ciclos de bipolaridade que viriam a me afligir ao longo dos doze anos seguintes, de 2004 a 2016.

    Em reconhecimento pelo excepcional desempenho da 130ª Brigada de Engenharia na guerra, bem como por minha liderança não apenas da brigada mas também de grande parte das operações de engenharia no Iraque, e por meu papel como diretor de engenharia do estado-maior do V Corps, o *Engineering News-Record*, um dos mais importantes periódicos de engenharia no mundo, agraciou-me com o Prêmio de

Excelência, concedido à Personalidade do Ano em Engenharia, segundo a publicação. Essa foi uma enorme consagração de nossos soldados engenheiros da 130ª, uma brigada que se expandiu de 1.700 para mais de 10 mil soldados espalhados por todo o Iraque, soldados estes responsáveis por toda e qualquer missão de engenharia concebível no campo de batalha.

Maggie e eu havíamos voado da Alemanha para a cidade de Nova York, em abril de 2004, e nos instalado no Marriot Marquis na Times Square, depois da realocação posterior ao Iraque. Minha mãe e minhas quatro irmãs, com outros tantos amigos, juntaram-se a nós para essa celebração de gala. Foi um emocionante "quem é quem" na engenharia. Infelizmente, eu estava exausto e abatido pela depressão, e acabei não aproveitando grande parte dessa experiência única na vida. Eu me lembro de minha mãe, minhas irmãs e nossos amigos insistirem para irmos dançar em algum lugar na cidade, mas, em uma reação incomum, declinei, pois estava deprimido e exausto demais para acompanhá-los. Minha mãe não conseguia entender o que se passava comigo. Além do mais, no dia do banquete de premiação, quatro empreiteiros dos EUA tinham sido mortos em uma emboscada em Fallujah, Iraque, e seus corpos queimados e mutilados foram pendurados em uma ponte. Fiquei furioso e minha depressão foi insuflada pela fúria. Eu não tinha disposição para comemorar.

Afundei em um grave estado de depressão que perdurou de fevereiro até novembro de 2004. O anticlímax do combate foi exacerbado por uma mudança inesperada em minha prevista designação na primavera de 2004. Eu fora escolhido para ser o pesquisador sênior do Exército no Council on Foreign Relations na cidade de Nova York, uma posição que eu esperava ansiosamente assumir, pois acreditava que a bagagem obtida com minhas avançadas tarefas acadêmicas e docentes em West Point e no AWC seriam de grande valia. Entretanto, no final do processo de nomeação, essa posição cobiçada foi cedida a outro oficial, em decorrência da política das Forças Armadas.

Ao contrário do esperado, o Exército me alocou para uma desafiadora função de alto escalão do estado-maior como subchefe adjunto de operações e planejamento (Deputy G3) para o general comandante (quatro estrelas) no quartel-general do USAREUR, em Heidelberg, Alemanha. A despeito do importante trabalho de organizar as operações militares dos EUA em toda a Europa, bem como treinar e fornecer pessoal e equipamentos para as forças americanas mobilizadas para o

Iraque e o Afeganistão, tratava-se, em vários aspectos, de uma ingrata rotina burocrática. Um bom amigo meu, que servira anteriormente na mesma função, descreveu-a como "trabalho sugador de motivação" e acrescentou, compassivamente, "imagino o efeito que ele causa sobre um estado de depressão".

Mesmo assim, aprendi muito e cresci profissionalmente durante esse ano de missão. O comandante do USAREUR, general B. B. Bell, era um brilhante e audacioso membro da cavalaria blindada, um cavalariano da velha guarda e notoriamente extravagante. Ele era durão e exigente, mas me tratava muito bem e teve um papel decisivo em minha rápida promoção para brigadeiro.

Apesar do aprendizado, do crescimento profissional e da oportunidade de trabalhar com algumas pessoas incríveis, a experiência foi bastante sofrida, em especial quando somada ao meu grave quadro de depressão, que continuava sem diagnóstico. Fiz o melhor que pude para "cumprir minha missão sob quaisquer circunstâncias", recorrendo a orações, versículos empoderadores, meditação, treinamento físico mais intenso, bem como cultivando pensamentos felizes, trabalhando mais duro e bebendo mais cerveja alemã e uísque (fora do serviço). Então, depois de vários meses, a depressão desapareceu de súbito, aparentemente por si só. Meu cérebro começou mais uma vez a produzir dopamina e endorfinas. Eu me sentia ótimo de novo, como meu antigo eu. Os últimos seis meses na missão foram felizes e gratificantes.

O que causara a mudança? Imagino que meu implacável hábito de trabalho, dia após dia, semana após semana, tenha sido um fator decisivo – acordar cedo todos os dias, ir para o escritório e realizar o trabalho constante e desafiador do estado-maior, completado por reuniões, comunicações e conferências. Nunca perdi um dia ou uma reunião sequer, e meu estado-maior, bem como nosso quatro estrelas do comando, passaram a me respeitar por causa de minha dedicação e pelo bom desempenho de um trabalho que todos sabiam ser árduo, ingrato e excruciante.

Além do trabalho, meu programa de treinamento físico somado a meus esforços espirituais constantes e minha opção diária de ser grato acabaram gerando força suficiente para impulsionar uma superação positiva. Subitamente, a dopamina e as endorfinas começaram a fluir outra vez. Assim, depois de alguns meses, a depressão cedeu por si só, e eu entrei de novo em estado de positividade, com, inclusive, alguns episódios de mania. Meu nível de desempenho estava muito elevado, e eu comecei

a receber promoções – de coronel para brigadeiro, e depois para major-
-general – e a ser nomeado para funções mais desafiadoras e de maior
importância. Contudo, mais à frente eu voltaria a entrar em uma crise
depressiva que, todavia, não me impediu de "concluir minha missão sob
quaisquer circunstâncias", mas que acabou se transformando em uma
grave depressão em 2014.

6
Batalhas interiores

Em grande medida, em razão do meu desempenho em combate como comandante de brigada, fui rapidamente promovido de coronel a brigadeiro (uma estrela), em 2005. O Exército me designou para a primeira de sete tarefas de oficial-general, o que se estendeu ao longo de uma década, durante a qual meu transtorno bipolar foi se agravando e acabou se tornando devastador.

Foi incrivelmente complexa e desafiadora a missão de comandar a Divisão Noroeste do Corpo de Engenheiros (NWD, na sigla em inglês) aquartelada em Portland, Oregon, de 2005 a 2007. Eu era responsável por todo o trabalho civil, pela reparação ambiental e por outros programas federais de recursos hídricos em toda a bacia hidrográfica dos rios Columbia e Missouri, uma região de doze estados que se estende do estado de Washington ao Missouri. Nós também executávamos todo o importante trabalho de engenharia para mais de uma dezena de bases do Exército e da Força Aérea no âmbito de toda essa região, bem como fazíamos o planejamento e a preparação para os desastres naturais e providenciávamos as soluções. Além disso, éramos o órgão principal do governo dos EUA para o trabalho junto às tribos americanas nativas, e o apoio a elas, fundamentalmente nas áreas de recursos hídricos, infraestrutura e permissão de pesca.

Nós tínhamos um programa de 5 bilhões de dólares e uma força de trabalho de 5 mil pessoas – mais de 99% das quais eram civis – divididas em cinco distritos, cada um deles comandado por um coronel ou um tenente-coronel. A NWD era a "outra" face do Corpo de Engenheiros, uma frente muito diferente daquela que envolvia engenharia/tropas de combate na qual eu essencialmente me desenvolvera e para a qual logo voltaria na qualidade de comandante da Army Engineer School e do FLW.

As instâncias militares superiores da NWD introduziram uma série de postos predominantemente com função de comando, nos quais eu respondia por organizações cada vez maiores e mais complexas. Em cada missão, eu recebia a ordem de "liderar a mudança" e "transformar" a estrutura em uma organização mais enxuta, ágil, criativa e empreendedora, que realizasse mais ações com menos recursos. Em cada novo posto, observava-se um padrão bastante semelhante. De início eu me sentia extremamente motivado, desfrutando de um excelente relacionamento pessoal e profissional com meu chefe e desenvolvendo depois sólidas relações pessoais e profissionais com meus principais subordinados, além de uma conexão positiva com os trabalhadores dos níveis inferiores. Em seguida, muitos dos líderes civis a mim subordinados se mostravam contrários às mudanças e, em geral, semeavam uma obstinada resistência contra mim (o que eu interpretava como uma forma de guerrilha burocrática). Na sequência – agora acredito –, eu entrava em um estado de mania de alto desempenho e depois mergulhava em verdadeira depressão, acompanhada de delírios paranoicos cada vez mais intensos, que me levavam a imaginar a existência de pessoas na organização que estavam querendo me atingir (psicose). No quarto estágio, meu desempenho bem-sucedido culminava em veementes elogios por parte de meus supervisores de três e de quatro estrelas, elogios estes que precediam uma nova designação para uma missão ainda maior e mais difícil, cujo desafio era realizar basicamente as mesmas tarefas mais uma vez. Também fez parte dessa jornada minha promoção para major-general (duas estrelas), em 2008.

Suspeito hoje de que as rápidas realocações – em períodos de doze a 24 meses, ou menos – para novos postos mascararam minha doença bipolar. Provavelmente meus subordinados percebiam que havia alguma coisa errada comigo, mas antes que tivessem condições de entender o que era eu já tinha sido designado para outro posto, e eles careciam de tempo, energia ou incentivo para investigar depois de minha partida. De fato, as pessoas em Portland ficaram preocupadas com minha incapacidade para manter o foco em informações técnicas complexas e retê-las – elas não sabiam definir se o que me levava a cochilar com frequência em reuniões e eventos para transmissão de instruções era um problema cognitivo, falta de interesse ou minhas habituais noites de sono insuficiente. Meu principal assistente civil conversou comigo a portas fechadas sobre essa questão e disse que instâncias superiores de comando também estavam preocupadas. Eu me esforcei para melhorar, mas a falta de foco e a distração eram sintomas de mania, assim como as horas insuficientes de sono. Meu militar adjunto também acreditava que eu estava ficando paranoico e que nutria desconfiança em relação a alguns de meus principais líderes civis.

Em todas as missões como oficial-general, acompanhei de perto a evolução das guerras no Iraque e no Afeganistão e sempre me esforcei para, com minhas organizações, pensar de forma crítica e inovadora a fim de identificar maneiras de contribuir com a luta. A imagem de nossas tropas em combate, bem como de nossos companheiros mortos e feridos, não me saía da mente e me estimulava a fazer tudo o que estava ao meu alcance para evitar mais mortes.

Funerais e memoriais alimentam o transtorno bipolar

Os funerais em nossa pátria, os Estados Unidos, diferiam bastante das cerimônias fúnebres no campo de operações da guerra, onde todas elas eram tocantes e carregadas de emoção e tristeza. Todos nós parávamos para reverenciar nossos companheiros mortos. Palavras bonitas eram ditas e cantadas. Nós oferecíamos a eles preces comovidas. Lágrimas eram derramadas e os soldados se abraçavam. Disparavam-se tiros e havia toques de silêncio. Em seguida, o caixão coberto pela bandeira era carregado em marcha, atravessando um corredor de soldados que prestavam continência em posição de sentido, até a parte inferior do avião de transporte da Força Aérea dos EUA, que o aguardava para o longo voo de volta ao lar. Depois que a aeronave partia, todos nós sabíamos que, embora nosso companheiro morto não fosse esquecido, era hora de dar continuidade à missão.

Nos funerais realizados em nossa pátria, não havia mais Exército, nem guerra, nem ações heroicas. O soldado morto estava agora de volta à sua terra natal, escoltado por familiares, amigos, professores, treinadores e mentores. Pairava uma atmosfera pacífica, silenciosa, sombria e pungente.

Na lida com algumas das equipes civis/burocráticas em minhas missões importantes, as pessoas frequentemente opunham resistência aos meus esforços de transformação. Essa atitude desencadeava em mim lembranças de soldados que haviam se dedicado muito, perdendo a vida ou ficando mutilados na guerra. Eu relembrava a infinidade de memoriais e cerimônias de que participei, vendo as tropas carregando o caixão do falecido coberto de bandeiras até a rampa aberta do avião da Força Aérea que o aguardava para o voo de volta ao lar. Todas as vezes, minha dor e o sentimento de culpa por ser um sobrevivente afloravam de novo. Por que razão não tinha sido eu, para que esse jovem soldado pudesse estar vivo? O que mais eu poderia ou deveria ter feito para dar proteção a ele ou ela? As visitas aos nossos soldados feridos nos hospitais – no campo de operações, na Alemanha ou nos EUA –, alguns deles terrivelmente queimados, com o corpo mutilado ou aleijado de algum membro, visitas em que eu testemunhava a dor, o sacrifício, a bravura e o intenso desejo que eles manifestavam de retornar às suas unidades e à luta tão logo fosse possível, deixavam-me no coração, na alma e na mente uma marca excruciante e violenta. A face dos soldados mortos ou feridos frequentemente se metamorfoseava na face de meus filhos, dois dos quais serviam na ocasião em unidades de combate mobilizadas – e o terceiro estava prestes a se juntar à infantaria.

A aterrorizante sensação provocada pela visão, o cheiro, o som e o sentimento de morte em combate passou a causar violenta agitação em minha mente quando me tornei brigadeiro, ocasião em que o chefe do Estado-Maior do Exército (o quatro estrelas que comandava o conjunto das forças militares dos EUA) decretou que todos os funerais de soldados mortos em ação na guerra deveriam ser presididos por um oficial-general do Exército. Presidi cerca de uma dezena desses serviços – e o efeito emocional foi atroz.

O trabalho era assim: depois de receber do departamento do Exército o pacote básico de informações, meu estado-maior e eu chamávamos outros líderes, líamos tudo o que tínhamos sobre o soldado e chamávamos seus companheiros. Eu me dirigia então – de carro ou avião – à terra natal dele e me hospedava em um hotel. Geralmente os pais organizavam uma reunião informal de familiares, amigos e soldados alistados do esquadrão ou pelotão. Com frequência eles me convidavam, mas não todas as vezes, porque alguns pais se mostravam amargurados e indignados com a guerra e a morte do filho, ou não desejavam a presença de estranhos. Nós costumávamos verificar se os pais gostariam que eu falasse e entregasse condecorações durante o serviço – a maioria dizia que sim.

Após essa sombria reunião doméstica com a família e os soldados alistados, eu retornava para o hotel e escrevia minhas considerações para a manhã seguinte, personalizando-as tanto quanto possível e incorporando as palavras de familiares, amigos e companheiros de batalha.

A cerimônia fúnebre era costumeiramente realizada na manhã seguinte, em uma igreja repleta de pessoas enlutadas. Próximo do final da cerimônia, eu dizia minhas palavras e depois entregava as condecorações militares ao cônjuge, à mãe e/ou ao pai. Esses serviços eram muito tristes. Companheiros de esquadrão, bem como irmãos e amigos do soldado morto, colocavam o caixão no carro fúnebre para a viagem até o cemitério. Havia normalmente centenas de pessoas enfileiradas ao longo do percurso, agitando bandeiras americanas, algumas em posição de sentido e batendo continência, além de muitos carros que acompanhavam a procissão fúnebre. Eu tinha que permanecer na frente do comboio para garantir que não chegasse atrasado ao local da sepultura.

O funeral era uma cerimônia militar oficial, em consonância com os protocolos observados nas solenidades conduzidas pela Old Guard (Velha Guarda) no Cemitério Nacional de Arlington, e executada por tropas da Guarda Nacional ou do Exército Regular da região. Ela seguia as regras com rigor e precisão, incluindo a salva de tiros, a dobragem e a entrega da bandeira (por mim) e a execução de toques de silêncio. Todas as cerimônias eram pungentes, emotivas e surreais. Tocava profundamente a alma o fato de essa sepultura, na terra natal, ser o lugar do descanso derradeiro do jovem soldado, com familiares, professores, treinadores, líderes escoteiros e outras pessoas influentes na vida do falecido reunidas em volta para pranteá-lo e relembrá-lo.

Quando, curvado em um só joelho, eu entregava a bandeira americana para a jovem cônjuge ou a mãe, que nessa hora chorava sob o peso da angústia, a comoção tocava meu coração e minha alma. Eu tinha que lutar com todas as forças para manter a sobriedade e o comedimento durante esses eventos. Precisava fixar a mente em outra coisa qualquer para manter a calma.

Logo depois do término da cerimônia militar oficial do primeiro funeral a que compareci, a jovem viúva de dezoito anos providenciara para que fosse tocada a canção favorita dela e do falecido marido. Quando a banda Green Day cantou a bela e melancólica canção, "Good Riddance (Time of Your Life)" (Boa viagem [Momento da sua vida]), a viúva, abalada pela dor, com a bandeira nas mãos, deu um salto gritando e se jogou sobre a urna funerária do marido. Chorando e gritando descontroladamente, ela acabou vencida pela exaustão, e sua família conseguiu afastá-la de cima caixão e levá-la embora, ainda convulsionada por um choro irrefreável. A cena me chocou e mudou minha maneira de entender o cruel custo da guerra. Até hoje, toda vez que ouço aquela canção, revivo o acontecimento, sinto a angústia extrema da jovem e escuto seus gritos pungentes. Isso me sufoca e me faz refletir seriamente.

Em outro funeral, a mãe desesperada me agrediu verbalmente por ter "mandado seu filho" para uma guerra imoral e mal planejada, em que o povo nativo do Iraque odiava os americanos e os matava com ardor e prazer. Ela gritou para mim que seu filho, insensatamente – a despeito das objeções dela –, abandonara a faculdade para se juntar ao Exército em busca de experiências de vida mais marcantes, e "morrera por nada". Os olhos em brasa da mulher penetraram fundo em meu coração.

Ela dirigiu insultos ao presidente Bush, ao secretário da defesa (SECDEF) Rumsfeld, ao vice-presidente Cheney e outros, dizendo que eles nos mergulharam imprudentemente num terrível caos e depois, por causa de sua ignorância e incompetência, provocaram a insurgência contra nós. A mulher me disse que eu não seria bem-vindo em sua casa, nem na igreja, que não desejava ouvir meus discursos e queria simplesmente que eu ficasse distante. Mais tarde, cedendo à persuasão do marido, ela aceitou receber de minhas mãos, à beira da sepultura, a bandeira americana e as condecorações de seu filho (Coração Púrpura, Estrela de Bronze, Distintivo de Ação de Combate).

Aparentemente, quando da coordenação dos eventos, meu estado-maior não fora advertido sobre os sentimentos da mãe. O oficial de assistência a vítimas me pediu desculpas depois, mas eu lhe disse que não havia necessidade disso, porque a mãe tinha todo o direito de ficar furiosa e descontar sua dor em mim, pois eu ali estava na condição de representante sênior do Exército. Quando lhe entreguei a bandeira, ela ainda estava muito agitada e chorava descontroladamente, em um sofrimento intenso. Nunca senti essa fúria dirigida contra mim, nem antes nem depois disso. Ela aproveitou para desabafar com o único general que já havia conhecido. Eu respeitei e fui solidário com o direito e o fervor dela para agir assim. Jamais esquecerei seu ódio dirigido contra mim, bem como contra nossos líderes do alto escalão da política, contra a crueldade da guerra e o Exército. Na mente daquela mãe, nós todos havíamos matado seu filho.

Em outro funeral ainda, o filho morto estava em um caixão fechado, porque ele tinha sido capturado pela Al-Qaeda no Iraque e sofrera espancamentos, tortura e fora terrivelmente abusado antes de ser assassinado. Durante semanas, ele constara da lista do Exército de "desaparecidos em ação". Isso significava que, nesse período, os pais e a família permaneceram em um limbo, tendo que lidar com a provável morte do jovem e sem poder ver o fim dessa dolorosa situação. Finalmente, o corpo mutilado apareceu no sul de Bagdá, atirado por combatentes da Al-Qaeda em uma vala de drenagem abarrotada de lixo e entulho.

Essa família se envolveu emocionalmente com minha esposa e comigo, e nós recebemos inúmeros telefonemas, além de convites para irmos à casa deles em várias ocasiões. Foram muitas as oportunidades em que fomos juntos a restaurantes, vimos os álbuns de fotos da família e conversamos durante horas sobre o filho, a unidade a que ele pertencia, o Exército, a guerra e a área específica do Iraque onde o rapaz havia lutado – uma área na qual também eu havia servido. Esse relacionamento foi, ao mesmo tempo, comovente e gratificante, pois nós ajudamos a confortar aqueles pais enlutados que tentavam encontrar sentido em sua terrível perda.

Depois do funeral militar normalmente havia uma recepção, durante a qual muitas pessoas se aproximavam para conversar comigo. Após esse evento final, eu viajava de volta para casa, sempre emocionalmente desgastado, abalado e me sentindo enfraquecido pela experiência, mas determinado a fazer ainda mais por nossas tropas em combate. Os funerais alimentavam a paixão que eu tinha por minha sagrada missão – ajudar nossos soldados a sobreviver e vencer no campo de batalha, e depois retornar para casa vivos e saudáveis. E, em todas as minhas missões de oficial-general, era isto que eu tinha a responsabilidade de fazer: conduzir mudanças, suplantando, simultaneamente, a forte inércia institucional.

Essas lembranças, minhas próprias experiências de guerra e os correspondentes picos de estresse contribuíram sobremaneira para a manifestação súbita de meu transtorno bipolar.

Problemas de burocracia e liderança

Alguns dos civis do Exército – certamente não todos – não entendem como é sagrada a missão de ajudar e apoiar nossas tropas na batalha – eles veem sobretudo apenas um trabalho e um contracheque. Para muitas dessas pessoas, o principal objetivo era ir trabalhar, fazer o que sempre faziam, não correr riscos e voltar para casa, recebendo um belo contracheque e os benefícios do governo em pagamento por seu tempo e seus esforços. Muitos desses civis no governo eram oficiais militares reformados e NCO, e eles acreditavam ser mais experientes em virtude da experiência obtida anos antes nas guerras passadas, guerras que foram bastante diferentes dos conflitos no Iraque e no Afeganistão. Muitos deles recorriam a expedientes burocráticos ativos ou passivos para opor resistência às necessárias mudanças. Contudo, vale frisar, não eram todos. Muitos dos nossos civis atuavam brilhantemente e ajudavam a salvar inúmeras vidas em campos de batalha distantes. Mas aqueles que lutavam contra os esforços do Exército (e meus) no sentido de inovar e salvar vidas e membros de nossos soldados me frustraram demais. Com o tempo, essa frustração se converteu em repulsa e depois em raiva. Algumas dessas pessoas se referiam a si mesmas como "mandachuvas", com o que queriam dizer: "nós estávamos aqui quando o senhor chegou, general, e aqui estaremos quando o senhor partir".

Sempre tentei adotar uma estratégia de comando positiva e estimuladora, com o que obtive considerável êxito entre os soldados. Entretanto, com os burocratas civis profundamente arraigados e teimosamente resistentes, esse estilo de liderança não costumava funcionar. Depois de fracassar na tentativa de influenciar e persuadir essas pessoas, o próximo passo lógico era encerrar seus contratos de trabalho. Contudo, em razão de políticas restritivas de pessoal e proteções vigentes, é difícil demitir trabalhadores do governo. O enfrentamento a essas resistências aumentou demais meu nível de estresse. Seria uma ação equivalente a entornar combustível emocional nas brasas de meu já existente transtorno bipolar – que coloria e moldava todas as coisas que eu pensava e fazia –, convertendo-as no fogo estrondoso da mania.

Não há como dissociar de minha experiência de combate e dos funerais a opinião que eu tinha sobre o elevado nível de ignorância e incompetência de alguns dos mais graduados agentes governamentais quanto ao planejamento, a organização de recursos e a execução da Guerra do Iraque – especificamente nossa Liderança do Comando Nacional, incluindo o enviado especial ao Iraque. É largamente sabido que as forças dos EUA careciam de recursos humanos e dos necessários equipamentos, além do que tinham recebido um treinamento inadequado para enfrentar a insurreição e a guerra de guerrilha que se seguiram à primeira invasão. Ademais, a revolta e a insurgência que ocorreram após a queda de Bagdá, em abril de 2003, contra as forças dos EUA, foram causadas em larga medida pelas decisões tomadas pelo governo americano. Depois de deslocar do Afeganistão para o Iraque a principal disputa, por razões dúbias, nós invadimos este último, contando com poucas tropas que pudessem garantir a segurança do país após a queda do regime; e então desmantelamos o Exército local e impusemos a des--Baathificação do governo e da sociedade iraquianos – erros evitáveis. Além do mais, líderes militares de alta patente haviam advertido categoricamente os principais líderes civis contra essas ações, mas os alertas foram ignorados ou contestados.

Quando eu pensava na arrogância, incompetência e ignorância desses agentes políticos do alto escalão, meu sangue fervia nas veias. Essa raiva começou em 2003, enquanto eu lutava no campo de batalha no Iraque, onde pude ver e vivenciar – com sangue jorrando em tempo real – as consequências daquelas decisões. Essa raiva me acompanhou quando fui de novo transferido para a Alemanha, e ela alarmou meus amigos e familiares – eu me lembro de ver a expressão de choque em seus rostos enquanto eu fazia discursos inflamados contra nossos principais agentes governamentais. Até a época em que me aposentei, em 2015, essa fúria foi uma constante ao longo de todas as novas missões como oficial-general em que recebi a incumbência de liderar mudanças e apoiar nossas tropas em batalha. Até hoje ela repercute dentro de mim e transborda de tempos em tempos. Não sou capaz de dimensionar com exatidão a magnitude assumida por essa raiva e a extensão até a qual ela potencializou minha jornada rumo à intensa loucura bipolar.

A raiva se intensificou quando dois de meus filhos se voluntariaram para servir no Exército em tempo de guerra. Um era oficial, e o outro, soldado. Os dois serviram em diversas missões da infantaria e das forças especiais no exterior e em combate. Eu podia então ter um panorama direto do que acontecia na frente de batalha. Sempre tínhamos alimentado a ideia de que o Exército era "a profissão da família Martin", mas agora estávamos de fato envolvidos.

O soldado era o nosso filho mais velho, Phil, aquele cujo grave transtorno bipolar se manifestou quando ele estava no ensino médio. Depois desse episódio da doença, Phil conseguiu, em quatro anos, o título de bacharel, e lecionou em uma escola durante um ano na Alemanha antes de se alistar. Ele estava estável e, em grande parte, recuperado, bem como já não precisava dos medicamentos. Phil relatou ao recrutador sua história de bipolaridade e os psiquiatras do Exército lhe concederam uma dispensa durante o período de surto. Ele serviu por oito anos, participou de duas mobilizações de combate e deixou o Exército com a patente de sargento-mor.

Nosso segundo filho, Patrick, é formado em West Point e oficial de infantaria do Airborne-Ranger. Ele foi deslocado de sua base na Alemanha para comandar seu pelotão no Afeganistão durante um ano. Depois disso, Patrick se tornou oficial das forças especiais – conhecidas como Green Beret (boinas verdes) – e participou de diversas mobilizações, inclusive na África.

Com dois de nossos filhos lutando em lugares mortais e longínquos, com seus bons amigos que nós também conhecíamos, toda essa empreitada como oficial-general adquiriu uma nova conotação de urgência para mim, para Maggie e meus companheiros. A combinação de resistência burocrática, significativos graus de apatia e desinteresse, incompetência e arrogância em nível nacional, cujo custo era cobrado em vidas, a angustiante dor emocional dos funerais de soldados, mais a circunstância de ter dois de meus filhos lutando voluntariamente nessas guerras mortais, estimularam em mim a frustração e a raiva. A junção de todos esses fatores produziu uma mistura tóxica e explosiva que agiu sobre meu transtorno bipolar. Isso gerava um estresse enorme que alimentava e agravava minha mania, desembocando na depressão que inevitavelmente vem a seguir. O ciclo da doença passou a ser mais vertiginoso e minha bipolaridade piorou drasticamente de 2005 a 2016.

Fort Leonard Wood

Ao longo desse período, fui nomeado para o FLW como comandante da Army Engineer School, e depois como general comandante (duas estrelas) do Centro de Excelência de Apoio a Manobras e do FLW. Eram dois excelentes postos, que envolviam um bom tempo de comando de tropas, NCO e oficiais em início de carreira. Nas duas posições de comando imperava uma atmosfera social divertida, com festas e espírito de equipe. Meu aprendizado era constante e profundo. Nós desenvolvíamos um notável trabalho de equipe envolvendo a comunidade local, além de senadores, membros do Congresso, o governador, líderes empresariais, pesquisadores e líderes de universidades de elite. Meu trabalho exigia viagens tanto dentro dos Estados Unidos como para o exterior, e minhas responsabilidades incluíam o treinamento básico e avançado para soldados, NCO, oficiais da engenharia, a polícia militar e o corpo de defesa química, assim como os motoristas de caminhões, com a provisão de preceitos, organização, treinamento, liderança, material de guerra (ou seja, equipamentos, armamentos, tecnologia), além de pessoal e instalações para essas divisões. Também tínhamos um contingente do corpo de fuzileiros navais dos EUA, um contingente com dimensões de brigada, a maior unidade dos fuzileiros navais estacionada em qualquer lugar do mundo fora da base da Marinha ou dos fuzileiros navais. Esse grupo estava lá – com contingentes da Força Aérea e da Marinha – para ser treinado nas escolas do Exército.

Eu supervisionava cinco brigadeiros: os três comandantes de escola e os comandantes adjuntos da Guarda Nacional e da Reserva (Army Reserve). Era gigantesca a tarefa de controlar mais de 30 mil funcionários e 100 mil estagiários por ano e um orçamento de muitos bilhões de dólares, bem como responder por tudo isso. Nós éramos uma das principais locomotivas econômicas no estado do Missouri. O desafio de comandar e administrar era imenso, e, com muitos outros, meu chefe do estado-maior, o coronel Tom Kula, foi fundamental para nosso sucesso.

Enfrentando os IED

Meu pessoal do FLW e eu, pessoalmente, desempenhamos papéis importantes nos esforços do Exército, do DOD e do CENTCOM para eliminar os IED (dispositivos explosivos improvisados). Essa arma se tornara, de longe, o elemento mais mortal e incapacitante para nossas tropas no Iraque e no Afeganistão – as estimativas apontam para um número de vítimas que varia de mais da metade até dois terços de todas as baixas. A maior parte dos engenheiros que nós perdemos durante o ano que passei no Iraque foi em decorrência da ação de IED. A maioria dos soldados que eu sepultei nos EUA foi vítima de IED, e os soldados feridos que visitei nos hospitais foram majoritariamente incapacitados por esses dispositivos. Esses artefatos eram aparatos relativamente simples, efetivos e baratos com que nossos inimigos infligiam danos a nossas forças superiores.

Operando com diversas posições de comando, agências de pesquisa, universidades e unidades relevantes nas zonas de guerra, nós contávamos com uma metodologia sofisticada e robusta de análise dotada dos mais avançados recursos em termos de sistemas de teleconferência por vídeo, computadores e tecnologias de comunicação que conseguíamos comprar. Nós analisávamos em tempo real – à medida que recebíamos as informações – e em profundidade os ataques de IED nos dois campos de operações de guerra. Nosso pessoal estudava tudo que podia em relação às ações e lições aprendidas por nossas forças amigas. Descobríamos tudo que era possível sobre o inimigo – quem era, como estava organizado, quais eram suas táticas e seus procedimentos, e que tipo de IED empregava. Nós estudávamos vídeos e fotos da área e do ataque, entrevistando também líderes e soldados que estavam no local. Finalmente, sincronizávamos e juntávamos todo esse material, desenvolvendo e liberando instruções atualizadas com base no aprendizado obtido nos dois campos de operações, e depois as divulgávamos em todo o CENTCOM, todo o Exército e todo o DOD. Essas informações eram analisadas e rapidamente incorporadas a táticas, treinamentos, procedimentos, equipamentos e tecnologia, tanto das unidades em ação nos campos de operações de guerra como naquelas que estavam em preparação para a mobilização.

A maior parte de nossa força de trabalho era altamente motivada, bem como dedicada e comprometida com essa missão. Contudo, a descoberta de que alguns membros da equipe do FLW não estavam totalmente comprometidos e tinham uma atitude indiferente em relação a essa e a outras missões vitais me deixava muito irritado. Nossos soldados estavam arriscando a vida por nós, e devíamos fazer a mesma coisa por eles. Agora entendo que parte de minhas percepções e meus sentimentos em relação a isso era, em certa medida, causada pela paranoia, largamente resultante de minha bipolaridade.

Durante minha passagem pelo FLW, a maioria de meu pessoal continuava a me ver como um líder positivo, dinâmico, visionário e inspirador. Porém, com a exacerbação de meu transtorno bipolar e o surgimento de novos sintomas, alguns de meus subordinados, entre os quais oficiais-generais, começaram e perceber sinais de problemas. Embora não tenha feito comentários na ocasião, um deles me falou posteriormente que eu agia "muito além do razoável, em tudo, na maior parte do tempo"; que eu carecia de "senso de equilíbrio em meu raciocínio e era extremado em tudo"; que eu manifestava frequentemente um comportamento imaturo e imprudente em diversas circunstâncias; que eu exibia lampejos de raiva que estavam muito fora do normal, além de serem antiprofissionais e perturbadores; e que eu não agregava valor algum, pois ele (e provavelmente outros) tinha que atuar para evitar que eu criasse problemas. Em resumo, minha bipolaridade estava piorando muito – as pessoas percebiam, mas não sabiam o que era, tampouco o que fazer.

Além disso, com a explosão da mania, eu me tornei extremamente extrovertido. Eu bebia mais e participava de festas com maior frequência, divertindo-me cada vez mais em ser o centro das atenções. Comecei, ao lado de outras pessoas, a encenar o esquete "More Cowbell" do *Saturday Night Live*, dançando, narrando, cantando e tocando minha própria campana (*cowbell*). Na maioria das vezes, a aprovação da plateia era ruidosa e alimentava minha mania. Também eram comuns outros espetáculos de extrema exuberância. Na festa comemorativa de minha promoção para duas estrelas no FLW, o general Dempsey entoou canções irlandesas animadas e estimulantes, e eu, energizado pela mania, apresentei outra vez o esquete "More Cowbell". Foi uma festa e tanto.

Eu esperava permanecer por pelo menos dois ou três anos como general comandante no FLW, mas o Exército tinha ideias diferentes.

Kuwait

Em 2009, com base nas considerações estratégicas de redução do efetivo da força no Iraque e de incremento da tropa no Afeganistão, o chefe do Estado-Maior do Exército decidiu que havia necessidade de mais um dois estrelas experiente para levar adiante a mobilização, atuando como comandante adjunto do Terceiro Exército/United States Army Central (ARCENT), baseado no Kuwait. Essa sede militar robusta respondia pelo campo de operações e pelo Exército em toda a área do CENTCOM, que cobria mais de vinte países em todo o Oriente Médio, desde o mar Mediterrâneo até a Ásia Central, e incluía as Guerras do Iraque e do Afeganistão.

Esse era novamente um trabalho revolucionário com presença nas áreas-chave para viabilizar uma resposta rápida e eficiente na zona de guerra. Fiquei satisfeitíssimo e honrado por ter sido escolhido. No entanto, eu me sentia, ao mesmo tempo, muito triste por deixar tão prematuramente o FLW, o lugar onde eu havia aprendido a dominar um trabalho de extrema complexidade, estava fazendo uma diferença positiva e tinha encontrado muita diversão. Eu era a "estrela do *rock*" do FLW e gostava demais dessa condição. Meu ego maníaco havia crescido. Eu não queria ir embora, mas era obrigado – e era uma passagem de volta para o campo de operações de guerra.

Fui escolhido para a missão no Kuwait em dezembro de 2009 e mobilizado em janeiro de 2010. Tal situação provocou uma terrível depressão, a pior de minha vida até aquele momento. Eu fora arrancado de meu amado FLW no momento em que estava a todo vapor – provavelmente incitado por um estado de mania na maior parte do tempo. Acredito que jamais me senti tão arrasado. Meus filhos disseram que nunca haviam me visto em um estado de depressão como aquele. Eles ficaram apreensivos.

O que me salvou foi o fato de, no Kuwait, eu ter sobre meus ombros demasiada responsabilidade e muito trabalho fundamental a ser realizado, além do fato de a vida dos soldados depender das minhas decisões. Consegui avançar à custa de muito esforço durante mais ou menos um mês, até que me adaptei e aprendi a gostar do trabalho e de todas as pessoas fantásticas que atuavam no comando. Minha curva de aprendizado foi vertiginosa, e eu adquiri enorme apreço e respeito pelas funções e os recursos daquilo que denominamos "*theater armies*" (unidades do Exército designadas para atuar em um campo de operações). Graças à estrutura robusta, à missão e às responsabilidades do Exército, consegui sair de uma grave depressão no Kuwait. Não obstante, a saída precoce do FLW foi muito dolorosa e desalentadora para mim.

É esclarecedor identificar o surgimento de um padrão cíclico, que começou em 2003 no Iraque e foi se tornando mais forte até a ocasião em que entrei em mania total em 2014. Os pensamentos e os sentimentos de raiva, tristeza e paixão começaram a se misturar e a alimentar-se mutuamente – a partir de minhas experiências pessoais em combate, passando pelos muitos funerais, por minhas tentativas de conduzir mudanças institucionais e vencer a feroz resistência burocrática, pelo número cada vez maior de soldados mortos e feridos na guerra, por meu papel pessoal e profissional na preparação de nossas forças, até minha frustração com os agentes políticos, e, por fim, culminando com a ida de meus filhos e dos estimados amigos deles para o campo de batalha.

Ao longo da década em que atuei como oficial-general, esse ciclo foi se tornando mais intenso a cada nova missão. A frustração e a raiva aumentavam e algumas vezes se transformavam em uma explosão de fúria. Felizmente eu consegui, na maior parte das vezes, conter a raiva, dando vazão a ela apenas no ambiente privado, distante dos membros de meu grupo de trabalho. Os sentimentos de frustração e raiva se agravaram gradativamente de 2003 a 2014 e, sem sombra de dúvida, tiveram um papel relevante na rápida progressão de minha doença bipolar. Do outro lado da moeda, esses sentimentos eram também sintomas do agravamento do meu quadro de bipolaridade. A interpretação que eu fazia do mundo e das influências externas, os erros inferidos e as delirantes conspirações afloraram quando me tornei maníaco.

Analisando em retrospectiva, eu acredito que o sistema empregado pelo Exército para a designação de oficiais-generais pode ter contribuído para esse ciclo, pois eu só permaneci cerca de um ou dois anos em cada uma dessas ambiciosas e complexas missões. Com exceção da NDU, no final, é provável que minha mania tenha ficado encoberta durante o período relativamente curto dessas missões. Meus subordinados podem ter percebido que havia algo errado comigo, mas quando tiveram condições de processar e avaliar essa percepção eu já tinha sido designado para outra missão, e eles passavam a se ocupar de problemas mais prementes. Esse sistema de rotações de curta duração pode de fato acrescentar um elemento relevante a um tipo de personalidade maníaco-depressiva – ele certamente parecia contribuir para meu progresso como oficial-general.

Antes de assumir um posto de oficial-general, as missões de curta duração do Exército geralmente colaboram para que as pessoas consigam mascarar suas deficiências e começar de novo. No caso de alguém que tenha transtorno bipolar ou esteja manifestando um comportamento hipomaníaco, é provável que os supervisores só percebam a fase de elevado desempenho, deixando de ver a subsequente depressão, ou talvez a depressão fique mascarada. Pode ser que um supervisor recém-chegado seja informado da existência de uma superestrela e essa pessoa seja favorecida pela incerteza da realidade, até a ocasião em que parte para a missão seguinte e sua fase de depressão ocorre antes do momento de assumir o próximo posto. Esse padrão pode continuar até que a pessoa seja promovida e assuma a posição de oficial-general.

Franklin Elementary School, Holbrook, Massachusetts, em 1966, quando eu tinha dez anos. *Foto pessoal*

Airborne School em Fort Benning, Georgia, 1978, como cadete de 22 anos. Depois veio a Ranger School. *Exército dos EUA*

GREGG FORREST MARTIN   A-1
Massachusetts   Lieutenant

Known affectionately as the "Wild Man," Gregg never let West Point get in the way of a good time. He could usually be found with a girl in one hand, a beer in the other, and a smile on his face. Marty was the epitome of the ideal Cadet: exceptional athlete, outstanding scholar tremendous partier, and devoted friend. The Corps of Engineers should be proud to gain Gregg's hard charging dedication and "Be Happy" attitude.

1979 Foto do anuário de West Point, quando eu era um cadete de 23 anos. *Academia Militar dos EUA*

Maratona de Atenas, Grécia, em novembro de 1982, que eu, como primeiro-tenente de 26 anos, terminei em menos de três horas. *Foto pessoal*

Margaret "Maggie" Martin e eu nos casamos em 5 de dezembro de 1982. A cerimônia de casamento aconteceu na capela católica em West Point, Nova York. *Foto pessoal*

Com minha esposa Maggie, durante uma viagem para esquiar nos Alpes austríacos, em 1983. *Foto pessoal*

Quando eu era um capitão de 28 anos e servia como comandante no 79º Batalhão de Engenharia de Combate da Bravo Company, em Grafenwoehr, Alemanha Ocidental, ajudei minha unidade a vencer a competição atlética no Organizational Day do batalhão, em 1984. *79º Batalhão de Engenharia de Combate, Exército dos EUA*

Formatura no MIT em maio de 1988. A partir da esquerda, meu pai, Donald; Maggie; eu; e minha mãe, Patricia. Naquele ano eu obtive dois títulos de mestrado, e depois um doutorado do MIT em 1992. *Foto pessoal*

Joint Task Force Bravo, Honduras, 1992. Como major, aos 36 anos, comandei e administrei projetos de ação cívica humanitária de engenharia e também servi como consultor estratégico do comandante. Apareço nesta foto com crianças hondurenhas e um oficial do Exército de Honduras. *Foto pessoal*

Em 1994, quando estava em Fort Lewis, Washington, minha família e eu visitamos o National Volcanic Monument do Monte Santa Helena. A partir da esquerda: Phillip, eu, Patrick, Conor e Maggie. *Foto pessoal*

Em junho de 1999, mudança de comando do 5º Batalhão de Engenharia de Combate, Fort Leonard Wood, Missouri, como tenente-coronel de 43 anos. A partir da esquerda: Patrick, Conor, eu, Maggie e Phillip. *Foto pessoal*

Apareço nesta foto empunhando um rifle, como comandante da 130ª Brigada de Engenharia, ouvindo atentamente as instruções do NCO sargento Kelly Simko, responsável pelo comboio e pela proteção da força; em 2003, Balad, Iraque.
Foto cedida por Tom Sawyer, Engineering News-Record

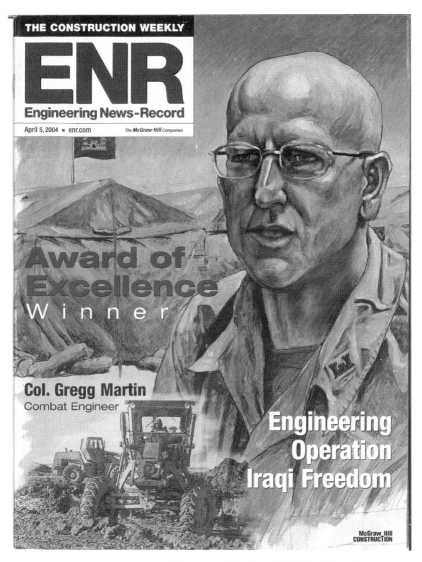

Em reconhecimento pelo Prêmio de Excelência da revista *Engineering News-Record* por meu desempenho como comandante da 130ª Brigada de Engenharia durante a Guerra do Iraque, fui retratado na capa da edição de 4 de abril de 2004. *Reprodução por cortesia da Engineering News-Record, copyright BNP Media (2004), todos os direitos reservados. Trabalho artístico original de Guy Lawrence/ENR.*

Com o então major-general Tom Bostick em West Point, Nova York, 2006, quando eu era um brigadeiro de 50 anos. Tom foi mentor de uma longa carreira e amigo que teve um papel fundamental no esforço para me livrar do inferno bipolar. *Foto pessoal*

Formatura de Patrick em West Point, em maio de 2008. A partir da esquerda: Maggie; Patrick; Conor; minha mãe, Patricia; Phillip; e eu. *Foto pessoal*

Com o general William "Scott" Wallace, quando assumi o comando em Fort Leonard Wood, Missouri, em outubro de 2008. O general Wallace foi meu oficial comandante no V Corps durante o treinamento na Alemanha, em 2002, na subsequente invasão e posterior liberação do Iraque, em 2003; e também em Fort Leonard Wood em 2008. *Foto pessoal*

Com o general Martin Dempsey, chefe do Estado-Maior Conjunto das Forças Armadas, na National Defense University (NDU), em 11 de julho de 2012, logo depois de eu ter assumido o comando da universidade. *Foto cedida por D. Myles Cullen, U.S. Department of Defense*

Com Robert Kraft, proprietário do New England Patriots, na cerimônia de gala do Prêmio Patriot, na National Defense University (NDU), Washington, DC, em setembro de 2012. Na época, aos 56 anos, eu era major-general e reitor da universidade. *Foto cedida por Conor Martin*

Tríptico criado por meu filho Conor, em 2021. A figura representa minha época de inferno bipolar, em Washington, DC, e Gilford, New Hampshire, do outono de 2014 ao outono de 2016. *Fotos cedidas por Conor Martin*

Em Punta Gorda, Flórida, março de 2022, aproveitando o sexto ano de recuperação de minha eterna bipolaridade. *Foto pessoal*

A tribo "Let's Dance" no dia do "Army Strong", janeiro de 2023, em nosso quintal em Cocoa Beach, Flórida. As amizades que fiz naquele lugar foram uma parte fundamental de minha recuperação. *Fila da frente, a partir da esquerda*: Tess Masonbrink e "Piano Debbie" Linsday; *fila do meio*: Kristi Choate e meu neto Walt; *fila de trás, a partir da esquerda*: Michele Moxley, Debbie Roth, eu, Julie Coffey, Anne "Drew" Druesedow e Claudia Beckwith. *Foto pessoal*

Maggie e eu no Cocoa Beach Health and Fitness Center, em janeiro de 2023. Nós praticamos exercícios físicos juntos quase todos os dias da semana; aulas de *fitness* e dança, levantamento de peso, exercícios cardiorrespiratórios, andamos de bicicleta e fazemos caminhadas na praia. A atividade física é essencial para minha recuperação da bipolaridade e para nossa vida feliz e saudável. *Foto pessoal*

7
Meu surto de mania

Depois de um início castigado pela depressão, no Kuwait, parti me sentindo hipomaníaco e em estado de grande euforia. Participei então de um curso obrigatório de Joint Warfighter (combatente solidário), em Norfolk, Virginia, e coloquei uma prótese no quadril na ocasião em que estava para assumir minha próxima missão, no AWC, em Carlisle, Pensilvânia. Quando tomei posse no comando do AWC, em julho de 2010, meu comandante, o general Martin Dempsey (quatro estrelas), que fora meu comandante no 3ACR treze anos antes, disse: "Eu conheço bem Gregg Martin. Ele tem um intelecto, uma energia e uma criatividade fenomenais. Não se surpreenda ao vê-lo descendo de rapel pela lateral do Root Hall [o edifício acadêmico], citando Clausewitz". Com essa declaração ele pretendeu fazer um elogio e uma brincadeira. Mas, sem que se desse conta, meu chefe estava destacando os padrões de meu comportamento maníaco ainda não diagnosticado.

Dois anos mais tarde, na cerimônia de passagem de comando no AWC, em junho de 2012, antes de eu ir para a NDU, meu extraordinário chefe e colega de classe em West Point, o falecido general Bob Cone (quatro estrelas), falou na conclusão de seu discurso: "Gregg Martin é um verdadeiro furacão, uma força da natureza. Alguém, por favor, ligue para a NDU e recomende a colocação de sinais de alerta de furacão". A plateia riu, pois todos sabiam o que ele queria dizer – que eu tinha um nível ilimitado de energia e motivação –, e eu assumi essas palavras como um elogio. Contudo, a exemplo de seu predecessor, o general Cone estava, inconscientemente, destacando as características maníacas de minha personalidade.

Assim como quase todos os chefes que tive ao longo de minha carreira no Exército, esses perspicazes e experientes quatro estrelas ficaram impressionados com minha personalidade marcante e minha força em termos de energia, motivação, liderança, intelecto e capacidade de executar tarefas difíceis. No entanto, após pouco mais de dois anos, depois de ser diagnosticado com transtorno bipolar, eu entendi isso por outro ponto de vista.

O fim de minha euforia de corredor

Depois de me recuperar de uma ruptura da placa plantar quando era aluno do AWC, em 2000, ainda corri durante mais dez anos, até finalmente ser abatido por um desgaste do quadril direito em decorrência de uma osteoartrite grave. Isso aconteceu em 2010, ocasião em que eu tinha 54 anos. Após anos de fisioterapia, inúmeros remédios para dor e muitas injeções, cheguei a um ponto em que a dor era tão intensa e a imobilidade da articulação tão grande que três diferentes cirurgiões ortopédicos me disseram que a única opção restante seria a colocação de uma prótese de quadril.

Depois da cirurgia, passei por um período de recuperação de duas semanas e então retornei ao trabalho, assumindo, como duas estrelas, o comando do AWC, diretamente em linha com minha área de atuação. Após algumas pesquisas e discussões com diversos cirurgiões e especialistas em articulações, tomei a decisão de prolongar a vida útil de minha prótese e reduzir a probabilidade de vir a necessitar de futuras substituições, diminuindo o impacto repetitivo e o desgaste. Eu acreditava que, suspendendo a rotina de corridas e substituindo-as por caminhadas, ciclismo, natação, uso de aparelhos elipticos, levantamento de peso e outros exercícios aeróbicos de baixo impacto, eu alcançaria meu intento. Contudo, subestimei o efeito da falta das corridas sobre minha saúde mental e meu humor. Apesar de as recém-escolhidas formas de exercício aeróbico e pesos me garantirem um bom condicionamento físico, o prazer e a satisfação proporcionados pela euforia do corredor tinham desaparecido.

A partir daí, os episódios de depressão e paranoia se tornaram perceptivelmente mais intensos em gravidade e duração. Eu não me sentia mais a mesma pessoa, e às vezes ficava imaginando o que estaria acontecendo comigo. Eu também enfrentava episódios mais acentuados de comportamento maníaco, que começavam a ser mais perceptíveis para as pessoas que me conheciam havia muitos anos. Entretanto, nada era tão significativo a ponto de levá-las a desconfiar de que eu tinha um problema sério de saúde mental.

Intimamente ligados à depressão crescente que eu atribuía à cirurgia de colocação da prótese, outros eventos externos causavam o aumento de meus surtos de depressão e paranoia. O mais notável desses eventos foi o fechamento da APFRI, uma organização pela qual eu tinha grande apreço.

A APFRI oferecia um excelente programa que integrava saúde e *fitness* – mente, corpo, espírito – para o benefício de alunos, cônjuges, corpo docente e estado-maior do AWC. Ela era conduzida pelo Dr. Tom Williams, uma das melhores pessoas com quem já servi. Não existia no DOD nem no governo nada parecido com a APFRI, e ela era considerada por muitas corporações o "exemplo a ser seguido". Sempre tive por ela grande paixão – como aluno, membro do corpo docente e comandante. Quando eu era aluno, o diretor – coronel Bill Barko – tornou-se orientador de meu SRP, além de mentor e amigo para toda a vida.

Em razão de cortes orçamentários e de uma falta de compreensão, o Exército decidiu acabar com esse programa e com a instituição que o oferecia. Foi um erro gigantesco. Ex-alunos, acionistas e importantes líderes graduados usaram de sua influência para tentar convencer o alto escalão do Exército a manter o programa, sem sucesso. Fiz tudo o que estava ao meu alcance para reverter a decisão: notificando os líderes, apresentando informações por escrito e pessoalmente; fazendo ligações para o Pentágono; telefonando para oficiais do Exército e convidando-os a conhecer o programa e participar dele; ouvindo outros especialistas; formando alianças; e muito mais. Mas o instituto acabou sendo fechado.

Fiquei desolado. Alunos, corpo docente, cônjuges e ex-alunos se sentiram indignados, amargurados e confusos. Como pude fracassar em manter a instituição aberta? Por que não consegui persuadir a alta liderança? O que eu poderia ter feito de outra maneira? Fiquei envergonhado por ter fracassado, sentia-me culpado e entrei em profunda depressão. Comecei a ter dificuldade para dormir, vivia cansado e carecia de energia e motivação. Pela primeira vez, eu me mostrava frequentemente indeciso e confuso. No limite de minhas forças, procurei um médico, que me submeteu a um exame físico completo e não encontrou sinais de problema. Em um estudo do sono, foi identificado que eu sofria de apneia, e então recebi um aparelho de CPAP para melhorar meu padrão de sono. Nem o transtorno bipolar nem a depressão jamais apareceram nessas conversas.

Tudo isso aconteceu na primavera de 2011, e o efeito foi profundo. Exceto por alguns surtos de mania e algumas decisões imprudentes, agora acredito que vivi em estado de depressão crescente até a ocasião em que deixei o AWC, um ano mais tarde, em junho de 2012. Em que medida o agravamento de minha depressão era causado pela falta das corridas? Teriam as corridas mantido meu humor elevado a ponto de evitar a depressão? Teriam sido elas, de alguma forma, uma vacina contra a hipomania e a mania, ao aplicar uma injeção de dopamina e endorfinas em meu sistema todos os dias?

Liderando a mudança na NDU

Quase imediatamente após minha chegada à NDU, em 2012, meu comportamento se tornou preocupante. Para começar, adentrei a instituição com a obstinada ideia de mudança, antes mesmo de ter tido a oportunidade de fazer uma própria avaliação. Eu já tinha a resposta sem previamente entender o ambiente da NDU, ou mesmo identificar qual era o problema. Minhas ideias estavam fundamentalmente alicerçadas em minha experiência no AWC, e na sólida e decisiva orientação que eu recebera da presidência do Estado-Maior Conjunto e do J7, tenente-general George Flynn (três estrelas), o oficial do Estado-Maior Conjunto em cujo portfólio constava a responsabilidade por centros de ensino e formação, e que era meu supervisor direto nas atividades diárias.

O J7 me deu ordens claras e radicais de avançar com determinação. Minhas instruções diziam que a NDU havia estagnado e que eu fora trazido para comandar mudanças, transformar a instituição e torná-la mais relevante para os atuais e os futuros ambientes de segurança. Haveria forte resistência e hostilidade em relação a mudanças, advertiu o J7, mas eu teria que "tomar decisões disruptivas". Desse modo, cheguei à NDU como um touro que entra em uma loja de objetos de porcelana – ousado e agressivo. Meus supervisores e alguns membros da equipe da universidade aplaudiram. Fazendo uma análise, hoje percebo que, somado a essa agressiva imprudência, eu carecia de foco e ficava facilmente desorientado.

Minhas missões anteriores de oficial-general me ensinaram a importante lição de que eu não fora suficientemente ousado e agressivo, tendo permitido que a resistência embotasse meu entusiasmo e protelasse a necessária transformação. Para ter sucesso na missão, eu precisava ser muito mais implacável e diligente, eliminando com a máxima celeridade possível a arraigada resistência. Imbuído dessa filosofia, assumi meu trabalho com uma combatividade muito além do que eu já tivera. A resistência se armou e passou a trabalhar contra mim de imediato, porém, surpreendentemente, surgiu também um movimento de forte apoio. Meus apoiadores perceberam a necessidade de uma mudança transformadora e abraçaram a ideia. Dentro desse ambiente, acredito que quase imediatamente eu entrei em estado de hipomania e, às vezes, de mania. Mas também mergulhava em depressão com bastante regularidade. Eu estava em outra fase de ciclagem rápida, oscilando quase diariamente da depressão para a mania e vice-versa.

Na primeira semana, descarreguei minha raiva e frustração em dois auxiliares próximos. Apesar de eles terem cometido alguns erros, pelo menos parte da culpa cabia a mim. Eu deveria ter trabalhado mais estreitamente com eles, bem como tê-los treinado um pouco mais, certificado-me de que tinham entendido por completo meu objetivo e deixado uma folga de tempo como segurança. Em vez disso, eu os ataquei e perdi a compostura. Cometi uma grande injustiça com aqueles dois simpáticos e dedicados oficiais. Um funcionário civil graduado da NDU que presenciou um dos surtos me procurou depois disso para dizer, de forma apreensiva e corajosa, que minha conduta era antiprofissional e desumana, o pior comportamento que ele já tivera oportunidade de ver da parte de um oficial-general. Essa pessoa era um veterano militar, reformado havia longo tempo e, desse modo, encarava a questão sob uma perspectiva própria. Ele estava determinado a me denunciar ao IG, mas não o fez.

Esses dois episódios eram sintomas de meu crescente transtorno bipolar, pois nunca antes em minhas décadas de serviço eu me comportara dessa maneira em relação a qualquer pessoa. Os dois eventos deveriam ter provocado um exame de consciência, seguido do consequente remorso e de um comportamento corretivo. Em vez disso, eu me limitei a seguir adiante após os dois incidentes sem pensar duas vezes. Eu já não era o velho e normal Gregg Martin, que teria ficado preocupado com esses episódios. Eu me transformara em outra pessoa.

Precursores da mania

De acordo com o primeiro psiquiatra do VA que me acompanhou, meu cérebro perdeu essencialmente todo o controle no período da primavera e verão de 2014, e eu enlouqueci. De novo, não me ocorria a menor ideia de que eu estava maníaco naquele tempo. Eu me sentia fenomenal, e meu nível de desempenho no trabalho continuava subindo – ou pelo menos eu assim imaginava. Até bem perto do final, era sempre entusiástico e positivo o *feedback* dado por meus supervisores e também pela equipe da NDU que apoiava as mudanças. Durante esse período fiz os exames médicos anuais com meu médico de atenção primária, e a avaliação dele foi superpositiva, sem que houvesse qualquer suspeita de que eu sofria de uma grave bipolaridade. Quando lhe falei sobre minha depressão, ele a atribuiu ao excesso de trabalho e ao ambiente extremamente estressante.

Contudo, antes do "furacão de categoria 5", houve muitos prenúncios da mania aguda que estava por se manifestar, o que, em retrospectiva, minha esposa acredita terem sido sinais de alerta. Depois que retornei do Iraque, em 2004, meu humor mergulhou em profunda depressão entremeada por lampejos de intensa raiva contra os líderes civis que haviam administrado tão mal a guerra e sabotado nossas chances de vitória. Associada a um consumo cada vez maior de álcool nas horas de folga, essa raiva intensa deveria ter chamado minha atenção. Porém, com o transtorno bipolar, esses sinais de advertência raramente são sequer percebidos.

No verão de 2007, quando, na qualidade de oficial de uma estrela, fui comandante da NWD, em Portland, Oregon, tive um encontro muito próximo e pessoal com alguns cães farejadores de bomba da engenharia e com seus tratadores. Para neutralizar os IED, os engenheiros empregavam cães farejadores de bomba. Eles eram os importantes soldados cuja missão consistia em encontrar, desabilitar e eliminar esses dispositivos mortais. A capacidade dos cães farejadores de bomba da engenharia foi aumentada na década de 1960 a fim de extinguir bombas, explosivos perigosos e armadilhas durante a Guerra do Vietnã – e reduzida após a guerra. Entretanto, em 2003 – sob pressão dos engenheiros – o Exército autorizou a Engineer School a restaurar essa capacidade. No Iraque, meus engenheiros, as forças dos EUA em geral e eu mesmo aprendemos a respeitar e a gostar muito desses guerreiros destemidos e peludos. Esses cães eram, de longe, o melhor recurso de que dispúnhamos para farejar e localizar os IED. Eles salvaram inúmeras vidas americanas – bem como muitas pernas e braços.

O engenheiro do distrito de Portland, coronel Tom O'Donovan (um dos comandantes a mim subordinados na NWD), solicitou equipes de cães da Engineer School para atuar em um perigoso canteiro de obras e ajudar a detectar munições e explosivos enterrados que deveriam ser neutralizados. Fui ao local e observei esses cães em ação. A imagem não apenas me trouxe à mente uma enxurrada de lembranças do extraordinário desempenho dessas equipes no Iraque como também da mortal e destrutiva força dos IED, e dos ferimentos sangrentos e horrorosos que eles causavam. Fui tocado por uma súbita retrospectiva da guerra, mas me sentia então elevado em um estado de euforia e entusiasmo gerado pela observação dos cães. Movido pela "euforia", convidei as equipes para uma "festa dos cães" em minha casa antes de viajarem de volta para o FLW, onde estavam alocadas.

Quando falei a Maggie a respeito da festa dos cães, ela imaginou que se tratava de uma brincadeira. Percebendo que não era, minha esposa ponderou: "Isso é muito estranho; você nem gosta de cachorros – nunca gostou". Eu contestei: "Mas esses cães são diferentes; eles são heróis; salvam a vida dos soldados". E ela respondeu: "Mas não deixam de ser cachorros. Meu pai teve cachorros a vida toda e você nunca se aproximou de nenhum deles, nem lhes dava atenção... jamais. É muito estranho".

Na tarde seguinte, um dos tratadores e seu cão chegaram à nossa casa para a festa. De acordo com Maggie, eu estava felicíssimo, acariciando, abraçando e beijando o lindo spaniel; rolando no chão com ele; correndo e brincando com ele por toda a casa; e brincando de pega-pega. Esse comportamento perdurou por quase duas horas, sendo interrompido porque eles precisavam ir para o aeroporto. O tratador também me deu informações detalhadas sobre os cães e sobre o treinamento e as aptidões deles, assim como me contou histórias da Guerra do Iraque e do Afeganistão, para onde os dois tinham sido mobilizados.

De acordo com Maggie, eu parecia eufórico e estimulado em um nível que ela raras vezes presenciara, algo bastante extraordinário, pois ela estava certa: eu nunca demonstrara interesse por qualquer cachorro. Ao contrário, eu era um reconhecido "odiador de cães", que morria de medo deles desde a infância, quando fui mordido. Minha mãe me ensinou a nunca permitir que um cachorro entrasse em casa, porque eles eram "sujos e malcheirosos, e deveriam ficar do lado de fora". Anos mais tarde, quando Maggie veio a entender o que era transtorno bipolar, ela chegou à conclusão de que, nesse episódio, eu havia atingido o auge da mania.

Antes de a equipe ir embora, nós combinamos que eu iria visitá-los no FLW na próxima vez que lá estivesse. Mal sabíamos nós que, poucos meses depois, eu seria designado novamente para ser comandante da Engineer School, tendo sob minha responsabilidade o treinamento das equipes de cães, bem como o cuidado e a mobilização deles.

Quando assumi o comando em outubro de 2007, aquelas duas equipes de cachorros marcharam em meu desfile. No mesmo dia, minha primeira ação como novo comandante foi visitar os cães em seus canis, o que me deu muita alegria. Além de tudo, eu queria deixar a mensagem de que tinha a mais alta consideração por essas criaturas, seus tratadores e suas competências. Durante meu mandato como comandante da Engineer School, visitei os cães e brinquei com eles assiduamente, o que me deixava superestimulado.

Desafio do barril de cerveja com os PM

Em dezembro de 2009, ocasião em que eu era comandante duas estrelas do FLW, participei do baile da polícia militar, um evento formal que celebrava anualmente a história, as realizações e o futuro da divisão PM do Exército. Eu era general comandante de diversas organizações, entre elas a Engineer School, a MP School e a Chemical School. Todas elas realizavam um baile anual. Maggie e eu comparecíamos a todos os três. Depois das formalidades, os brindes, o jantar e os discursos que eram habituais, começava a verdadeira diversão. Esse foi meu primeiro baile da PM, e eu não estava preparado para a exorbitância de bebidas, danças, cantorias e outras folias que aconteceram. Eu me sentia nas alturas, festejando com esses notáveis guerreiros da PM, a maioria deles NCO graduados que haviam participado de várias jornadas no Iraque e no Afeganistão. Dada a natureza dessas guerras, os recursos da PM eram em grande medida desviados de suas funções tradicionais e reaproveitados em uma infantaria leve e móvel, e em formações semelhantes a uma cavalaria. Eles eram especialmente hábeis em segurança de comboios, segurança de rotas e reconhecimento, sempre dotados de veículos blindados com rodas, de um nível significativo de armamento e do espírito de combate da PM.

Esse foi o primeiro encontro social que tiveram comigo, e o fato de eu ter apreciado a companhia deles naquela que estava rapidamente se tornando uma festa animada foi motivo de agradável surpresa para os membros da PM. Após muitas cervejas e muitos drinques, seguimos para o local dos barris, onde estava acontecendo uma competição de *keg stand* (beber de cabeça para baixo no barril). Essa competição envolve a capacidade do bebedor de segurar com firmeza as duas alças do barril enquanto duas pessoas o levantam pela parte inferior de suas pernas para que ele fique com os ombros apoiados sobre o barril. Um terceiro participante pega a mangueira do barril e posiciona a torneira na frente da boca aberta do bebedor. Quando este diz "vai", a cerveja começa a fluir para sua boca e ele bebe o tanto que consegue pelo tempo que consegue. Uma quarta pessoa mede o tempo durante o qual o bebedor consegue se manter bebendo.

Nunca antes eu fora testemunha nem participara desse desafio, e fiquei relutante em fazê-lo naquele momento. Mas os PM começaram a cantar "General comandante faça *keg stand*! CG faça *keg stand*! CG faça *keg stand*!", com uma empolgação cada vez maior. Alguns provocavam: "Qual é o problema, general, engenheiros não gostam de cerveja?". De repente eu me senti estimulado e desejoso de participar. Quando dei por mim, estava de cabeça para baixo, bebendo cerveja através de uma torneira.

Os PM ficaram enlouquecidos, torcendo alucinadamente por seu general comandante. No instante em que eu não consegui mais beber, eles me abaixaram e disseram: "O senhor acabou de estabelecer o recorde do tempo mais longo bebendo". Então, um dos majores-sargentos se colocou de cabeça para baixo em um barril e a plateia foi novamente ao delírio. Em seguida, o cronometrista relatou: "Senhor, ele acaba de quebrar seu recorde. O senhor precisa defender sua marca; pronto para começar de novo?". Então eu repeti a proeza – e uma terceira vez – para "salvaguardar meu recorde". Depois do ocorrido, percebi que o registro de "recorde" provavelmente não passava de um estratagema para que eu e outros continuássemos fazendo *keg stand*.

Eu estava bêbado, e Maggie, horrorizada. Era tarde, e ela tentara por algum tempo me tirar dali. Maggie e meu ajudante de ordens, capitão da PM Renee Ramsey, foram obrigados a me arrastar para fora e me ajudar a ir cambaleando até nosso carro. Minha esposa ficou furiosa por eu ter perdido o controle naquele nível, e além disso nós tínhamos um voo de manhã cedo, saindo de St. Louis (duas horas de automóvel), para o qual eu ainda não fizera as malas.

No dia seguinte, ela continuou me repreendendo: "O que pode acontecer se seus comandantes quatro estrelas do Exército ficarem sabendo de seu *keg stand* ou o virem em um vídeo? Eles vão fazer uma investigação e provavelmente você será demitido! É melhor torcer para que ninguém na festa tenha filmado as competições de *keg stand*". Ela tinha razão. Eu me comportara como um idiota, e o excesso de álcool tinha relação direta com isso. Um líder sênior pode tomar uma bebida ou duas, ser amigável e alegre, misturar-se com o público e se divertir e dançar um pouco – mas com discrição, dando o exemplo de forma madura e moderadamente. Em algum momento passara pela minha cabeça a ideia de que os comandantes graduados deveriam ser "seres festeiros", animadores que se deixavam ficar frenéticos e desvairados nos eventos sociais de suas tropas. Aquele tinha sido um comportamento extremamente arriscado, que poderia ter acabado com minha carreira. Sabendo o que sei hoje, vejo que boa parte daquele comportamento era provavelmente decorrente da mania. Esse episódio não foi o primeiro nem o último desse tipo, porém não aconteceram mais competições de *keg stand*.

Por cima da cerca

Em agosto de 2011, quando eu era comandante do AWC, a nova turma de alunos chegou a Carlisle Barracks para o programa anual de mestrado em segurança nacional e estudos estratégicos. Esse grupo era formado por trezentos oficiais graduados, com patentes de tenente-coronel ou coronel. Eram indivíduos bem-sucedidos moldados para alcançar postos de comando mais elevados e assumir responsabilidades em nível estratégico. Os alunos vinham de todas as divisões de serviço, do Departamento de Estado, das agências de inteligência, bem como eram bolsistas do programa *International Fellows* (IF) provenientes de dezenas de países estrangeiros.

Durante a semana de orientações, a instituição de ensino de guerra realizava um piquenique de boas-vindas aos estudantes, suas famílias, o estado-maior e o corpo docente. Era um evento divertido, com boa comida, músicas, jogos para as crianças e muita cerveja. Em determinado momento o evento principal arrefecia e, aqueles que desejavam continuar festejando desciam a colina até o bar vizinho de inspiração polinésia, que ficava situado em um riacho cercado por árvores altas e próximo à piscina do posto. Dezenas de pessoas optavam por continuar a festa. Maggie já tinha se divertido bastante e me comunicou que estava indo embora. Eu a acompanhei de volta até nossa casa, que ficava a menos de 800 metros dali, e retornei ao bar polinésio. Quando dei por mim, estava com um grupo de guerreiros das forças especiais de todo o conjunto das Forças Armadas. Alguém deve ter se encarregado de ir pagando novas rodadas, porque, antes que eu terminasse uma cerveja, havia sempre outra gelada em minha mão.

Em pouco tempo, todos nós estávamos animados demais. Então, um dos Rangers falou: "Pessoal, a noite está bem quente. Eu vou nadar. Alguém mais deseja ir?". Alguns concordaram, enquanto outros declinaram, e alguém observou: "O portão está fechado e o uso da piscina está proibido; não vou me arriscar; não quero ser pego e expulso da escola antes mesmo de começar; e há PM por toda parte, só esperando para pegar algum oficial graduado".

O líder dos Rangers fez uma volta de reconhecimento, depois retornou e declarou: "Temos que passar por cima da cerca, é a única forma de entrar!". Ele anunciou então para o grupo: "Nós vamos pular a cerca! Quem quer ir?". Depois que outros tantos alunos se juntaram à turma, ele se dirigiu a mim: "O senhor vem, general? Precisamos que o senhor, sendo aqui o Ranger graduado, indique o caminho!". Quando me dei conta, estávamos todos escalando a cerca de arame, com o Ranger Martin no comando. Nós pulamos na piscina, de roupa e tudo, nadamos, mergulhamos da borda, fizemos uma gritaria, brincamos de "pega-pega" na água e nos jogamos uns sobre os outros. Basicamente, nos comportamos como um grupo de adolescentes bagunceiros. Após cerca de dez minutos, alguém caiu em si: "É melhor sairmos logo desta piscina e passarmos para o outro lado da cerca antes que os PM façam um de seus patrulhamentos de rotina e peguem todos nós". Saímos então da água, pulamos a cerca e voltamos para o bar polinésio. Bebemos mais cerveja, porém o resto da noite transcorreu com tranquilidade. No final, eu estava bêbado e segui cambaleando para casa ao longo do riacho.

Na manhã seguinte, meu adjunto, o falecido coronel Bobby Towery, chegou em nossa mansão de mais de 900 m² em estilo Tudor e me disse, em tom apreensivo: "Recebi esta manhã de um de meus principais supervisores um relatório segundo o qual você pulou a cerca ontem à noite, nadou na piscina com um bando de novos alunos e andou bebendo bastante. Preciso perguntar: isso é verdade?". Eu respondi: "Sim, isso é 100% verdadeiro e preciso. Na qualidade de suplente, você deve fazer tudo o que julgar correto e adequado para as necessárias denúncia e investigação desse evento. Meu comportamento foi completamente antiprofissional, irresponsável, imaturo e arriscado. Alguém poderia ter facilmente se ferido, talvez até morrido. É bem provável que eu seja afastado do comando, mas peço que nada aconteça com os alunos".

Towery respondeu: "Senhor, não vamos denunciá-lo; eu não vou dar início a espécie alguma de investigação e, até onde me cabe decidir – ninguém se feriu, os alunos se divertiram e criaram um amistoso espírito de equipe –, nenhuma lesão, nenhuma infração. Além do mais, nós desejamos manter o senhor como nosso comandante. Não queremos perdê-lo. Eu só preciso tomar conhecimento dos fatos". Assim sendo, o incidente não teve consequências. A exemplo do caso do *keg stand*, tive a sorte de ninguém ter gravado o episódio e postado no YouTube, nem enviado aos meus superiores de quatro estrelas. Se isso tivesse acontecido, eu provavelmente teria sido afastado do comando, e minha carreira teria tido um fim inglório. Assim como no caso do *keg stand*, o que me estimulara a ter um comportamento tão imprudente, impulsivo e de alto risco? Acredito que provavelmente a mania forneceu combustível para as outras hiperbólicas características de minha personalidade e provocou os incidentes.

Religiosidade extremada

Durante minha mais aguda crise de mania, em 2014, quando era reitor da NDU, vivi uma religiosidade extremada. Eu falava em línguas desconhecidas (glossolalia) e tinha alucinações, acreditando estar diretamente sob intervenção e inspiração divinas. Para invocar proteção contra o demônio, eu borrifava água-benta e colocava Bíblias ou cruzes em todas as janelas e portas de nossa casa. Mais tarde passei a acreditar que via as mãos de Deus descendo sobre mim e protegendo nosso lar em Fort McNair. Todas as manhãs, por bem mais de uma hora antes do trabalho, eu me dedicava a momentos de meditação bíblica, bem como de estudo da Bíblia e memorização das escrituras. Eu repetia os versículos em minha mente durante a sessão de treinamento físico, ao longo de todo o dia e novamente à noite.

Rotineiramente eu costumava ir a pelo menos três igrejas diferentes (a evangélica Pentecostal, com um de meus amigos do exterior; a liberal igreja Presbiteriana "New Light", com a maioria dos fiéis homossexuais que havia nas proximidades da base; e a igreja Católica Romana da região), e participava de muitos dos programas adicionais à noite e nos finais de semana – algumas vezes eu comparecia a um número ainda maior de igrejas e serviços religiosos em uma semana.

Nos períodos de extrema mania, eu participava de três diferentes missas católicas no mesmo domingo, comungando em todas elas. Eu me envolvia em atividades de sacerdócio e evangelização de rua, com outros crentes altamente motivados (fanáticos?), em alguns dos bairros mais pobres e perigosos de Washington. Tomava parte no café da manhã semanal de oração da NDU e também comandava o estudo do Navigators sobre discipulado – o estudo denominado "Cada homem, um guerreiro" (EMAW, na sigla em inglês) –, com outros seis oficiais.

Nesses períodos, eu ia algumas vezes à igreja católica local nos momentos em que não havia serviços religiosos e imaginava que estaria vazia – permanecia lá por horas, rezando, cantando, gritando, caminhando, berrando, dando pancadas, fazendo exercícios físicos extenuantes e, às vezes, orando por telefone com outros "guerreiros da oração". Eu acreditava que o Espírito Santo estava atuando dentro de mim. Algumas vezes eu rezava com o mesmo fervor enquanto fazia uma caminhada acelerada na base de Fort McNair, bem como fora da base, nas ruas de Washington – sempre gritando a plenos pulmões. A essência de minha oração dizia respeito invariavelmente às mudanças na NDU e ao estabelecimento de uma nova Global Security University (GSU, na sigla em inglês)

Doei milhares de dólares a diversas igrejas e ministros religiosos sem consultar Maggie, e ela não aprovava minha generosidade. Adquiri e abandonei dezenas de programas de estudo EMAW e me ofereci para comandar vários grupos de estudo. Convidei dezenas de fiéis evangélicos e pentecostais para visitar Fort McNair e nossa casa para rezar, cantar e comer, mesmo sem conhecer a grande maioria deles. Isso era feito praticamente sem tempo de preparação e tampouco planejamento – talvez um dia, algumas vezes uma hora ou apenas minutos antes de chegarem. Em algumas ocasiões, não comuniquei a Maggie; nós simplesmente chegamos e eu servi alimentos e bebidas para o grupo. Era uma terrível falta de consideração para com minha esposa, que achava tudo muito estranho, mas não sabia como lidar com a situação.

O domingo de Pentecostes, em junho de 2014, foi especialmente marcante. Fomos à missa na capela Navy Yard em Washington. O sacerdote usava vestimenta vermelha e havia um brilhante raio de sol entrando pelos vitrais da janela. Esse raio iluminava a igreja e me elevou a um fantástico estado de euforia. Eu acreditei que estava vendo o Espírito Santo descer através da luz e pousar sobre o sacerdote. Senti-me como se pudesse levitar do banco e me juntar lá na frente ao Espírito Santo, e cheguei a imaginar que estava de fato fazendo isso. Essas foram apenas algumas de minhas inúmeras alucinações.

Depois da missa, dirigi durante trinta minutos até minha igreja evangélica internacional. Enquanto eu dirigia, o sol, as nuvens e o céu pareciam formar um caleidoscópio cósmico. Eu acreditei que estivesse "vendo" o Espírito Santo em meio às nuvens e comecei a gritar e cantar em línguas desconhecidas pela primeira vez. Eu gritava com os vidros do carro abertos e o vento entrando, dirigindo a mais de 110 quilômetros por hora, com lágrimas rolando no rosto. Foi uma experiência extremamente marcante. Era um sentimento de euforia que ia além daquela provocada por qualquer espécie de droga ou coisa semelhante.

A experiência na igreja – formada em sua maioria por americanos de origem coreana, muitos dos quais imigrantes que falavam pouco ou nada de inglês – foi uma elevação fantástica, cantando e rezando em línguas desconhecidas com dezenas de meus companheiros de adoração. Adotei diversos de meus colegas de religião como consultores informais e guerreiros da oração, que rezavam com fervor por minha sabedoria, minha proteção e meu sucesso. Muitos deles acreditavam que eu era uma espécie de "ungido" por Deus, uma ideia exacerbada em virtude de minha patente e posição no Exército – eles tinham os generais americanos na mais alta consideração. Fui convidado pela primeira vez a ir a essa igreja por um colega e instrutor da NDU, e rapidamente me tornei amigo dos líderes religiosos.

Assumi uma função de desenvolvimento de liderança e discipulado para essa igreja evangélica pentecostal. Eu organizava e doava materiais com esse fim e comandava os novos líderes, usando o estudo de discipulado EMAW do Navigators. Além disso, eu passava um bom tempo na igreja realizando diversas outras atividades evangélicas e sociais, bem como de adoração, fraternidade e estudo.

Esses membros da igreja visitaram o *campus* da NDU em diversas ocasiões, por motivos diversos: para uma comunicação oficial e um passeio; uma visita inesperada a um seminário em andamento; para orações e adoração; para participar do café da manhã semanal de orações e discursar;

e até mesmo para eventos sociais e gastronômicos, e também de oração, em minha casa. A ministra e seus principais líderes compareceram a muitos eventos, e nós passamos bastante tempo juntos ao longo dos meses em que eu estava vivendo um estado de mania total. Eu tratava a todos com as mesmas honras e importância conferidas aos oficiais VIP. Meu pessoal na NDU achava estranho esse comportamento, mas nunca me questionou. Maggie e outros familiares, amigos e visitantes consideravam minha conduta bizarra.

Durante o período que passei na NDU, eu costumava sair para fazer longos passeios de bicicleta tarde da noite. Essa atividade se tornou uma espécie de experiência religiosa. Eu gostava demais da sensação de movimento e ação, que parecia semelhante à "euforia do corredor" e funcionava como combustível para minha mania. Enquanto pedalava o mais depressa que conseguia nas ruas de Washington, com o vento batendo no rosto, tarde da noite, eu acreditava estar voando sobre as ruas, os edifícios e os monumentos da cidade, como o Super-Homem. O sentimento era de que eu descolava do chão e subia alto o suficiente para ter uma visão favorável, voando acima do solo e observando meu outro eu (real), que pedalava abaixo. Alucinações extracorpóreas semelhantes, ocorridas 34 anos antes na Ranger School e apenas uma década antes no Iraque, podem ter sido precursores dessa experiência em Washington. Eu me sentia o escolhido de Deus para estar na NDU e mudar o mundo, e realizar Sua vontade divina.

Cada homem, um guerreiro

É importante a compreensão de como o estudo bíblico EMAW se encaixa no quebra-cabeça de minha doença bipolar. Em primeiro lugar, trata-se de um programa sobre discipulado que se concentra nos desafios enfrentados pelos seres humanos em sua caminhada cristã, que oferece soluções bíblicas, equilibradas e práticas, para esses problemas da vida. Ele contribuiu enormemente para que eu e outras pessoas que conheço conseguíssemos potencializar a aplicação dos princípios cristãos nas questões de rumo na vida, foco, paz, amor pelo próximo, família, casamento, finanças, trabalho, evangelização e superação de tempos difíceis.

Meu primeiro contato com o EMAW aconteceu em janeiro de 2012, no meu segundo ano como comandante do AWC, quando eu estava em um estado de profunda depressão. Meu humor era sombrio e desesperançoso, e Maggie e eu ficávamos angustiados enquanto eu lutava para, pelo menos, sair da cama todos os dias. O missionário líder do Navigators no

AWC, meu amigo Larry Sherbondy, tomou a iniciativa de orientar o programa EMAW, que envolvia estudo, tarefas de casa, memorização das escrituras e uma reunião de grupo todas as semanas, durante um período de seis meses.

Eu não desejava participar do programa, mas alguma coisa dentro de mim dizia que ele era necessário. Na manhã do dia de reunião, todas as semanas, eu mal conseguia sair da cama; porém, a atração e o poder do EMAW me faziam levantar. Dia após dia, semana após semana, eu fazia religiosamente as tarefas de casa, memorizava os versículos e participava das reuniões. Depois de aproximadamente três meses, a depressão cedeu. Fiquei estável durante cerca de um mês e, então, entrei num estado que agora acredito ter sido de mania. Eu era tão devotado ao EMAW que, quando viajava, ligava para o grupo e participava das reuniões pelo viva-voz, o que aconteceu inclusive uma manhã em que eu estava no Pentágono. Fui escolhido para receber o prêmio Bulldog Award do EMAW, em reconhecimento por ter sido o mais dedicado participante. O programa elevou meu estado de espírito e deu sentido claro a minha vida. Acredito que o EMAW me tirou da depressão e depois contribuiu para que eu entrasse em um período de mania.

Era tão grande o meu entusiasmo pelo EMAW que, após sair do AWC e me tornar reitor da NDU, em julho de 2012, iniciei um programa de estudos lá. Expliquei o princípio do EMAW na oração do café da manhã na NDU para um grupo de cerca de vinte participantes, e surgiram imediatamente seis homens motivados e comprometidos, prontos a iniciar o programa (também convidei mulheres, mas nenhuma aderiu). Nós trabalhávamos duro no EMAW, e eu concluí pela segunda vez o programa seis meses depois, em janeiro de 2013. Comentários sobre o imenso valor desse estudo se espalharam, e logo apareceram mais homens interessados em participar, além dos seis iniciais, que desejavam repeti-lo. Desse modo, contribuí para a realização de um terceiro ciclo e, assim, passei pelo EMAW três vezes em um período de dezoito meses.

Continuo grato por ter chegado ao EMAW. No entanto, embora ele tenha ajudado a me arrancar de uma terrível depressão no AWC, fico apreensivo quanto à dimensão de sua provável contribuição para a mania subsequente em que entrei. Quanto mais eu me entregava ao EMAW e a outras atividades religiosas, mais maníaco eu me tornava; quanto mais aumentava minha mania, mais eu mergulhava na religião. Era um poderoso ciclone em sentido ascendente.

Engajamento e projeção estratégica

O Exército dos EUA enfatiza a projeção pública, por meio da "divulgação da história do Exército" e do estímulo ao cultivo de relacionamentos mutuamente benéficos com líderes e outras pessoas em todo o país. Os oficiais-generais têm a incumbência de desenvolver programas estratégicos de engajamento, projeção e comunicações com todos os membros da sociedade americana: governo, empresas, organizações sem fins lucrativos, instituições esportivas e de entretenimento e outros. Nós desenvolvíamos programas dinâmicos em todo lugar para onde eu ia, e fomentávamos relacionamentos consistentes com todos esses elementos da sociedade.

Por exemplo, quando eu era comandante do FLW, nós nos engajamos com todos, começando com o congressista local e passando pelos dois senadores, o governador, as principais empresas e universidades do Missouri, empresários locais e autoridades eleitas, chegando aos cidadãos comuns. Eu convidava todos eles para visitar o forte, conhecer nossas atividades e nossos soldados. Todos retribuíam, e minha equipe de elite e eu os visitávamos em seus setores, incluindo o Capitólio, em Washington, a residência do governador, diversas sedes de empresas e universidades, bem como os escritórios de equipes esportivas profissionais. A criação e a preservação de sólidos relacionamentos com políticos importantes eram vitais para a manutenção do apoio e a solução de problemas na base. Também desenvolvemos consistente relacionamento com os principais líderes e membros do corpo docente da Universidade do Missouri.

Do mesmo modo, criamos um relacionamento cordial com a equipe profissional de beisebol do St. Louis Cardinals e com o time profissional de futebol americano do Kansas City Chiefs. Os dois clubes convidavam centenas de nossos soldados para assistir aos seus jogos, sem custo para o Exército. Fui convidado a fazer o primeiro arremesso e dar uma entrevista ao vivo de três entradas em um jogo do Cardinals. Eles enviaram ao FLW jogadores e até mesmo animadoras de torcida do Chiefs com o objetivo de apresentar para nossas tropas e nossos familiares pequenos espetáculos da organização sem fins lucrativos USO.

Um importante requisito era sempre submeter esses eventos à aprovação dos advogados do comando para assegurar que tudo estava de acordo com as normas éticas do Exército e do governo, de modo que não houvesse um toque sequer de inadequação. Se fosse encontrado algum problema, os ajustes apropriados deveriam ser implementados, sob pena de cancelamento do evento. O Exército promovia incansavelmente seus regulamentos e treinamentos éticos – repetidas vezes –, em especial com os oficiais-generais, que tinham o dever de dar o exemplo e mostrar o caminho. Essas sessões de treinamento, conduzidas profissionalmente pelos advogados do Exército, em geral terminavam com exemplos de oficiais-generais que saíram da linha e sofreram medidas disciplinares – algumas leves, outras mais severas.

Vou avançar então, rapidamente, para o período 2010-2012, no AWC, em Carlisle, durante meu mandato como comandante. Nós tínhamos um programa de projeção estratégica semelhante, e um de nossos objetivos era fomentar o relacionamento com o time de futebol americano profissional New England Patriots e com seu proprietário, Robert Kraft. Um mestre em liderança estratégica e gestão, Kraft possivelmente converteu o Patriots na franquia de esportes profissionais mais bem-sucedida do século XXI. Convidamos o proprietário do Patriots a visitar a escola de guerra e falar em nosso seminário anual de segurança nacional, em junho de 2011, sobre liderança estratégica, gestão e desenvolvimento de times vencedores, bem como para conhecer nossos líderes e aprender um pouco sobre o AWC e o Exército.

Kraft respondeu dizendo estar sinceramente triste por não poder comparecer e enviou em seu lugar um executivo do alto escalão, Dan Krantz. Dan ficou conosco por aproximadamente uma semana e se surpreendeu com o AWC, com nosso programa e nossos líderes. Depois disso, ele disse a Kraft que eles deveriam procurar desenvolver um relacionamento com o AWC. Por obra do destino, fui convidado a discursar em um importante evento organizado pela American Academy of Arts and Sciences, realizado na Universidade Harvard em setembro de 2011. No jantar de gala, fui colocado ao lado do proprietário do Patriots, de seus dois filhos e de outro oficial do Exército, o tenente-general Tom Bostick (que mais tarde se tornou chefe dos engenheiros, cuidou muito bem de mim e ajudou a me salvar quando estive gravemente enfermo).

Eu estava sentado ao lado do Sr. Kraft (um arranjo que ele providenciou), e mantivemos uma fantástica conversa durante o jantar e também depois. Ele lamentou não ter podido comparecer ao evento de junho, mas me contou que ouvira narrativas incríveis e que gostaria de discursar no AWC em algum momento futuro. Kraft ficou encantado com o fato de eu ser da região de Boston e também um eterno fã do Patriots. Nós conversamos muito a respeito do futebol do Patriots e sobre como ele administrava essa renomada organização. De sua parte, ele fez diversas perguntas sobre o Exército e as Forças Armadas. No fim da noite, Kraft fez um convite a mim e minha família para assistirmos a um jogo do Patriots, e me pediu para acertar os detalhes com seu chefe de gabinete. Ele ficou impressionado porque Maggie e eu também tínhamos dois filhos atuando nas fileiras militares e mostrou desejo de conhecê-los.

Quando retornei à escola de guerra, meu estado-maior se mostrou eufórico por eu ter criado esse relacionamento e recebido o convite, pois isso reforçava um importante objetivo de nosso plano de projeção estratégica. Combinamos um encontro com o Patriots para o primeiro domingo de janeiro de 2012, no jogo final da temporada regular, contra o Buffalo Bills, antes da pós-temporada. O plano previa a presença de toda a família, com nossos dois filhos e eu devidamente uniformizados. Fomos autorizados a utilizar transporte oficial, com motorista, e a pernoitar por conta do governo, uma evidência do grau de importância que o Exército atribuía a esses eventos de projeção estratégica. O Patriots planejara nossa participação no *brunch* oferecido pelo proprietário antes do jogo, e depois entraríamos em campo e conheceríamos os principais jogadores. Eu jogaria então a moeda e seria anunciado capitão honorário do time. Em seguida, minha família e eu assistiríamos à partida no camarote do proprietário. Era uma fantástica oportunidade para mim e minha família, bem como para o AWC e o Exército dos EUA. Fiquei muito entusiasmado e ansioso pela chegada da data.

Meu estado-maior submeteu o plano à aprovação de nossa equipe jurídica, que, após alguns questionamentos regulares, aprovou-o na íntegra. No entanto, eu estava ficando aflito. Essa oportunidade era boa demais – alguma coisa parecia não estar certa. Maggie também tinha desconfianças em relação a todo o evento e sugeriu que eu o cancelasse ou enviasse o chefe do estado-maior em meu lugar. Dois de nossos três filhos consideraram a coisa toda fantástica, enquanto o terceiro ficou indiferente. Assim sendo, ordenei a meu estado-maior que encaminhasse o pacote todo para uma segunda revisão e análise por parte do gabinete jurídico de nosso posto de comando superior. Essa segunda rodada de "análises jurídicas" retornou com a mesma conclusão – tudo era legítimo e estava em total conformidade com as normas éticas do Exército e do governo. Fiz então um comunicado sobre o evento ao meu chefe, o general Bob Cone, e ele respondeu que tudo parecia fantástico.

Entretanto, eu continuava apreensivo, e pensei em enviar pedidos de desculpas e cancelar o compromisso, mas minha equipe se esforçava muito nos preparativos, além de se tratar de uma grande oportunidade em termos de projeção estratégica, e eu queria de fato levá-lo adiante. Mesmo assim, perguntei se poderia enviar um substituto, mas o Patriots respondeu que o convite era intransferível. Com a aproximação da data, eu me sentia cada vez mais confuso e desorientado. Tive diversas discussões angustiantes com o chefe de meu estado-maior, coronel John Laganelli, que havia programado a viagem e era torcedor fanático do Patriots. Ele me assegurou que seria muito bom e traria benefícios para o AWC e o Exército. Mesmo assim, eu lhe pedi que fosse em meu lugar, mas ele respondeu que não tinha permissão para isso.

Pensei em formas de tornar a viagem menos custosa para o governo e aliviar minha culpa e meu medo. A fim de reduzir as despesas, decidi ir em meu próprio carro, por conta própria, bem como também pagar de meu bolso por nossas acomodações para o pernoite. E, como o evento seria em um final de semana, não haveria problemas com o tempo que eu passaria lá. O único motivo de preocupação eram os "presentes" do Patriots, representados pelos ingressos e as refeições, e a aparência de possível transgressão. Para acabar com essa inquietação, eu poderia pagar pelos ingressos e as refeições, e até me predispus a fazê-lo, ou oferecer uma doação em espécie para a fundação beneficente do clube. Contudo, mesmo com todas essas medidas mitigatórias, eu ainda me sentia dominado pela ansiedade, o medo e a culpa.

Na sexta-feira que antecedeu o jogo, nosso filho do meio foi a Boston com um companheiro do Exército para uma festa de Ano-Novo. Eles nos encontrariam no estádio para os eventos do Patriots. Eu me sentia confuso e aflito demais, parecia que estava perdendo o juízo. Maggie me disse mais uma vez: "Tudo isso cheira a uma grande confusão, independentemente do que dizem os advogados; você vai estar de uniforme, sentado no camarote do proprietário, com milhões de telespectadores assistindo pela televisão. Além do mais, seus nervos estão à flor da pele. Não vá!".

Na noite da sexta-feira, fiz a mala para a viagem e fui me deitar. Eu me sentia nauseado e dominado por um sentimento de insegurança e pavor muito pior do que qualquer coisa que eu já vivenciara – incluindo os combates. Por fim, caí em um sono estranho e nebuloso e acordei de manhã bem cedo suando frio em razão de um pesadelo aterrorizante. Eu sonhei que fora objeto de uma denúncia anônima ao IG do DOD, por desperdício, fraude e injúria (WFA, na sigla em inglês), bem como por solicitação e aceitação inapropriadas de presentes ilegais do Patriots e apropriação indébita de fundos governamentais.

Eu sonhei que, a despeito de duas diferentes revisões jurídicas e aprovações de meu comandante, o Exército, sob pressão do IG do DOD, havia me afastado do comando e me colocado em um cargo temporário, no qual eu realizava projetos especiais no Pentágono e trabalhava com os advogados de defesa na tentativa de me livrar das punições legais. No pesadelo, o Exército me rebaixara de patente, retirara de mim significativa parcela do contracheque e dos benefícios e, finalmente, me expulsara do serviço, tudo com um pesado custo não só para mim, mas também para Maggie. Fiquei abalado e apavorado com a possibilidade de que meu pior pesadelo pudesse em breve se tornar realidade.

Essa situação tinha precedentes reais. Conheci dois generais do Exército que participaram uniformizados de um programa religioso no Pentágono. Eles só haviam participado depois de ter a avaliação e aprovação legal total dos advogados e do IG do Exército, bem como de sua cadeia de comando na instituição. Entretanto, depois da acusação feita por um denunciante, o IG do DOD entendeu que eles haviam cometido uma falta, independentemente de terem obtido as aprovações prévias da instituição. Em virtude disso, o Exército foi forçado a suspender os dois e não teve permissão para promovê-los ou realocá-los. A vida profissional e pessoal desses generais ficou arruinada por mais de um ano, até que o Exército conseguiu convencer o DOD de que esses homens não haviam cometido erro algum. Após um angustiante suplício legal e muito sofrimento para eles e suas famílias, os generais foram inocentados de todas as alegações de irregularidades.

Ocorreram muitos casos semelhantes com outros oficiais-generais, e todos eles se transformaram em um pesadelo para os indivíduos e suas famílias. Não raro, generais bem-intencionados se tornaram alvos de ataque enquanto se equilibravam entre o esforço para cumprir honestamente sua missão de engajamento estratégico e as normas éticas do governo. Conversei com alguns deles e lhes pedi um conselho. Todos eles disseram: "Faça todas as verificações legais e éticas, submeta a questão à cadeia de comando, peça a alguns líderes independentes que analisem o assunto com base no bom senso e procure sentir se há 'cheiro' de entraves; mas, no fim das contas, só leve adiante se todas as coisas se mostrarem corretas e você não tiver qualquer dúvida". Portanto, havia uma base legítima para minha paranoia.

Depois do pesadelo, eu estava enjoado naquela manhã. Não consegui sair da cama e permaneci deitado, tremendo e suando, incapaz de falar. Nunca antes eu vivenciara nada parecido. Acredito que tenha sido um ataque de pânico. Maggie ficou assustada e quis saber o que estava acontecendo. Com a fala trêmula e entrecortada, eu lhe expliquei tanto quanto consegui, que o terrível pesadelo era exatamente o que iria acontecer se eu fosse a New England para o jogo. Ela advertiu: "Você precisa ligar para eles e dizer que está doente e não tem condições de ir". E isso era verdadeiro. No entanto, o que não sabíamos era que se tratava de uma doença em meu cérebro – eu estava sofrendo de depressão e psicose graves, sendo as duas subprodutos de meu transtorno bipolar.

Após horas de terror, eu me recompus e levantei. A primeira coisa que fiz foi ligar para meu chefe do estado-maior e contar que estava gravemente enfermo e não tinha condições de ir, e dizer que ele deveria ir no meu lugar. Mais uma vez, meu chefe disse que não poderia ser meu substituto, e se mostrou muito aborrecido por eu estar me retirando no último minuto, o que ele considerava um grande erro; ele redobrou seus esforços para me persuadir a levar adiante o programado. Mas ele não fazia a menor ideia do terrível estado em que eu me encontrava. Depois disso, liguei para o Patriots e comuniquei que havia adoecido e não conseguiria comparecer ao jogo. Eles desejaram melhoras e gentilmente forneceram ingressos de cortesia para que meu filho e seu amigo fossem ao jogo de qualquer maneira.

Tão logo me descomprometi com esse evento, imediatamente comecei a me sentir melhor e dei um profundo suspiro de alívio, por ter evitado um enorme erro cujo efeito – eu estava convencido – teria sido devastador sobre mim e minha família. No mesmo momento, passei de um estado de pavor e incapacidade mental e física para uma sensação de alívio e euforia. Na verdade, fui arremessado para a condição de mania. Porém, dentro de uma hora a euforia e o alívio haviam passado por completo, e, vencido pelo remorso, a tristeza e uma ansiedade incapacitante, desmoronei no chão e lá permaneci durante horas, repassando repetidamente em minha mente toda a sequência de eventos com o Patriots. Eu não conseguia me mover, estava enjoado e dominado pelo arrependimento. Como pude *deixar* de ir? O que estava errado em mim? Meu estado-maior se esforçara tanto para providenciar tudo. As condições tinham sido aprovadas. Minha participação teria favorecido os esforços de projeção do AWC e do Exército. O evento iria homenagear minha família, e teria sido um momento de diversão para nós. E era o Patriots – meu time favorito.

Naquele dia, mergulhei em uma profunda depressão, que persistiu durante os meses de inverno – de janeiro até março de 2012. Olhando em retrospectiva, vivi algo parecido no período do Iraque e depois dele, novamente em Portland, e então ainda mais no FLW e no AWC, uma ocorrência que viria a ser frequente na NDU. No entanto, Maggie e eu não sabíamos na época que se tratava de depressão, e não procuramos ajuda médica. Durante os dias extremamente negativos do final de semana do Ano-Novo de 2012, meu humor estava sombrio e eu, em grande medida, incapacitado. De alguma forma, consegui me forçar a sair da cama na semana seguinte e ir trabalhar, mas permaneci a maior parte do tempo em meu gabinete, evitando interagir com as pessoas. Eu estava retraído, confuso e indeciso, uma característica oposta ao meu eu "normal". A estrutura e a missão do Exército me mobilizaram no sentido de levar a cabo meu trabalho. E foi também a primeira semana do EMAW que me ajudou – um dia agonizante após outro – a sair do poço. Acredito que cerca de três meses mais tarde eu entrei em estado de hipomania, e depois de mania, antes da mudança do AWC para a NDU, em junho de 2012.

Em setembro de 2012, após a mudança, realizamos nosso evento anual de premiação da NDU, um acontecimento de gala para a entrega do American Patriot Award. Convidamos o proprietário do Patriots para participar e fazer um discurso, sabendo que ele gostaria muito do nome do prêmio e prestigiaria as Forças Armadas. Kraft compareceu e discursou brilhantemente, fazendo uma elegante associação entre a primeira vitória do Patriots no Super Bowl e o Patriot Award da NDU. Ele se sentou ao meu lado e nós mantivemos uma conversa extraordinária. Kraft tem grande admiração pelas Forças Armadas dos EUA e, uma vez mais, convidou-me para assistir a um jogo do Patriots, com direito a tratamento VIP completo. Agradeci pela honra, mas, dada a experiência que vivera nove meses antes, esperei uma semana e então declinei gentilmente.

A tragédia bate à porta

Em abril de 2013, eu já exercia a função de reitor da NDU havia quase um ano. Nós morávamos em uma casa grande do Exército, uma construção de cem anos localizada em uma rua arborizada e pitoresca em

Fort McNair, no sudoeste de Washington. O forte fica situado na confluência dos rios Potomac e Anacostia e é o local de uma instalação militar desde bem antes da Guerra de Independência dos Estados Unidos. Ele foi uma posição de defesa fundamental de Washington durante a Guerra Civil. Atrás dele há quinze belas casas do Exército, ao longo de uma encosta que desce até o Canal Potomac.

Duas casas acima da nossa, vivia um extraordinário casal da Força Aérea, o major-general Joe e Sue Brown. Na casa deles ocorria o primeiro de uma sequência de jantares mensais oferecidos em rodízio pelos moradores das quinze casas e que incluíam boa comida e bebida, jogos, cantoria e dança. Era um evento divertido, que alimentava um vínculo fantástico. Os Brown tinham duas grandes cadeiras Adirondack brancas que ficavam voltadas para o oeste, olhando sobre o canal, e proporcionavam uma visão perfeita do pôr do sol. Era possível vê-los sentados ali quase todas as noites – mesmo nas noites frias, envoltos em um cobertor –, ele fumando um charuto e bebericando um fino *scotch*, ela tomando seu vinho favorito. O casal saudava todas as pessoas que caminhavam, corriam ou pedalavam na via ao longo do canal, na parte posterior da casa deles, e também se socializava frequentemente com o corpo docente e os alunos da NDU.

Embora fôssemos colegas de duas estrelas, Joe Brown era comandante da Eisenhower School, uma das cinco faculdades que compunham a NDU, e, assim, eu era oficialmente chefe dele. Nós trabalhávamos muito bem juntos. Eu me encontrava com ele ocasionalmente para fumar um charuto e tomar uma bebida e frequentemente contribuía com meu suprimento para essa causa. Brown era piloto de bombardeio da Força Aérea e tinha milhares de horas de voo, como também participara de centenas de missões de combate. Ele possuía um pequeno Cessna e sempre fazia voos locais. Voei com ele uma vez, e alguns trechos do percurso foram angustiantes; decidi não repetir. Era bastante comum ele, a esposa e o cachorro voarem no Cessna até Williamsburg, Virginia, sua cidade natal e onde seus pais viviam.

Certa sexta-feira ele me falou: "Olá, chefe, vamos voar para Williamsburg. Estarei de volta no domingo; encontro você no trabalho, na segunda-feira". Poucas horas depois, recebi a notícia de que o avião havia sofrido um acidente, e ele, a esposa e o cachorro tinham morrido instantaneamente. Pelo que tudo indica, eles estavam fazendo a aproximação final para pousar no aeroporto municipal quando uma súbita corrente de ar ascendente empurrou violentamente uma das asas para cima, virando o avião de lado. Não houve tempo para correções, e o Cessna caiu na pista, explodindo em chamas. O pai dele estava sentado no carro, esperando para pegá-los, e testemunhou todo o acidente.

A notícia se espalhou rapidamente, e os degraus e as calçadas da frente da casa da família e suas cadeiras Adirondack ficaram logo cobertos de homenagens, flores, cartões e velas, um tributo que continuou chegando desde a noite da sexta-feira de sua morte, atravessando todo o final de semana, até a semana seguinte. Eu me lembro do choque e da tristeza que senti, um sentimento acompanhado da consciência da ironia da morte desse guerreiro que lutara em diversas guerras, fora atingido por tiros e matara outros soldados em combates aéreos, e acabara abatido em um acidente com seu pequeno Cessna quando estava prestes a aterrissar em um modesto aeroporto civil.

Fiz uma breve oração, dizendo a meu amigo e sua esposa que os amava e iria sentir sua falta. Depois, entrei em "modo comandante" – notificando as principais pessoas na cadeia de comando, transmitindo informações aos líderes e alunos em toda a NDU, obtendo informações acuradas no *site* da NDU, preparando uma declaração para a imprensa, e assim por diante. Entrei em contato com os filhos e pais sobreviventes; eles estavam em choque, sem dúvida, mas se sentiram reconfortados por nossa demonstração de solidariedade. Comuniquei às outras treze famílias de nossa rua – uma coleção de duas, três e quatro estrelas –, e convidei todos esses vizinhos a se reunirem no quintal do casal na hora do pôr do sol da sexta-feira, quando acendemos velas, rezamos e prestamos uma silenciosa homenagem aos Brown. Convidei-os a voltarem na próxima noite, sábado – o que eles fizeram –, e também na noite de domingo, na qual menos pessoas compareceram.

Na segunda-feira, informei aos alunos, professores e funcionários da NDU, bem como à Força Aérea, que, naquele dia, ao pôr do sol, realizaríamos um memorial informal e discreto no meu quintal, mas não quisemos incomodar os filhos, que haviam decidido ficar na casa dos pais para dar início a todo o trabalho pós-morte. Mais de cem pessoas compareceram para prestar homenagens aos Brown; foi bonito e comovente. No dia seguinte, terça-feira, a partir de algumas fotos emprestadas pelos filhos, mandei fazer seis ou sete pôsteres grandes do casal. Coloquei-os em cavaletes montados em locais especialmente escolhidos atrás da casa, perto do canal, para serem vistos e lembrados. Mais de cem pessoas lá estiveram.

Mantive essas homenagens durante o resto da semana – todas as noites ao pôr do sol. Apesar de ter diminuído o número de participantes, um vizinho, o meu amigo general Frank Grass, chefe do National Guard Bureau e membro do Estado-Maior Conjunto, apareceu no último dia de homenagens, na noite de sábado, e permaneceu ali durante horas, conversando com nosso filho, o sargento-mor Phil, que lutara recentemente com as forças especiais no Afeganistão e acabara de ser transferido de Okinawa. O interesse demonstrado pelo general Grass por Phil e suas recentes experiências táticas teve sobre ele um efeito profundamente positivo.

Maggie compareceu às homenagens nas duas primeiras noites, mas depois deixou de ir, o que me aborreceu. Ela alegou que já havia prestado seu tributo, que iria à cerimônia memorial oficial da NDU e, certamente, também iria ao funeral em Williamsburg; mas que isso já era suficiente; ela não precisava sair todas as noites para a "homenagem interminável". Minha esposa começou a me questionar: "Você está bem? Esse comportamento é muito estranho, incomum. Não é normal".

Realizamos uma cerimônia memorial durante nove noites seguidas, e eu estive lá em todos os minutos, respeitosamente envolvido. Pelo menos em minha mente transtornada pela bipolaridade, eu era o "líder solidário". Muito embora eu chorasse a perda de meus amigos e sentisse uma grande tristeza, esses eventos me enchiam de energia, motivação e satisfação – uma espécie de planejamento de ação para crises – e me faziam sentir mais importante. De novo, era minha mania em ação.

Para Maggie, "foi tudo muito exagerado. Uma noite teria bastado, talvez duas, mas não nove noites seguidas! Isso era realmente para o casal falecido ou na verdade tinha a ver apenas com você e seu ego? Você se divertiu organizando essas homenagens intermináveis, noite após noite, como o grande todo-poderoso e 'comandante do universo'". Olhando em retrospectiva, ela e eu acreditamos que esse incidente foi um exemplo de grandiosidade e intemperança levados às últimas consequências – características do transtorno bipolar. Meu amigo e ex-motorista, o SFC Bryan Alexander, acredita que esse acontecimento marcou um verdadeiro ponto de inflexão em minha crise na direção da mania total.

8
Martin enlouquecido

Enquanto estive na NDU, acabei convencido de que eu era um gênio na área de estudos de segurança internacional e que, por meio desses estudos, tinha a resposta para as questões relativas à paz e à segurança do mundo. Desenvolvi um plano que visava à criação de uma Global Security University (GSU) (Universidade de segurança global) de última geração, certo de que sua implantação era uma missão grandiosa atribuída a mim diretamente por Deus.

A ideia era alavancar os recursos existentes em termos de estruturas de segurança nacional, instituições superiores de ensino de guerra e formação de oficiais, academias e IF ao redor do mundo, conectando-os em uma vasta "rede de redes", com o uso de moderna tecnologia da informação (TI). Essas pessoas e organizações teriam então condições de atuar em tempo real e em todo o mundo, comunicando-se, colaborando entre si e planejando, com o objetivo de compreender e solucionar qualquer tipo de problema de segurança. E tudo isso poderia ser conseguido sem a necessidade de criar novas organizações, nem despender mais dinheiro.

Eu me considerava um destacado especialista nesse assunto e acreditava que iria mudar significativamente o mundo para melhor. Em todos os lugares, tentava vender essa ideia e recrutar alunos e professores para a GSU – do Pentágono e da NDU, das instituições superiores de ensino de guerra e universidades civis de vanguarda, de laboratórios de ideias, e também agentes graduados e empresas de segurança nacional, e até mesmo as garçonetes da cantina local que eu frequentava. Cheguei a tentar recrutar um guarda de segurança da NDU oriundo da Etiópia, bem como guerreiros da oração de minhas diferentes igrejas, em especial da igreja internacional.

Muitas pessoas, inclusive especialistas, consideraram brilhante o conceito, mas, em virtude de sua característica ambiciosa demais e dos aspectos políticos envolvidos em âmbito internacional, organizacional e burocrático, acreditavam que seria quase impossível sair do papel. Eu queria convencer o SECDEF a respaldar a GSU e me nomear reitor dela. Eu trabalharia diretamente ligado a ele e sem receber remuneração, vivendo dos vencimentos e benefícios de minha aposentadoria militar. A fim de melhorar as comunicações, eu desejava ter um gabinete próximo ao SECDEF no Pentágono; caso não fosse possível, eu trabalharia de minha casa. Se o DOD não pudesse fornecer suporte para minhas necessidades de TI, eu compraria os equipamentos e faria a manutenção deles com recursos próprios.

Também comecei a procurar no sudeste de Washington, especificamente no antigo complexo hospitalar St. Elizabeth, um imóvel para nele instalar a GSU, e pretendia adquirir a propriedade com nossas economias pessoais. (Ironicamente, o St. Elizabeth era um antigo hospital psiquiátrico.) Eu compraria uma casa que tivesse um espaço amplo, capaz de abrigar um escritório e uma sala de conferências. Eu imaginava que, uma vez criada a instituição, o apoio viria. A GSU seria a missão de minha vida após a aposentadoria do Exército. Quando conversei com Maggie sobre a provável aquisição do imóvel, ela opôs forte resistência e me convenceu a não comprar. Tive muita sorte por ter me livrado daquele potencial desastre financeiro – que teria sido nossa ruína.

A ideia da GSU estava também envolta por um marcante caráter de religiosidade. Em meu período de mania, comecei a idolatrar o apóstolo Paulo (o grande evangelizador da fé cristã no século I) e me imaginava seguindo os passos dele e dando continuidade a uma versão moderna de seu trabalho. Sem dúvida, tudo isso era decorrente de minha visão grandiosa de transformação da NDU e implantação da GSU, trabalho que eu entendia ser essencial para a paz mundial. Eu acreditava que Deus me colocara na NDU "em um momento como esse", como fizera com a Rainha Ester, conforme descrito no Antigo Testamento. Ele me concedera talento, experiência, relacionamentos e oportunidade para introduzir uma mudança transformadora e sem igual, a fim de incrementar a segurança nacional dos EUA e a paz mundial. Nós conseguiríamos isso por meio do aprimoramento dos padrões de educação, e também de compreensão, sabedoria, empatia, amizade, relacionamentos e redes conectando redes.

Intimamente relacionados com a GSU estavam meus esforços no sentido de expandir a NDU. Sem aprovação do escalão superior nem aumento do subsídio financeiro, lancei um novo plano por meio do qual admitimos alguns oficiais muito mais jovens – capitães e majores – para fazer parte do programa da NDU e obter o grau de mestre em estratégia. Embora um tanto controverso, tratava-se de um programa novo, criativo e abrangente, que era coerente em vários aspectos. No decorrer do tempo, ele aperfeiçoaria a formação de oficiais, bem como de líderes e, portanto, a segurança nacional.

No entanto, uma mudança programática como essa sempre exige análise e avaliação por parte do Pentágono, e aprovação da presidência do Estado-Maior Conjunto. Ignorei essas exigências e me dirigi diretamente aos oficiais de quatro estrelas, solicitando que identificassem seus melhores jovens oficiais para inscrição na iniciativa – uma atitude ultrajante. O presidente tomou conhecimento do programa por meio do filho de um amigo que fora admitido. Embora considerasse que havia méritos no projeto, ele não gostou de ficar sabendo dessa forma, tampouco da maneira como eu o colocara em andamento.

Na verdade, iniciamos esse novo programa sem qualquer tipo de aprovação. Mas ele acabou sendo eliminado um ano depois, porque havia drenado os escassos recursos da missão prioritária da NDU – formar oficiais seniores e não os dos níveis hierárquicos mais baixos. Fizemos esforços semelhantes na tentativa de implementar um programa de doutorado na NDU. Ele também era baseado em um conceito criativo com alguns benefícios valiosos decorrentes de uma educação de vanguarda, da formação de lideranças e de um aprimorado padrão de segurança nacional. Dessa vez o líder do empreendimento submeteu-o à apropriada deliberação burocrática, mas o programa foi rapidamente extinto no Pentágono, onde as autoridades consideraram que ele não atendia à finalidade de nossa missão existente e escoaria os recursos a ela destinados.

Língua solta e ego desmedido

Em maio de 2014, Maggie e eu comparecemos no meio da semana a um jantar de premiação organizado pela Business Executives for National Security (BENS). Nós participávamos semanalmente de eventos similares.

Minha esposa não apreciava muito esse tipo de celebração, mas eu adorava. A plateia era em geral formada por oficiais do alto escalão militar; bem como por líderes e funcionários do Congresso, da Casa Branca e de outras agências governamentais; por oficiais estrangeiros; executivos de empresas e oficiais-generais. Em geral, havia bebida à vontade, ótimos aperitivos, boa comida, conversas animadas com pessoas interessantes à mesa, um palestrante de alto nível e, depois, uma confraternização. As reuniões organizadas pela BENS eram eventos conhecidos destinados ao fomento de inter-relações, e todos desfrutavam da oportunidade de conversar com os generais. Nesse jantar em especial, aconteceu de Maggie e eu nos sentarmos a uma mesa na companhia de dez mulheres executivas, toda elas da mesma empresa.

Os organizadores dos eventos sempre tentavam colocar um general em cada mesa. As mulheres de nossa mesa se mostraram bastante interessadas em saber mais sobre as Forças Armadas, minha carreira, o ponto de vista de Maggie e sobre nossos filhos no Exército. Em seguida, mudaram de assunto e passaram para uma ampla discussão a respeito dos atuais problemas de segurança nacional, incluindo NDU, GSU e muito mais, temas sobre os quais eu tinha grande conhecimento. Eu me entusiasmei e falei sem parar com essas executivas. Na opinião de Maggie, eu estava falando demais, alto demais e agindo como um fanfarrão desagradável e metido a sabichão. Ela tentou fazer com que eu me contivesse. Meu cérebro pulsava à medida que eu bebia mais vinho e minha mania ganhava ímpeto; eu não queria ouvir o que Maggie dizia. Argumentei que o tema era parte essencial de meu trabalho como reitor da NDU e que eu tinha a responsabilidade de me envolver com as pessoas e elucidar para elas as questões relativas às Forças Armadas dos EUA e à segurança nacional. Pedi à minha esposa para se afastar e fazer o favor de não me atrapalhar.

Uma das mulheres me perguntou quem seria, na minha opinião, o próximo presidente do Estado-Maior Conjunto (o oficial militar de mais alta patente do país), e quem eu pensava que deveria ser. Embora não soubesse quem seria, eu respondi que conhecia vários dos quatro estrelas elegíveis e que diria a elas quem eu achava que deveria ser escolhido, e por quê. Comecei então um entusiástico monólogo, discorrendo sobre os principais concorrentes, suas relativas potencialidades e fraquezas, e descrevendo quem seria a melhor escolha para a missão. O quatro estrelas que eu recomendava era um fantástico guerreiro e líder estratégico, além de uma pessoa que, na minha opinião, não apenas gozaria de enorme credibilidade na Casa Branca, no Congresso e com os nossos aliados, como também inspiraria medo em nossos adversários ao redor do mundo.

As executivas ficaram encantadas e eu não pensei mais no assunto – não era a primeira vez que eu fazia esse mesmo monólogo, na esperança de que o alvo da minha aposta fosse o escolhido. Maggie e eu nos levantamos para sair e ela passou os trinta minutos seguintes tentando impedir que eu me enroscasse em mais conversas ao longo do caminho, e me arrastou porta afora. Eu estava em um estado de euforia natural produzida pelas substâncias químicas do cérebro e não conseguia parar de falar – um acontecimento frequente. Nós discutimos no trajeto até nossa casa sobre a necessidade de eu moderar minha retórica. Pedi a ela que fizesse o favor de não me embaraçar em público, interrompendo-me ou repreendendo-me; falei que ela poderia me fazer um sinal discreto para parar, como um chute por baixo da mesa. Acabamos nos entendendo. Ela foi estimulada por meu nível de maturidade e meu desejo de refrear o comportamento exagerado. A exemplo de outras tantas condutas, esse gesto sincero mascarou involuntariamente minha loucura.

Depois disso, Maggie e eu participamos da solenidade de formatura de um curso de seis semanas da NDU para novos oficiais graduados (generais e almirantes) de todo o conjunto das Forças Armadas. O orador foi um destacado quatro estrelas reformado, um antigo chefe do Estado-Maior da Força Aérea, que foi também presidente da BENS e anfitrião do evento da noite anterior. Eu o conhecia de suas visitas e conversas no AWC e na NDU, e nós mantínhamos uma boa relação. Antes do jantar, ele veio até minha mesa e perguntou discretamente se eu poderia sair um pouco para conversarmos. Imaginei que ele queria me dizer que eu estava fazendo um excelente trabalho na NDU e desejava se apresentar como voluntário para ajudar.

Ele me conduziu até um saguão amplo e então me encarou diretamente com uma expressão grave e pragmática. O general me falou sem rodeios sobre o quanto fora antiprofissional minha conduta no jantar da BENS. Ele declarou que gostaria de ter me interpelado na noite anterior, mas evitou fazer uma cena diante de seus convidados e de Maggie, e além disso tinha certeza de que se encontraria comigo no jantar de formatura desta noite. Segundo ele, parecendo estar sob influência de álcool, eu fora ruidoso, desagradável e falara sobre assuntos que não eram de minha alçada. Em especial, o general se mostrou extremamente aborrecido com minha conversa sobre o futuro presidente do Estado-Maior Conjunto, o que, na sua opinião, foi uma total quebra de protocolo e falta de profissionalismo e discrição. Ele chamou minha atenção para o fato de que a única pessoa no DOD autorizada a falar a respeito de um futuro presidente era o SECDEF, e que essa conversa se daria a portas fechadas, com uma única outra pessoa – o presidente.

Então, perguntou ele, por qual motivo eu faria o que fiz? Admiti com toda a sinceridade que não havia desculpas para minha atitude, que ela fora totalmente despropositada e que nada semelhante voltaria jamais a acontecer. Ele escutou com atenção, olhando-me direto nos olhos e ponderando o que deveria fazer em seguida. Balançando a cabeça em sinal de repulsa e descrença, ele classificou meu comportamento como desonroso para um oficial-general e declarou que estava fortemente inclinado a relatar minha conduta ao presidente e ao chefe do Estado-Maior do Exército – ambos colegas de quatro estrelas –, recomendando minha dispensa do comando da NDU.

Questionado sobre o que eu pensava do exposto, respondi: "Senhor, eu compreendo totalmente, e isso é, sem sombra de dúvida, o que eu mereço. Porém, se o senhor considerar todos os meus anos de serviço honrado, e me conceder, complacentemente, uma segunda chance, isso jamais voltará a acontecer e eu serei grato para sempre". Esse quatro estrelas reformado continuou me olhando diretamente nos olhos, ponderou com seriedade sua decisão e declarou: "Em virtude de quem você é, de tudo o que já fez no passado e de sua excelente reputação, não relatarei esse comportamento grotesco. Contudo, espero nunca mais voltar a ver nem ouvir qualquer coisa semelhante a essa. Estou sendo claro?". Eu respondi: "Sim senhor; nada disso jamais acontecerá novamente".

Ele retornou então ao salão de jantar e eu, ao contrário, saí para uma breve caminhada no hotel, fazendo uma respiração profunda, e disse algumas preces. Lembro-me de ter pensado: *Uau! Foi por um triz. Estive prestes a ver encerrada minha carreira e ser afastado da NDU. Que sorte eu tenho! O Senhor está claramente cuidando de mim e me protegeu para que eu possa continuar minha sagrada missão na NDU; agora um pouco mais sensato.* Diante da iminência de um desfecho tão grave, era notável minha calma e confiança; surpreendentemente, a ameaça não conseguiu me desconcertar. A mania me manteve anormalmente eufórico e animado enquanto eu demonstrava uma conduta ainda mais perigosa.

Quando chegamos em casa, contei a Maggie sobre a confrontação; e ela, apesar de estarrecida, não se surpreendeu. Minha esposa falou: "Bem, eu espero que você a entenda como uma veemente advertência e que a leve a sério e modifique seu comportamento. Será assim?". Eu respondi que sim, mas a realidade era que eu *não conseguia* modificar meu comportamento. Embora eu não tivesse consciência disso, minha mente operava como um trem desgovernado. Dia a dia, minha mania piorava, e não havia coisa alguma que eu tivesse condições de fazer para interromper esse processo. O transtorno bipolar é uma força da natureza capaz de destruir tudo o que toca.

Conferência da Otan na Romênia

Outro exemplo dramático desse trem desgovernado aconteceu quando Maggie e eu participamos da conferência anual para as universidades de defesa da Otan, em maio de 2014, na Romênia, uma ocasião em que eu passava por um estado de mania agudo. Esse evento por pouco não deixou de acontecer, pois eu estava fora de controle no sábado da viagem e nós quase perdemos o voo. Arrumei minhas malas naquela manhã e, perto do meio-dia, resolvi ir até a Cantina Marina, perto de casa, com dois de meus filhos e dois amigos deles do Exército. Meu plano era tomar uma cerveja, retornar para casa e pegar um táxi com minha esposa às 15 horas, para embarcarmos no voo noturno rumo à Europa.

Não demorou para que o plano fosse por água abaixo. Uma cerveja se converteu em duas, depois três, depois mais. Encontrei um indivíduo que vendia imóveis na região sudeste de Washington, e nós entramos em uma séria discussão. Ele tinha uma ideia perfeita sobre como instalar a GSU e sugeriu que fôssemos até a área para ele me mostrar algumas propriedades. Eu estava prestes a acompanhá-lo, mas um de meus filhos conseguiu impedir. Mergulhei então em uma longa conversa com o amigo dele do Exército e perdi a noção do tempo; por isso ele concordou em levar Maggie e eu até o aeroporto. Nós deveríamos ter saído naquele mesmo instante, mas continuamos conversando e bebendo mais cerveja.

Maggie tentara me ligar para me advertir a voltar logo para casa, pois tínhamos que ir para o aeroporto. Quando ela finalmente conseguiu, eu lhe disse que estávamos bem e que eu preferia pegar uma carona com o amigo de nosso filho em vez de tomar um táxi. Minha esposa entrou em pânico com a perspectiva de perdermos o voo. Meu filho conseguiu por fim nos tirar da Cantina e nos levar de volta para casa. Maggie estava furiosa, e o motorista paquistanês do táxi parado na frente de casa não escondia sua irritação por ter ficado esperando. Eu lhe paguei o valor total acrescido de uma generosa gorjeta e falei que meu amigo nos levaria, o que foi feito (felizmente não fomos parados, pois tenho certeza de que ele teria sido preso por dirigir embriagado). Chegamos a salvo ao aeroporto, mas foi por pouco que não perdemos o voo. Maggie estava exasperada e dizia não entender a razão de tanta irresponsabilidade.

Na Romênia, fui o "centro das atenções" durante toda a conferência, falando sem parar, convencido do brilhantismo de minhas ideias sobre a NDU, a GSU e outras questões da segurança internacional e europeia. Bebi bastante com meus colegas da Otan e fiquei acordado até tarde, socializando e, vez ou outra, convidando todos para visitarem a NDU e se hospedarem em nossa casa. (Nos períodos de mania, fiz muitos convites como esse, e diversas pessoas, inclusive estranhos que eu acabara de conhecer, levaram a sério.)

No fim da conferência, havia carros do lado de fora do centro de convenções para nos levar ao aeroporto. Em vez de entrar em um deles com Maggie, continuei a conversa com meus colegas, despedindo-me de cada um e abraçando-os, mesmo enquanto eles também tentavam ir embora. Voltei então minha atenção para a organizadora do evento, uma romena muito expressiva, na casa dos 40 anos, com cabelos em um vivo tom de laranja. Eu lhe contei tudo sobre a NDU e a GSU, tentei recrutá-la e a convidei para nos visitar em Washington – ela provavelmente tinha pouco interesse em tudo isso, pois estava ansiosa para fechar o local e prepará-lo para o próximo evento. Maggie tentava me levar embora, preocupada com a possibilidade de perdermos o voo, mas eu não parava de falar. Finalmente, entre Maggie, a romena e o homem assistente dela, fui empurrado para dentro do carro. Depois de atravessar correndo o aeroporto, nós mal tivemos tempo de embarcar no avião para casa.

Mais uma vez, Maggie ficou furiosa. Após assimilar sua ira, ainda no aeroporto, eu retruquei, dizendo, enraivecido, que ela "não entendia nada", que ela "devia ser parte das forças inimigas que desejavam me impedir de ir adiante" e que eu estava em uma missão delegada por Deus, uma missão da mais fundamental importância para a nação e para o mundo. Muito bravo, eu disse que precisava de seu apoio total, porque tudo o que eu fazia era por inspiração divina.

A exemplo de muitos episódios ocorridos no meio de uma mania aguda, esse incidente na Romênia me deixou eufórico e energizado – eu estava cumprindo minha missão e conquistando novos "convertidos". Porém, ficava ao mesmo tempo indignado com o fato de as pessoas (neste caso Maggie) não compreenderem o que eu estava tentando fazer e desejarem sabotar minha missão atribuída por Deus (e pelo presidente do Estado-Maior Conjunto).

Houve inúmeros incidentes como esse (provavelmente, bem mais de uma centena), relacionados a dezenas de questões distintas e com muitas pessoas diferentes. Para os indivíduos envolvidos, todos esses incidentes foram perturbadores, inquietantes e carentes de ponderação. Eles frequentemente percebiam que havia algo errado, mas não sabiam de que se tratava. Ninguém me dizia coisa alguma, e eu não procurava ajuda médica. Mesmo se Maggie ou os outros soubessem o que estava acontecendo comigo, não teriam conseguido me convencer a procurar ajuda. Infelizmente, o padrão típico do transtorno bipolar é deixar a mania seguir seu curso e depois permitir que o colapso e a depressão se instalem – quase sempre tendo como custo a destruição da carreira, do casamento, das relações familiares, da saúde, da liberdade pessoal e, até mesmo, da própria vida.

Agente de mudanças na NDU

Algumas realizações que eu protagonizei na NDU (e nas outras posições de comando que exerci como oficial-general – por exemplo, o AWC e o FLW) seguiram um padrão análogo ao empregado pelas forças dos EUA na concepção de uma metodologia mais efetiva para combater nas guerras do Iraque e do Afeganistão. Em vez de adotar o arcaico método de organização e operações lineares do tipo *stovepipe* (com limitações em termos de foco, funcionalidades e compartilhamento de dados), nós criamos uma metodologia com abrangência de "toda a NDU", uma abordagem segundo a qual as diversas organizações (cinco faculdades, um departamento de pesquisa, um centro de jogos de guerra, a biblioteca e o estado-maior) passaram a evoluir no sentido de um trabalho conjunto mediado por uma disciplinada e objetiva metodologia de comunicação, coordenação e colaboração. O desenvolvimento e uso de um cenário operacional comum e o compartilhamento prévio de informações e recursos foram fundamentais. O compartilhamento e o envio de informações e recursos passaram a ser a norma e não a exceção.

Embora esses conceitos e métodos tenham sido empregados pelas Forças Armadas dos EUA durante sua recente década de guerra, eles eram estranhos na NDU e em outras instituições acadêmicas. O estado-maior e o corpo docente me diziam: "General, nós simplesmente não fazemos as coisas dessa maneira na NDU". O fato de eu introduzir na instituição esses métodos consistentes e efetivos me fez passar a ser visto como um inovador e positivo agente de transformação. Nós iniciamos um movimento em que grupos da NDU apoiavam outros grupos e com eles colaboravam para o bem de si mesmos e da universidade como um todo. E a busca de maior exposição do nosso corpo docente e de nossos pesquisadores, tanto no âmbito da universidade como externamente, tornou-se cada vez mais importante. Nossos talentosos pesquisadores passaram a realizar palestras regulares nas faculdades, bem como a participar de conferências de mais prestígio e a assessorar o Pentágono e outras pessoas em posição de comando e agências de nível estratégico. O corpo docente e os pesquisadores apareciam com mais frequência no rádio e na televisão, informando a nação e o mundo sobre questões complexas relativas à segurança nacional e internacional. Em certa medida essa atividade sempre existiu na NDU, mas nós a expandimos significativamente.

Todas essas ideias nasceram de uma inspeção e análise feitas de baixo para cima entre todos os ambientes da universidade. Um perspicaz reitor civil, o Dr. Mike Bell, conduziu o abrangente processo de inspeção, priorizou ideias e recomendações e desenvolveu um plano de implementação que recebeu o nome de NDU 2020. Esse plano foi posteriormente incorporado a um documento de planejamento intitulado "Breakout: The Joint Education Transformation" (Ruptura: a transformação conjunta da educação) ou BOJET. Esse processo representou uma mudança transformacional de paradigma, pois muitas dessas pessoas e organizações da NDU não haviam trabalhado juntas antes, como também não desejavam trabalhar juntas agora e não viam razões para fazê-lo no futuro. Embora as forças dos EUA estivessem empregando, nas guerras que travaram durante uma década, uma "tática para todo o governo" – o que parece ser o senso comum –, a NDU, o AWC, o FLW e inúmeros outros grupos acadêmicos e institucionais das Forças Armadas dos EUA conseguiram, em grande medida, evitar essa mudança de paradigma. Eles estavam ainda profundamente arraigados em uma mentalidade da era industrial e da Guerra Fria.

Pouco tempo depois da implementação dessa nova metodologia, as equipes da NDU estavam realizando um trabalho melhor com menos recursos. Desde o verão de 2012 até o verão de 2013, esse trabalho construtivo foi incrementado pela ação de minha energia e meu entusiasmo, antes de eu entrar em estado de mania total.

A mania do Martin enlouquecido

Durante todo o período de mania aguda, eu costumava falar incessantemente, em ritmo acelerado e forçado, algumas vezes ao longo de várias horas, passando muito depressa de uma ideia grandiosa para outra, mas sem ter a menor consciência de estar me comportando dessa forma. Meu mentor no AWC, Bill Barko, relatou-me tempos depois que, em certa ocasião, eu falara com ele presencialmente durante oito horas sem parar e, outras vezes, de quatro a seis horas pelo telefone, pulando de um tema para o próximo, discorrendo sobre uma teoria paranoica após outra. Ele contou também que, em maio de 2014, eu transformei uma entrevista presencial de trinta minutos para o cargo de diretor na NDU em um monólogo sinuoso de quatro horas, que começou em meu gabinete, continuou enquanto caminhávamos pela orla e terminou finalmente na sala de estar de minha casa, onde ofereci uma cerveja ao candidato. No final do périplo, o entrevistado não tinha a menor ideia sobre o que eu estava falando. Meu mentor do AWC soube disso por intermédio do próprio candidato, que era amigo dele. Acontecimentos tresloucados como esse foram a norma no período de primavera e verão de 2014, e amplamente comentados em toda a NDU, bem como relatados anonimamente ao reitor e ao J7, à imprensa e também às diversas avaliações e investigações instauradas pelo general Dempsey.

Era total minha incapacidade para me ater às agendas – quase todos os meus eventos ultrapassavam o tempo previsto, fazendo com que eu estive permanentemente atrasado. No entanto, eu não me dava conta do problema ou não me abalava com ele. Foram sempre muito escassas minhas horas de sono – de nada a pouco mais de uma hora por noite – durante dias, semanas e mesmo meses de mania total, entre a primavera e o verão de 2014; isso era, ao mesmo tempo, sintoma e combustível de minha doença. Meu nível de energia e criatividade para promover e vender a NDU era impressionante – eu funcionava como uma fonte sem fim de "ideias grandiosas" e enviava dezenas de mensagens de texto e e-mails para centenas de pessoas dentro das Forças Armadas, do governo e da academia, todos os dias e a qualquer hora, especialmente tarde da noite e nas primeiras horas da manhã, quando eu não conseguia dormir. A apresentação de prospectos, vídeos e informes comerciais, bem como a venda de minhas ideias para uma sucessão contínua de especialistas e líderes influentes, eram eventos diários. A criação da moeda perfeita do comandante da NDU era minha maior obsessão; uma moeda que representaria o propósito essencial e cósmico da NDU, e de sua missão, por meio de um lema e um desenho impressos em uma moeda do tamanho de um dólar de prata. Dediquei a essa tarefa um número incontável de horas minhas e de meu estado-maior, como se a moeda perfeita fosse elevar a NDU a um nível completamente novo. Meu ajudante de ordens, o assistente administrativo e a equipe de apoio não conseguiam acompanhar meu ritmo e ficavam totalmente frustrados com minha permanente falta de disciplina, minha incapacidade de cumprir as agendas e minha atitude de quase total desconsideração pelo trabalho administrativo.

Eu vivia em constante movimento, percorrendo todo o *campus* e a parte interior dos diversos edifícios; reunia os principais líderes e realizava "reuniões em trânsito", que consistiam em uma caminhada em passo acelerado pelo *campus*, durante a qual discutíamos e resolvíamos problemas, algumas vezes debaixo do escaldante calor de Washington. Não tendo a menor condição de parar, eu praticamente não ficava em meu gabinete. Por esse motivo, estava sempre com o trabalho administrativo atrasado, deixando nas costas de outras pessoas a responsabilidade de completar o que faltava. Eu estava permanentemente atrasado para quase todos os compromissos.

Os únicos momentos em que eu permanecia quieto eram os do ritual matutino, quando eu subia na parte externa de uma janela do terceiro andar para me sentar no telhado de nossa casa, voltado para o leste, e assistia ao nascer do sol tomando café. Depois disso, eu passava para as orações, a leitura da Bíblia, as preces, a memorização das escrituras e a meditação. Esse ritual costumava durar mais de uma hora, após o que eu subia de volta pela janela e me entregava a um vigoroso treinamento físico. Mais de uma vez, quase caí do telhado, mal conseguindo me segurar antes de escorregar pela borda. Algumas vezes perdi canecas de café e meus materiais de leitura, que resvalaram pelo escorregadio telhado de ardósia e se espatifaram no chão. Por sorte ninguém se feriu lá embaixo, mas suspeito que, em seu caminho para o trabalho, alguns alunos, funcionários e membros do corpo docente devem ter me visto em cima do telhado, uma cena estranha de observar. Ao tomar conhecimento dessa prática, Maggie denominou-a "insanidade" e exigiu que eu parasse com isso.

Na primavera de 2014, meu hábito rotineiro era visitar as pessoas, sem comunicação anterior, e passar horas falando sobre a transformação da NDU e a criação da GSU. Eu também entrava sem prévio aviso em aulas, seminários, palestras e reuniões. Nessas ocasiões, eu assumia o comando, mudava o assunto para a transformação da NDU e a GSU e dominava a discussão. Tudo estava relacionado com o objetivo de vender minhas ideias, conquistar novos adeptos e criar um exército de seguidores. Implementei uma "sala de guerra" para acompanhar o avanço de nossos esforços de transformação da NDU e sincronizar esses esforços. Apesar de ser uma valiosa técnica de gestão, o conceito de sala de guerra era estranho à cultura da universidade e foi rejeitado por ela. Meu comportamento adquirira então um caráter bizarro, perturbador e tóxico. Uma das faculdades colocou um sentinela na entrada do edifício, pediu que seu comandante fosse ao meu encontro, limitasse ou postergasse meu acesso e controlasse os danos.

Algumas vezes, vivi a experiência de alucinações estranhas, nas quais o rosto de alguns de meus oponentes burocráticos, que opunham resistência às mudanças institucionais, transformava-se no rosto de criaturas insidiosas como cobras e ratazanas. Ao mesmo tempo, enquanto estive na NDU, às vezes eu "tinha visões, ouvia o som e sentia o cheiro" de explosões, incêndios e cadáveres, período durante o qual a aparência de meus oponentes se convertia em guerrilheiros e combatentes terroristas que me atacavam. Eu os vislumbrava investindo contra as forças americanas nos campos de batalha do Iraque, em 2003, e via neles os combatentes Fedayeen Saddam que lutaram ferozmente contra nós no vale inferior do rio Eufrates durante o avanço inicial em direção a Bagdá. Hoje entendo que eu acreditava que esses combatentes me atacavam na NDU, sujeitando-me a um perigo muito grande. Descrevi esses episódios para vários psiquiatras, mas eles os avaliaram como um mero evento moderado de TEPT.

Álcool

Eu bebia demais, um hábito em alguma medida herdado de minha família (o pai de meu pai, Tom Martin, era alcoolista). A mania aumentava meu desejo de beber, portanto eu bebia mais e o álcool agia como combustível para a mania, que, por sua vez, me levava a beber ainda mais. Havia aí uma mistura doentia que rapidamente entrava em uma espiral e agravava minha mania. Em casa, à noite, eu frequentemente bebia uma ou duas cervejas ao chegar do trabalho; depois saía para minha segunda sessão de treinamento físico (eu me exercitava de manhã e à noite); voltava então para casa e bebia uma ou duas doses de gim-tônica e talvez outra cerveja; e depois comia. Em geral, eu convidava outras pessoas para me acompanharem e falava durante horas sobre a transformação da NDU e a GSU. Nós traçávamos estratégias capazes de nos levar a persuadir ou derrotar a resistência. Por fim, eu fumava charutos e tomava umas doses de uísque antes de encerrar a noite.

É provável que o álcool também produzisse um efeito adverso sobre meu padrão de sono. Eu tinha dificuldade para dormir e, com frequência, ia para fora tarde da noite, fazia corridas de bicicleta ou caminhadas em passo acelerado ao redor do *campus* da NDU, entrando nos diversos edifícios, observando arte e artefatos, conversando com os seguranças noturnos e usando os equipamentos de musculação e ginástica. Durante essas atividades diversionistas, eu enviava um número incontável de mensagens de texto e e-mails para divulgar as boas notícias sobre a transformação da NDU e a GSU.

Meu temperamento foi ficando cada vez mais irritadiço e volátil, e comecei a encarar como inimigo qualquer pessoa que não me apoiasse na minha cruzada para a "transformação da NDU em nome do presidente". As explosões de raiva se tornaram mais intensas e frequentes, mesmo contra pessoas que tentavam me dar um *feedback* construtivo, visando me fazer pensar com mais clareza, desacelerar e relaxar. Eu estava completamente fora de controle.

Formatura de Conor na faculdade

Em maio de 2014, ocasião em que eu estava em estado de mania aguda, nosso filho caçula, Conor, completou sua jornada de sete anos de faculdade e recebeu o diploma de bacharel na Corcoran School of Art and Design, em Washington. Nós estávamos muito orgulhosos e recebemos muitos amigos e familiares na cidade para compartilhar conosco esse momento especial. Antes da solenidade, fizemos em nossa casa uma pequena reunião de familiares e amigos próximos, providenciamos para que todos tivessem transporte e nos preparamos para percorrer os cerca de seis quilômetros até o centro e participar da cerimônia.

De repente, senti a extrema urgência de ir de bicicleta, e entreguei meu blazer azul para Maggie segurar. Então saí pedalando, abdicando da responsabilidade de levar de carro os familiares até a escola. Todos foram obrigados a se adaptar à minha impulsiva irresponsabilidade. Além disso, era um tremendo desafio chegar ao destino por causa do problemático tráfego de Washington e da dificuldade de encontrar vagas para estacionar. Por sorte, Bill Barko estava presente para ajudar a conduzir o carro da família.

Pedalei em ritmo acelerado até a escola e entrei com a bicicleta no edifício, porque esquecera o meu cadeado. Encharcado de suor em decorrência do esforço físico e do calor de Washington, caminhei de um lado para o outro ao longo da fila de formandos, cumprimentando todos com abraços e toques de mãos, embora mal conhecesse qualquer um deles. Finalmente, entrei no auditório, localizei Maggie e os familiares – que não faziam a menor ideia de onde eu estava – e fui a passos largos me juntar a eles. Fui socando o ar com os punhos cerrados, dando tapinhas no peito dos formandos, saltitando como um macaco, fazendo piruetas e dando gritos de guerra em voz alta e entusiástica, o que teria sido apropriado para um rito de treinamento ou de premiação do Exército, mas nunca para uma solenidade de formatura de faculdade.

Durante toda a cerimônia, e após a apresentação de cada orador, eu gritava e aplaudia descontroladamente, pulando e socando o ar. Quando Conor atravessou o palco e recebeu seu diploma, dei um salto e desci pelo corredor para encontrar com ele. Fui rodopiando pelo caminho e lhe dei um entusiástico soco no peito e um abraço de urso, sempre aplaudindo desenfreadamente. No fim da solenidade, permaneci lá e conversei com os alunos, o corpo docente e todos aqueles que se mostraram dispostos a me ouvir. Eu deveria ter saído prontamente, ido embora para casa e ajudado na festa de formatura que tínhamos organizado.

Já havia muitos convidados para nossa festa, mas eu continuei fazendo outros convites – vizinhos, colegas da NDU, amigos da igreja, pessoas que acabara de conhecer na formatura e outras que encontrei ao longo de meu percurso de bicicleta na volta para casa. Antes que déssemos conta, havia o dobro do número original de convidados. Maggie ficou exasperada. Por sorte, tínhamos comida suficiente e um quintal grande e espaçoso; portanto, tudo correu bem. Eu estava me sentindo radiante e falava com todo mundo. Posteriormente, meu filho me disse que eu transformara sua festa de formatura em um evento da NDU/GSU, um comportamento que se tornara característico em mim.

Meses mais tarde, depois de eu ter sido diagnosticado com transtorno bipolar, Barko me contou que vira o sinal vermelho acender no momento em que ele presenciou meu comportamento naquele dia. Ele percebeu então que provavelmente eu sofria de transtorno bipolar. Contudo, mesmo que Barko tivesse tentado me refrear naquela ocasião, é provável que não tivesse conseguido. Eu não teria dado crédito a ele e, em vez disso, poderia tê-lo acusado de ser meu inimigo e ter passado para o lado da resistência.

9
Insanidade à base de esteroides

Em junho de 2014, no mesmo dia da formatura na NDU aconteceria a formatura de meu filho do meio, Patrick, depois dos dois anos do extenuante *Qualification Course (Q Course)* das forças especiais do Exército, em Fort Bragg, Carolina do Norte, ocasião em que ele seria agraciado com a tão cobiçada Boina Verde. Embora se esperasse que a decisão de participar da formatura dele fosse muito fácil, eu me angustiei durante meses. Eu gostaria verdadeiramente de tomar parte no evento da NDU, um momento em que eu teria oportunidade de subir no palco e discursar para uma numerosa plateia sobre liderança, segurança nacional e internacional, inovação, criatividade, os 5F: fé, família, preparo físico, amigos e diversão (em inglês: *faith, family, fitness, friends, fun*) e, sem dúvida, a transformação da NDU e a GSU. Eu queria apertar a mão de todos os formandos, dar abraços e conversar com cada uma das pessoas que eu conseguisse. Porém, eu desejava também estar presente na formatura de Patrick. Fiquei dividido entre os dois eventos e, após muita agonia, acabei decidindo por abrir mão da cerimônia da NDU e ir à formatura de meu filho, uma decisão que deveria ter sido fácil, por ser claramente a coisa certa a fazer. A hesitação era um reflexo de minha bipolaridade.

Recebi permissão para deixar de comparecer ao evento da NDU e escrevi para os formandos uma mensagem que foi incluída no programa oficial. Um tempo depois, antes de ser afastado da reitoria da escola, fui confrontado com essa nota por um importante oficial graduado que estava realizando uma avaliação da NDU a pedido do presidente do

Estado-Maior Conjunto. A nota havia claramente sido objeto de certa desaprovação. Esse oficial colocou o texto diante de mim, encarou-me, erguendo a sobrancelha, e não disse uma palavra sequer. Não havia necessidade.

Por favor, leia na página seguinte o texto de minha mensagem, que foi impresso (com todas as anotações feitas à mão) no programa oficial da formatura; e faça sua avaliação. Isso é atitude de uma pessoa "normal" e mentalmente saudável?

Os melhores planos...

Este era nosso plano: deixar a NDU por volta de 9 horas, para uma viagem de carro de cinco horas; encontrar nosso filho e seus amigos na casa dele para um churrasco comemorativo no final da tarde; fazer o *check-in* na hospedagem de Fort Bragg antes do anoitecer; ter uma noite tranquila e uma manhã descontraída; visitar o museu das forças especiais; participar da cerimônia de formatura; e sair para jantar depois. No dia seguinte, nós faríamos um percurso de carro de várias horas até Outer Banks com o intuito de ter um dia de pesca em mar aberto, o que era um presente de formatura para Patrick, e passaríamos lá algumas noites, a fim de nos divertirmos em família – um plano formidável quase arruinado por causa de minha mania.

Na manhã de nossa partida, eu estava concluindo uma sessão de treinamento físico quando cruzei com o presidente do conselho da NDU Foundation, Al Zimmerman. Nós éramos amigos e conversamos durante alguns minutos. Ele sabia que eu estava indo para Fort Bragg e precisava sair cedo, portanto a reunião do conselho programada para aquele dia não fazia parte de minha agenda. Mesmo assim, ele disse: "O conselho vai se reunir agora e gostaria muito de ouvir você, nem que seja apenas por cinco ou dez minutos. Pode ser com suas roupas de treinamento. O que você acha?". Meu horário estava apertado em virtude da partida programada para as 9 horas, mas eu não podia recusar, já que desejava conquistar mais apóstolos para meus programas.

Nós atravessamos o *campus* e entramos na ampla sala de reuniões onde estava reunido o conselho – eu ainda com roupas de treinamento, e os membros do conselho em trajes executivos. O relógio marcava cerca de 7h50. Peguei uma xícara de café e cumprimentei amistosamente os presentes. O presidente iniciou a reunião às 8 horas em ponto, fez lembrar aos conselheiros que eu precisava partir em pouco tempo para Fort Bragg e cedeu-me o púlpito a fim de que eu dirigisse algumas breves palavras ao grupo.

Companheiros da NDU, familiares e amigos:

Eu os cumprimento e agradeço por serem quem são e por tudo que fizeram para poderem estar aqui no dia de hoje. Aproveitem e saboreiem esse dia mágico. Comemorem e permaneçam juntos nesse *campus* magnífico. Percorram os espaços e se inspirem. Visitem as salas de seminários, aprendam com as excelentes exibições e imaginem como foi para as legiões de formandos da NDU que aqui estiveram antes de vocês e que criaram os alicerces daquilo de que hoje usufruímos. Dediquem um tempo para fazer uma pausa e refletir sobre os perfis e retratos dos líderes estratégicos verdadeiramente grandiosos e célebres, e tenham a certeza de que eles foram orientados, acreditados e inspirados por pessoas exatamente como vocês. Muito do que esses líderes apresentaram em termos de ideias, conceitos e planos foi idealizado, criado e implementado pelos formandos da NDU e por redes de formandos iguais a vocês.

Estejam prontos para embarcar hoje na segunda metade de sua jornada de serviço militar profissional. Essa será a mais complexa, desafiadora e importante missão de sua vida. Nós precisamos de vocês em sua melhor forma – aprendendo, desenvolvendo e "descobrindo" maneiras de solucionar problemas mais complexos de formas mais novas e inovadoras, com menor apropriação de dólares e recursos. Todos nós contamos com vocês para que se tornem líderes sábios, com extrema força de caráter, que sejam apaixonados pela missão e o propósito de sua vocação e de nossa carreira na segurança nacional.

Quando vocês deixarem hoje o espaço físico da NDU, saibam que são parte integrante de uma "Rede de Redes" em âmbito global, uma estrutura que existe para idealizar, criar e garantir uma paz mais robusta, adequada e resiliente.

Sejam grandes. Promovam coisas notáveis. Façam com que sua vida seja importante.

Com a maior admiração e o maior respeito,

Gregg F. Martin, Doutor
Major-general, Exército dos EUA
14º Reitor

P.S. Maggie e eu nos rejubilamos com vocês nesse dia especial na NDU... Embora estejamos partindo em licença pessoal para Fort Bragg, NC, permanecemos com vocês em mente, espírito e intenção. Compartilhem de nossa alegria hoje, ao celebrarmos a formatura de nosso filho Patrick no *Qualification Course* das forças especiais do Exército dos EUA, ocasião em que ele também será reconhecido como Boina Verde. De Oppresso Liber...

E, lembrem-se sempre:
– deem preferência às "nozes" – sempre há espaço para o "arroz";
– reservem tempo para "afiar seu machado";
– "explorem o espaço" – "mais campanhas" → divirtam-se!
e aproveitem a vida... ☺

... líderes de sabedoria, caráter e força

Comecei a falar e perdi a noção do tempo. No final, o presidente teve que me afastar do microfone e anunciar um intervalo. Mesmo assim eu não saí da sala; em vez disso, fiquei conversando com os conselheiros durante todo o intervalo. Depois de uma hora, o presidente conseguiu finalmente me tirar da sala. Já passava das 9 horas (o horário programado para nossa partida), mas eu estava alheio a isso. Após deixar a reunião do conselho, perambulei pelo edifício principal da NDU, ainda com roupas de treinamento, entrando nas salas de aula, nas palestras e reuniões, interrompendo as atividades em andamento para apresentar minhas ideias sobre a transformação da NDU e a GSU. Voltei para os corredores, onde fui parando alunos, professores, pesquisadores e visitantes, para lhes falar das minhas ideias, contar a história da NDU e do Fort McNair ou convidá-los para uma caminhada guiada através do *campus*. Eu deixara meu telefone celular em casa e não sabia se haviam se passado minutos ou horas. Em certo momento, meu ajudante de ordens, o tenente da Marinha Matt Starr, conseguiu me localizar e falou: "Senhor, estou aflito tentando encontrá-lo! Maggie está em pânico e procurando entrar em contato com o senhor! Vocês deveriam ter partido para Fort Bragg há horas. Preciso levá-lo para casa, AGORA!".

Voltei correndo para minha casa, que ficava a menos de 400 metros dali. Encontrei Maggie enfurecida, e meu filho caçula, Conor, e minha mãe (que estava nos visitando) muito aborrecidos com meu comportamento irresponsável. Já eram 16 horas e eu tinha arruinado toda a programação. Maggie gritou a plenos pulmões: "ENTRE NO CARRO, JÁ! NÓS DEVERÍAMOS TER IDO EMBORA SEM VOCÊ!". Eu retruquei: "Mas preciso arrumar a mala e comer". Ao que ela respondeu: "O ajudante de ordens e eu jogamos algumas peças de roupas em uma mala para você, e nós temos comida no carro. Vamos sair AGORA. Entre no carro!".

Conor foi dirigindo e, como era de esperar, ficamos presos no tráfego do horário de pico em Washington. Além disso, havia obras de manutenção ao longo da I-95. Aquela que deveria ter sido uma viagem de cinco horas, tivéssemos nós partido de manhã, transformou-se em um trajeto de sete horas. Todos queriam saber onde eu estivera e por que tinha agido como um idiota egoísta. Tentei explicar, mas minhas explicações não faziam sentido para eles, o que me deixou frustrado e irritado. "Vocês simplesmente não entendem quão importante é minha missão; o que estou tentando fazer para o presidente e para Deus. Eu preciso que vocês me apoiem em vez de me atacar."

Durante a viagem, enviei freneticamente e-mails e mensagens de texto, e também fiz ligações. Uma dessas ligações, com nosso representante de seguros, deve ter durado mais de uma hora, pois eu contestei seus pressupostos e cálculos, bem como as políticas de sua empresa. Maggie tentava me fazer desligar o telefone, mas eu persisti. Então, fui desconectado, porque a bateria do celular acabou e o carregador do carro não estava funcionando. Tornei-me agressivo e teimei para que saíssemos da rodovia e fôssemos a uma loja onde eu pudesse comprar um novo carregador. Por sorte, encontramos uma parada de descanso na rodovia, na qual havia um posto de gasolina e uma loja de conveniência. Entrei apressado, comprei um novo carregador e meu telefone voltou a funcionar.

Continuamos a viagem e, subitamente, tive um ataque de pânico. Afundei no assento e meu corpo inteiro começou a se contorcer com fortes espasmos, convulsões e ataques repentinos. Meus olhos reviravam, braços e pernas se agitavam descontroladamente, eu gritava palavras incoerentes e repetia orações em voz alta e em línguas desconhecidas. Permaneci nesse estado por cerca de meia hora. Isso nunca acontecera antes e não voltou a acontecer desde então. Minha esposa e meu filho ficaram muito assustados e queriam me levar a um hospital. Como comecei a voltar ao normal, contestei: "Não! Nada de hospital! Nós precisamos chegar a Fort Bragg! Vamos em frente!". E assim foi. Minha mãe estava chocada e muda. Conor falou com veemência: "O papai precisa ser sedado, colocado em uma camisa de força e trancado em uma ala psiquiátrica!".

Logo em seguida, tivemos que diminuir a velocidade e ficamos presos no engarrafamento por causa das obras na I-95. A pista da extrema esquerda foi aberta como pista de emergência para facilitar a circulação dos equipamentos de construção. Eu disse a Maggie, que agora estava dirigindo, para entrar na faixa da esquerda a fim de ultrapassar todo o congestionamento. Ela respondeu: "Não, isso é ilegal". E eu retruquei: "Não me importo se é ilegal; faça o que estou dizendo!". Maggie rebateu e tentou argumentar comigo: "Não! Transitar por aquela faixa não só é ilegal como também a polícia pode nos parar, aplicar uma multa pesada e daí chegaremos ainda mais tarde e também ficaremos mais pobres. Não, eu não vou fazer isso!". Argumentei então: "Eu digo ao policial que sou um general a caminho de um importante evento do Exército em Fort Bragg e estou atrasado". Meus desejos não prevaleceram e nós fomos nos deslocando lentamente no trânsito por mais algum tempo. Voltei imediatamente para meu telefone e enviei mais e-mails e mensagens de texto sobre a NDU.

Finalmente, chegamos à casa de Patrick, em Fayetteville, Carolina do Norte, por volta de 23 horas, muito tempo depois de seu churrasco ter terminado e seus amigos das forças especiais terem partido. Ele ficou feliz de nos ver, mas estava visivelmente desapontado por termos perdido sua festa. Após esquentarmos no micro-ondas e comermos os hambúrgueres que ele guardara para nós, Patrick nos mostrou sua casa. Em um dos quartos havia uma bicicleta ergométrica, na qual sentei e fiquei pedalando freneticamente até irmos embora, uns trinta minutos mais tarde, irritando ainda mais nosso filho. Pat perguntou a Maggie e Conor: "Que diabos está acontecendo com o papai? Ele enlouqueceu?". Conor respondeu: "Ele está frenético". Os dois se olharam, olharam para mim e disseram: "Frenético Gregg". Daquele momento em diante, eles passaram a me chamar de "Frenético Gregg".

Fomos embora da casa de Pat por volta de meia-noite e nos dirigimos até o alojamento para visitantes na extensa base militar de Fort Bragg, onde entrei para fazer o *check-in*.

A mulher na recepção se mostrou amistosa e nós nos pusemos a conversar sobre igreja e religião. Quando chegamos em nosso quarto, pedi a Maggie para preencher um polpudo cheque como doação para a igreja da recepcionista. Ela reagiu: "Você ficou louco? Não vou fazer doação alguma para a igreja daquela senhora!"; e segurou com firmeza o talão de cheques.

Finalmente, todos se instalaram para ir deitar. Mas eu não consegui pegar no sono e, de repente, senti urgente necessidade de sair para fazer uma caminhada. Eu vi que havia recebido mensagens de texto e de voz do "irmão do EMAW" e devotado guerreiro da oração Mark Benz, um ex-soldado de infantaria no Vietnã e, mais tarde, capelão do Exército. Mark se tornara meu guia espiritual. Em sua mensagem, dizia-se preocupado comigo e pedia que eu ligasse para ele independentemente da hora. Portanto, liguei por volta de uma da madrugada e nós conversamos e rezamos durante pelo menos uma hora, enquanto eu caminhava em ritmo frenético ao redor de Fort Bragg, transpirando demais e fazendo minha terceira sessão de exercícios do dia. Retornei para o alojamento depois das duas da manhã e fui para a cama, mas não consegui dormi. Como sempre, eu estava transbordando energia.

Enquanto Maggie, Conor e minha mãe dormiam na manhã seguinte, tentando se recuperar da insanidade do dia anterior, eu já estava em pé antes do amanhecer, andando novamente, dessa vez para o ginásio, onde levantei pesos e me exercitei intensamente no aparelho elíptico. O dia da formatura foi tranquilo e agradável. Não cometi ações ultrajantes, perturbadoras ou embaraçosas contra ninguém. Nós tivemos um café da manhã sereno, embora minha família ainda estivesse em estado de choque por causa dos eventos do dia anterior. Visitamos o museu das forças especiais, almoçamos e depois fomos para a cerimônia de formatura.

Patrick cresceu no Exército, formou-se em West Point, serviu no Afeganistão como líder do pelotão de infantaria e depois entrou como voluntário nas forças especiais para se tornar um Boina Verde do Exército – desde então, ele foi mobilizado inúmeras vezes, inclusive em três ocasiões para a África. Essa formatura era o clímax de um intenso *Q Course* de dois anos nas forças especiais. Quando os formandos atravessaram o palco para receber o seu "diploma", eles receberam a tão cobiçada Boina Verde, que todos vestiram com orgulho antes de fazer uma saudação e sair do palco.

Viagem de pescaria

Dei para Patrick como presente de formatura uma viagem de alguns dias para uma pescaria em mar aberto nos Outer Banks da região costeira da Carolina do Norte, incluindo hospedagem e refeições – também fazia parte do pacote a companhia de um amigo dele. Patrick pesquisou e reservou a hospedagem e a excursão de pesca. Era uma viagem de carro de três a quatro horas, de Fort Bragg até a cidade, incluindo uma travessia de balsa. Eu me lembro de estar sentado no deque superior da balsa, aproveitando o sol quente e brilhante, as nuvens fantásticas, o céu azul e a intensa brisa do oceano. A exemplo do que aconteceu em minha experiência no Domingo de Pentecostes, era como se eu visse uma espécie de caleidoscópio cósmico gigantesco que me fascinou e me fez entrar em estado de transe. Eu me sentia levitando nas alturas e observando a balsa embaixo, à medida que ela se movimentava através da água. A experiência toda foi bela. Eu estava em êxtase, voando alto como uma pipa.

Nós fomos até a casa sem qualquer incidente, e depois nos aprontamos para sair e jantar, antes de uma verificação preliminar do barco de pesca em preparação para o dia seguinte. Todos queriam ir de carro até o restaurante, que ficava a cerca de 1.500 metros de distância, mas eu teimei que iria caminhando. Falei que fossem na frente e pedissem qualquer coisa que me agradaria mais na opinião deles. Eu os encontraria lá logo em seguida. Logicamente, verifiquei as mensagens no meu telefone e decidi fazer algumas ligações "importantes". Peguei o celular e fui falando e caminhando por bem mais de uma hora. Uma chamada "de extrema relevância" foi com um talentoso oficial júnior que eu considerava perfeito para nosso novo programa de pós-graduação na NDU. Mais uma vez, ignorei o tempo até me dar conta, de repente, de que estava muito atrasado para o jantar. Todos já tinham terminado quando cheguei, e meu jantar estava frio sobre a mesa. Novamente, minha família se aborreceu e não conseguia entender o que estava errado comigo.

Na manhã seguinte, nós nos levantamos antes do nascer do sol. Tudo foi fantástico: café, desjejum, sanduíches e petiscos, cerveja e um belo passeio de barco até alguns dos excelentes locais de pesca. Nós passamos um dia magnífico no mar, pescamos a quantidade máxima permitida de dourado-do-mar e retornamos para a praia. Depois de ancorar, o capitão do barco levou para limpar e cortar em filés os peixes que pescamos. De repente, lembrei-me de que meus amigos da igreja internacional haviam pedido para eu levar as carcaças dos peixes para eles prepararem o tradicional ensopado coreano de peixe. Pedi ao capitão para não jogar fora as carcaças, e sim guardá-las para mim. Entrei na lojinha que havia nas proximidades e comprei a maior caixa de isopor que encontrei, para assim armazenar as carcaças e transportá-las de volta para Washington no dia seguinte.

Patrick ficou perplexo: "Que diabos você está fazendo? Nós não vamos ficar com as carcaças. Elas são horrendas e nauseantes! O que há com você?". Eu expliquei que meus amigos da igreja internacional contaram que as carcaças ficam com muita carne grudada e têm um rico sabor. Por isso, pediram que eu as levasse para eles prepararem seu ensopado. Pat ficou indignado e desconcertado, e disse para o capitão ignorar meu pedido. Eu, por minha vez, fiquei furioso e convenci o capitão a fazer o que pedira; como eu iria pagar, ele atendeu ao meu apelo. Nós voltamos para casa com um isopor cheio de filés perfeitos, e outro repleto de carcaças de dourado-do-mar.

Ao chegarmos em casa, Pat embalou cada filé em um saco de plástico com fecho e retirou todo o ar. Mas, naquele momento, não consegui deixar de me envolver. Eu achava que ele não estava fazendo pressão suficiente para tirar todo o ar dos pacotinhos. Pat se levantou e saiu, dizendo: "Faça você então". Ele fez os grelhados, e nosso jantar de dourado-do-mar fresco ficou delicioso. O resto da noite foi agradável e sem intercorrências.

No dia seguinte, tomamos o café da manhã, saímos para uma agradável caminhada na praia, fomos explorar a cidade, arrumamos as malas, almoçamos e partimos. Meus amigos da igreja internacional ficaram muito felizes ao saber que eu estava levando as carcaças para eles, e combinamos um ponto de encontro em nosso trajeto para casa. Nós os encontramos no início da noite, e eles prometeram partilhar conosco o ensopado quando estivesse pronto. Eu dei também para eles alguns filés.

Essa viagem em família para comemorar a formatura de nosso filho passou muito perto de se transformar em completo desastre. O transtorno bipolar é a doença mais efetiva que conheço para destruir relacionamentos, famílias e casamentos.

10
O funeral do vovô Joe e a "rebelião" na NDU

O pai de Maggie, coronel Joe Ryan (reformado), faleceu em 4 de julho de 2013. Logo em seguida, houve um funeral na igreja, em Indiana, mas foi preciso esperarmos um ano, até julho de 2014, para sepultar suas cinzas, com todas as honras militares, no Cemitério Nacional de Arlington (ANC, na sigla em inglês), ao lado de sua amada esposa, Delores. De acordo com minha esposa, tive surtos bizarros e explosivos no relacionamento com diversas pessoas, por diferentes motivos, durante os dias que cercaram o funeral de 2013, inclusive com o uso de linguagem chula, o que era completamente estranho em mim. Ela não conseguia entender essa conduta, pois não tinha o menor cabimento e era alheia à minha personalidade normal, que sempre foi ponderada, calma, alegre e, em geral, gentil. Infelizmente, esses acessos imprevisíveis se tornaram mais comuns e uma marca registrada de meu transtorno bipolar, em especial nos períodos de mania em que eu não estava eufórico e freneticamente efervescente. Eu costumava passar da euforia à frustração e agitação, e depois, para um estado de raiva e fúria incontroláveis.

Um ano mais tarde, em julho de 2014, no auge de meu estado maníaco, nós realizamos o sepultamento no ANC. Muitos amigos e familiares foram até Washington para a cerimônia, bem como para as festividades do Quatro de Julho. As atividades nesse período incluíam um piquenique de boas-vindas para os IF recém-chegados à NDU, um piquenique em nossa casa, enquanto assistíamos em nosso quintal à exibição de fogos de artifício, além de um jogo de beisebol profissional do Washington

Nationals, uma missa fúnebre em nosso quintal, o funeral em si e uma recepção pós-sepultamento na Cantina Marina, um restaurante local ao ar livre. Tratava-se de um final de semana agitado, com ingredientes de solenidade e diversão associando fé, família e amigos.

O primeiro grande evento foi o piquenique do IF, depois do qual ocorreu outro piquenique, dessa vez em nossa casa, a algumas centenas de metros de distância. Os dois acontecimentos serviram de combustível para minha mania, que atingiu um grau extremo – meus níveis de energia, entusiasmo e extroversão dispararam como um foguete. Na preparação para a comemoração, eu memorizei – por reconhecimento facial e localização geográfica do país – o primeiro nome de todos os IF e sabia enumerar mais de uma centena de indivíduos. Saudei todos eles e fui capaz de dizer seu nome e o país de origem, simplesmente olhando para o rosto de cada um, mesmo tendo sido essa a primeira vez que os encontrava. As pessoas ficaram muito impressionadas com esse feito. Falei sem parar com todos e sobre todas as coisas. A exemplo de eventos anteriores, continuei convidando mais gente para o piquenique de nossa família e para assistirem conosco à queima de fogos. Foram momentos de intensa satisfação, e, no final, minha energia atingira um nível mais elevado do que nunca. Conforme aconteceu em outros tantos eventos, bebi demais, o que alimentou minha mania.

O segundo grande acontecimento foi o jogo de beisebol do Nationals. Consegui quatro ótimos lugares para a família, mas outra pessoa apareceu na última hora e então eu deixei com ela o quarto ingresso e adquiri um lugar separado para mim. Acabei me sentando sozinho junto à linha da terceira base na área superior. No percurso até meu assento, travei discussões com guardas da segurança e porteiros, e quase fui preso pela polícia de Washington por uma espécie de beligerância ousada e insistente, que, mais uma vez, não era traço da personalidade do "Gregg normal".

Depois de assumir o que eu pensava ser meu assento na área superior, exatamente na frente da grade de proteção, fui verbalmente assediado e ameaçado por um sujeito irritante que se julgava possuidor da cadeira em que eu sentara, e que ele dizia estar guardando para outra pessoa. O homem me insultou e atirou em mim um saco de pipoca. Fiquei enfurecido e, sem que me desse conta, estava prestes a agarrá-lo e atirá-lo por cima da grade, o que provavelmente teria lhe causado grave ferimento ou até mesmo a morte. Num piscar de olhos, visualizei todo o episódio em detalhes muito vívidos e alguma coisa me impediu de continuar (meu anjo da guarda?). Virei para o outro lado, levantei-me e saí.

Durante todo o jogo, corri pelo estádio, subindo as íngremes escadas de concreto; indo do nível do campo até o topo do complexo esportivo; passando pela *home plate* (base principal), pelo lado direito do campo; dando a volta no campo externo; passando ao lado da terceira base e retornando à base principal – subi inúmeras vezes todas as escadas até o topo do ginásio. Fiz brincadeiras com diversos vendedores de cerveja do estádio, ofereci-me para ajudá-los com seu trabalho e decidi que na semana seguinte eu me inscreveria para vender cerveja no Nationals Stadium.

Quando o jogo terminou, retornei para o alto do estádio a fim de apreciar a vista de Washington. Meus filhos foram me encontrar para verificar se eu estava bem, e nós conversamos durante algum tempo. Eles haviam observado que, durante o jogo, eu correra sem parar por mais de duas horas ao redor do complexo esportivo, subindo e descendo as escadarias. Os guardas da segurança tiveram finalmente que me persuadir a deixar o estádio – meus filhos ajudaram nesse esforço. Eu estava eufórico e fora de mim.

O frenesi do funeral

No final daquele dia, realizamos uma missa fúnebre em nosso quintal. Pouco antes, fui tomado pelo desejo inadiável de criar um memorial em homenagem ao vovô Joe e ao serviço que ele prestara ao Exército. Juntei freneticamente e organizei fotos, uniformes de combate do Exército, livros sobre a Guerra do Vietnã, redes de camuflagem, lembranças fornecidas pelos vizinhos sobre a artilharia de campo e a artilharia de defesa aérea e diversos itens como armas, mapas e símbolos da Igreja Católica Romana. As pessoas que chegavam para a missa observavam em estupefato silêncio enquanto eu corria de um lado a outro, erigindo um santuário improvisado. Maggie tentou, sem sucesso, fazer com que eu parasse, mas ignorei seus apelos, dizendo com desdém: "Você simplesmente não entende".

As pessoas tomaram seus lugares, e o serviço religioso começou. Nosso gramado com vista para o Canal Potomac oferecia a imagem de um belo início de noite, mas eu não conseguia ficar parado. Durante quase toda a missa, tirei centenas de fotos e também filmei. Circulei pelos participantes, ajoelhando, deitando, agachando, engatinhando, tirando fotos de perto e depois me afastando para fotografar de uma distância maior. Maggie tentou me fazer sentar e me concentrar na missa, mas eu não conseguia – não tinha a menor condição de parar. Além disso, engatinhei depois pelo chão e tomei leite em uma tigela com Max, o gato de nosso vizinho, conversando com ele o tempo todo. Quando questionado sobre essa conduta, retruquei que Max e eu tínhamos um vínculo. Após a missa, oferecemos aos participantes uma pequena recepção com um agradável jantar. Nada estranho aconteceu. Naquela noite, trabalhei freneticamente, tentando organizar para o início do dia seguinte, antes do sepultamento, um serviço de oração ao nascer do sol e um café da manhã em uma colina com vista para o ANC. Já era tão tarde que ninguém se interessou em colaborar nessa ideia, nem mesmo meus amigos da igreja internacional. Fiquei decepcionado e desgostoso com todos aqueles que se recusaram. Na minha mente, eles eram covardes.

Na manhã seguinte, depois de mais uma noite agitada, sem pregar os olhos, familiares e amigos se reuniram na entrada principal do ANC, onde recebemos informações sobre como iria ser a cerimônia e o que era esperado de nós. Aqueles que iriam oficiá-la informaram que nós deveríamos ir juntos nos carros do governo até o ponto inicial. Eu desejava fazer uma caminhada vigorosa pelo ANC e tentei convencê-los a permitir que eu fosse a pé, mas as autoridades mostraram-se irredutíveis. Fiquei contrariado com a decisão, porém, surpreendentemente, segui as determinações.

O funeral foi uma cerimônia de alto nível conduzida pela Old Guard do Exército, e ocorreu sem incidentes; embora, uma vez mais, eu não tenha desgrudado de minha câmera – filmei e tirei fotos, em vez de me concentrar no evento de fato. Contudo, as coisas estavam para sofrer uma enorme reviravolta para pior.

Após o funeral em Arlington, eu deveria ter ido diretamente para casa a fim de trocar meu uniforme por roupas civis de verão para a recepção informal. Em vez disso, perguntei aos parentes que estava levando comigo no carro – Cate, irmã de Maggie, e a esposa dela, Claudia, que moravam na Alemanha – se já haviam estado nos memoriais de guerra em Washington. Elas já haviam visitado todos, exceto o Korean War Memorial, que era o meu preferido. Desse modo, é claro que me senti obrigado a mudar o caminho para irmos visitá-lo. Estacionei em local proibido, mostrei a elas os arredores e fiz uma breve preleção sobre a Guerra da Coreia, a Guerra Fria, a Coreia dos dias de hoje, bem como acerca de problemas de segurança na península coreana e a GSU, entre outras coisas. Quando o pessoal da segurança se aproximou para avisar que eu deveria mudar meu veículo de lugar, contestei, explicando que estava acompanhando importantes convidados da Alemanha e que, na qualidade de oficial-general, uma das minhas responsabilidades profissionais era ensinar aos convidados estrangeiros nossa história militar e nossa estratégia de segurança nacional.

Os seguranças me encararam com certa estranheza e afirmaram que caso eu não tirasse o veículo imediatamente eles chamariam a polícia, eu seria preso e meu carro guinchado. Senti que meu nível de estresse, agitação e raiva estava aumentando muito depressa, e comecei a discutir com eles. Por sorte, meus parentes me interromperam, empurraram-me para dentro do carro, tomaram de mim as chaves e dirigiram de volta para nossa cassa em Fort McNair, deixando-me na Cantina Marina, no caminho.

Agora já estávamos atrasados para a recepção, que ocorreu em um restaurante descolado e moderno ao ar livre, construído em uma barcaça flutuante dentro de uma marina no Canal Potomac. Eu queria ter chegado cedo para poder recepcionar as pessoas à medida que fossem chegando. Para mim isso era importante, bem como uma atividade que havia tempos eu exercitava como oficial-general. Assim, em vez de ir primeiro para casa e trocar meu uniforme de gala por uma bermuda e sandálias mais frescas e confortáveis, continuei uniformizado, mesmo em um ambiente de temperatura e umidade crescentes. Desfrutei bastante do prazer de saudar cada um dos convidados e com eles conversar, mas não demorou muito para que eu estivesse encharcado de suor. Depois que todos os convidados já haviam chegado, Maggie me falou diversas vezes para eu ir até nossa casa e trocar de roupa, mas não era o que eu queria.

Eu estava me sentindo nas alturas, conversando com todos e explicando como era a NDU 2020 e o porquê de sua fundamental importância, além de falar sobre a GSU. Mal tive tempo para comer alguns dos deliciosos tacos de peixe, mas bebi muitas cervejas Corona bem geladas, que desceram fantasticamente pela minha garganta naquele dia tão quente e úmido. Naquela altura, eu já tinha tirado o casaco e a gravata do uniforme de gala e usava a camisa com o colarinho aberto e as mangas arregaçadas, o que ainda condizia com o regulamento de uso dos uniformes.

Extrema preocupação por Patrick

De repente, lembrei-me de que nosso filho Patrick partiria naquela tarde para a Carolina do Norte, faria as malas e iria para o Colorado, depois do que seria provavelmente mobilizado para integrar as missões das forças especiais no exterior. Passei os olhos por todo o restaurante mas não consegui encontrá-lo. Maggie disse que ele fora para casa a fim de fazer a mala e retornar de carro até a Carolina do Norte. Fiquei furioso: "Por que ele saiu sem se despedir de nós?". E Maggie respondeu: "Ele na verdade disse adeus, mas você estava tão ocupado conversando com os convidados que provavelmente não escutou. Tudo bem. Você passou um tempo com ele neste final de semana e esteve com ele hoje. Relaxe e aproveite a reunião".

Porém, eu entrara em pânico. Meu coração batia acelerado. Senti-me *obrigado* a deixar a reunião para lhe dar um abraço antes de ele partir. Lembro-me de ter agarrado o casaco de meu uniforme e saído apressadamente do restaurante. Comecei a correr debaixo do calor de mais de 32 graus. Não demorou para que eu estivesse encharcado de suor e sentindo muita tontura em decorrência do calor e da umidade. Nesse momento, meu celular oficial começou a tocar. Ignorei-o por alguns instantes, e então considerei que seria melhor parar e ver quem estava ligando, por causa de toda a polêmica em torno da NDU. Na hora em que parei de correr e fui até uma sombra onde fosse possível enxergar a tela e responder à chamada, ela já tinha passado para o correio de voz. Era o meu supervisor direto, o J7, tenente-general dos fuzileiros navais, Thomas Waldhauser, falando diretamente do Estado-Maior Conjunto no Pentágono. Escutei a mensagem e retornei a ligação, mas recebi de volta sua mensagem de voz, e ficamos trocando mensagens de correio de voz nos dez minutos seguintes, o que atrasou meu objetivo de alcançar Patrick.

O calor era tanto que eu tirei a camisa do uniforme de gala e fiquei apenas com a camiseta – uma violação do regulamento. Corri os cerca de 1.600 metros de volta até Fort McNair, passei como uma bala pelo portão e avancei apressado através da vizinhança até a nossa casa. Percorri todos os quatro andares da casa, chamando por ele; depois do lado de fora, no quintal e, finalmente, saí para as ruas procurando o jipe preto de Pat, mas ele já tinha ido embora. Senti-me devastado e furioso. Comecei a atirar coisas, praguejando em voz alta. Meus queridos Tia Muffie e Tio Slater estavam relaxando na sala de estar quando entrei como um furacão e gritei: "Vocês viram Pat? Onde ele está? Ele foi embora da celebração sem se despedir. Não acredito que foi capaz de fazer isso!". Eles disseram que Pat saíra havia alguns minutos para a viagem de cinco horas de carro até Fort Bragg. Tive então um ataque de raiva e fiquei xingando e praguejando sem parar. Eu me lembro de ter percebido uma expressão chocada no rosto deles, pois nunca antes tinham presenciado um comportamento assim de minha parte. Ao ligar para o telefone de Pat, deixei uma mensagem de voz cheia de palavrões, repreendendo-o por não ter se despedido. Se ele ouviu a mensagem, tenho certeza de que deve ter pensado que eu enlouquecera.

Lembrei-me então da ligação do J7. Acabei sabendo que o SECDEF, Chuck Hagel, tinha algum tempo livre e desejava visitar a NDU por uma hora, sem agenda. Durante o tempo em que trocamos mensagens de texto, o três estrelas já tinha providenciado para que o superintendente da NDU, Dr. John Yaeger, se encontrasse com o SECDEF e respondesse às possíveis perguntas, de modo que a questão ficara resolvida. Mas me enfureci comigo mesmo por ter perdido a oportunidade. Eu poderia ter tido o SECDEF à minha disposição por uma hora, para guiá-lo em uma visita à NDU, pregando sobre a transformação da instituição e apresentando o conceito da GSU. Eu tinha certeza de que ele me contrataria como primeiro reitor da GSU e me daria um gabinete ao lado do seu. Ele seria um poderoso aliado – pelo menos era nisso que meu estado de mania me levava a acreditar.

Ocorreu-me nesse momento que a reunião ainda continuava na Cantina, e que eu precisava voltar para me despedir dos convidados. Alternando rapidamente o pensamento entre nosso filho e o SECDEF, vesti uma bermuda e uma camisa leve de verão e retornei correndo. No momento em que já conseguia enxergar a Cantina, vi Maggie, as duas irmãs dela, nossos filhos Phillip e Conor e outros familiares vindo pela calçada em minha direção. Corri ao encontro deles e perguntei: "Aonde vocês vão?". Maggie respondeu: "Estamos indo embora para casa; a reunião já acabou e todos já se foram; foi fantástico!".

Fiquei arrasado; subitamente, senti o estômago revirar e contestei: "Mas eu não pude me despedir das pessoas... Também estou com fome e preciso de uma cerveja". Maggie observou: "Já estão retirando tudo, mas pode ser que você ainda consiga alguma coisa". Entrei então rapidamente e pedi às garçonetes um prato grande de comida e um pouco de cerveja gelada. Elas me atenderam e eu concordei em reabrir a conta, que Maggie já havia acertado; também lhes deixei uma polpuda gorjeta.

Depois, sentei-me a uma mesa à sombra sobre a água, desfrutei de alguns saborosos tacos de peixe e uma cerveja Corona gelada, e relaxei pela primeira vez desde o início daquele dia. Tentei também recrutar algumas das garçonetes para a GSU, sobre a qual me pareceu que elas gostaram de ouvir; no entanto, meus esforços as levaram a rir.

Eu estava me sentindo exausto e emocionalmente esgotado, mas consegui caminhar devagar os 1.600 metros de volta até nossa casa. Minha mente viajava entre a NDU, minha família e Pat. Cheguei em casa, enfurecido novamente por Pat ter ido embora, mas então consegui relaxar e estar, de certa forma, normal por um breve tempo – até o episódio maníaco seguinte, que não demorou a acontecer.

No início daquela noite, meu filho mais velho, Phil, e sua esposa, Sarah, precisavam embarcar em um voo no Reagan International Airport, em Washington, de volta a Monterey, na Califórnia. Eles planejaram fazer de Uber o percurso de quinze minutos, mas eu insisti em levá-los, por dois motivos: ser um bom anfitrião e passar um pouco mais de tempo com eles. Reservamos bastante tempo para o aeroporto, e o principal assunto de minha conversa com os dois durante o trajeto foi o estudo EMAW – falei que deveriam fazê-lo, e que eu ficaria muito feliz em orientá-los via telefone toda semana. Entreguei a cada um deles um conjunto de livros, mais um terceiro conjunto para um possível amigo, e também um quarto conjunto para meu filho iniciar as traduções. Esforcei-me bastante para persuadi-lo a trabalhar com os linguistas do Defense Language Institute, durante o tempo livre que tivessem, a fim de produzir traduções para todos os idiomas mais importantes. Falei que poderíamos negociar um plano de pagamento para os linguistas e para ele, como coordenador. Esse esforço visava colocar em andamento minha ideia de evangelização em âmbito global por meio do EMAW – uma combinação de grandiosidade e religiosidade de fundo maníaco. Eu idealizava o EMAW e a GSU unidos em uma poderosa sinergia para incrementar o cristianismo e a segurança em âmbito mundial. Mas Phil não se deixou convencer – ele não tinha interesse em fazer isso.

Caminhei com eles através do aeroporto e obtive permissão para lhes fazer companhia no portão de embarque – as coisas então descambaram. Eu lhes falei que, na condição de militares em serviço, eles poderiam obter um *upgrade* gratuito para a primeira classe. Assim sendo, Phil e Sarah se dirigiram à atendente do portão e fizeram a solicitação. Ela afirmou que só poderia conceder o *upgrade* se eles estivessem uniformizados; mas, como os uniformes estavam na mala, eles lhe pediram para abrir uma exceção. A moça respondeu: "Sinto muito, mas não posso".

Nesse momento eu me envolvi, argumentando que isso não fazia sentido, que os dois eram soldados da ativa, que já haviam participado de inúmeras mobilizações e que poderiam mostrar a ela seus uniformes e seus cartões de identificação. A atendente repetiu a política da empresa e eu me enfureci, acusando-a em altos brados de não ter respeito por soldados que combateram para nos proteger, e exigindo que ela lhes desse acesso à primeira classe. Nesse ponto da discussão, a atendente ameaçou chamar a segurança. Continuei discutindo; mas, quando ela pegou o telefone, meu filho conseguiu me afastar e acalmar a situação.

Dirigindo na volta do aeroporto para casa, de repente fui tomado pela grande urgência de ir ver Patrick em Fort Bragg naquela noite, ajudá-lo a arrumar as malas e se mudar para seu novo posto em Fort Carson. Eu sentia um intenso medo de que o grupo dele nas forças especiais fosse logo mobilizado para uma zona de combate; de que ele fosse morto e eu nunca mais voltasse a vê-lo. Cheguei em casa, onde Maggie e alguns familiares lamentavam em silêncio a perda do pai, e fui ruidosamente anunciando minha intenção de ir de carro até a Carolina do Norte e depois ao Colorado. Maggie contestou, dizendo: "Uma ideia louca que não faz o menor sentido, e além do mais eu prometi emprestar o carro para minha irmã Cate nesta semana". Eu explodi: "Muito bem; então eu vou no seu carro". E ela retrucou: "Tenho alguns eventos muito importantes nesta semana e preciso dele". Assim sendo, decidi alugar um carro. Nessa altura, Cate estava chorando, alguns dos outros tentavam me chamar à razão e Maggie finalmente fez um apelo: "Você não pode parar um pouco? Nós todos estamos tristes com a perda de nosso pai". E eu retorqui: "Pensei que essa fosse uma celebração de vida!". Dito isso, subi e arrumei a mala para a viagem.

Na manhã seguinte, uma terça-feira, tínhamos uma reunião agendada com o presidente Dempsey, para reavaliar todo o programa da NDU, bem como nosso plano de transformação e o novo currículo. Havia semanas que eu aguardava ansiosamente essa reavaliação e estava animado para apresentar a ele um resumo da situação. Eu tinha confiança de que o presidente aprovaria nossas ações em curso.

Jogando uma moeda, tomei a decisão de informar ao presidente e ao J7 que eu tinha questões familiares urgentes para resolver, relativas ao meu filho em Fort Bragg, e solicitei uma licença de emergência para a semana seguinte. Relatei tudo isso em um e-mail impregnado de emotividade e acompanhei por meio de telefonemas aos XO que a eles respondiam, dizendo que meu superintendente faria um relato dos fatos (o que ele fez). Os dois homens aprovaram minha solicitação.

Procurei locadoras de carros, aluguei um veículo e me preparei para a viagem. Todos em casa tentaram me persuadir a não ir. Maggie ligara para Patrick e ele dissera que já contava com toda a ajuda necessária e que a presença de mais uma pessoa na viagem e no destino final só serviria para complicar as coisas. Ele pediu que eu não fosse. Na manhã seguinte, eu estava pronto para ir pegar o carro, mas decidi fazer primeiro uma sessão de treinamento físico. Durante a prática dos exercícios, e depois dela, no café da manhã com a família, alguma coisa me veio à mente, e eu decidi não ir. Em vez disso, fui para o trabalho vestindo as roupas de treino, uma conduta que eu vinha tendo com mais frequência nas últimas semanas – uma violação do regulamento da NDU e do Estado-Maior conjunto sobre o uso de uniformes. Se e quando questionado, minha resposta era: "Consigo pensar muito melhor com as roupas de treino, e sou pago para pensar".

Informei ao J7 que a situação de minha família havia mudado, que eu cancelara a viagem e estava em serviço na NDU. Surpreso com minha súbita mudança de objetivo, ele disse que o relato feito ao presidente fora bem-sucedido e que o general Dempsey realmente aprovara os planos de transformação. O três estrelas perguntou então se eu poderia ir me encontrar com ele na manhã seguinte no Pentágono. Quando eu quis saber qual seria o assunto, ele respondeu: "NDU, mas principalmente *você*. Vejo-o amanhã às 10 horas".

Xeque-mate na NDU

Na manhã seguinte, eu me dirigi ao gabinete do J7. O tenente-general Waldhauser me convidou a sentar e falou: "Eu quero que você escute o que vou lhe dizer". Ele era um fuzileiro naval de três estrelas e dono de uma personalidade bastante descontraída; por isso, sua conduta chamou minha atenção. A mensagem foi esta:

> O presidente e eu apreciamos o trabalho que você está conduzindo, as reformas, a transformação e a revisão do currículo. E essas reformas são majoritariamente aceitas pelo corpo docente e o estado-maior e, em algumas partes da NDU, são até mesmo muito bem-vistas. O problema

na NDU parece ser você, seu estilo de liderança, sua personalidade. Os retornos que recebi das três amplas avaliações conduzidas pelo presidente confirmam minhas constatações. Seu pessoal relata que você tem parecido um touro em uma loja de porcelanas; que perdeu a capacidade de ouvir; que não busca consensos e age de forma impulsiva e impaciente. Eles afirmam que seu estilo de liderança se assemelha hoje mais ao de um treinador de futebol do que de um reitor de universidade; que você os trata mais como soldados do que como professores e executivos civis graduados. E o retorno dos alunos dá conta de que você é um líder dinâmico e amável, com ideias notáveis, mas que, nos últimos meses, parece ter perdido essa característica e enlouquecido.

Gregg, você protagonizou recentemente uma série de eventos estranhos, e os relatos sobre você são muito preocupantes. O presidente quer ouvir hoje minha recomendação: se mantemos você no corpo diretivo como reitor da NDU, ou o dispensamos nesse verão.

O J7 encerrou assim: "Você ouviu minha avaliação e minha opinião; agora quero saber o que você pensa". Portanto, contei-lhe de maneira muito clara, profissional e convincente a mesma história que já havia contado ao presidente Dempsey, ao conselho da NDU, ao Departamento de Estado e às agências de inteligência, bem como aos funcionários e membros do Congresso, aos conselhos de credenciamento e outros. Em poucas palavras, foi assim: comandar mudanças é muito difícil; a NDU tem se mantido rigorosamente arraigada ao passado e necessita de transformação; o corpo docente e o estado-maior opõem aguerrida e obstinada resistência às mudanças; e eu sou uma pessoa entusiástica, dinâmica e efervescente, um comandante militar agressivo e um agente de mudanças. Agradeci então por seu apoio e sua confiança, e repeti o pedido para que ele e o presidente estendessem de três para cinco anos meu mandato de reitor.

Waldhauser escutou atentamente e respondeu: "Entendi. Você está fazendo um trabalho fantástico; compreendo que você é um sujeito entusiástico e que é esse seu estilo de liderança. Mas as atitudes tresloucadas me preocupam. Vou recomendar ao presidente que mantenha você no corpo diretivo, por enquanto... Ele não tem interesse em uma extensão. Tente refrear um pouco sua energia e agressividade. E, se houver mais um incidente, recomendarei ao presidente que demita você". Depois disso, ele me deu um aperto de mãos e saiu pela porta para se exercitar no ginásio do Pentágono. Foi a última vez que o vi.

Fui embora do Pentágono sentindo-me energizado e mais enfurecido e paranoico do que nunca – e também mais comprometido em conduzir a transformação e as mudanças na NDU. Liguei para meu gabinete e orientei que minha equipe principal se reunisse mais tarde para uma atualização. Mas primeiro recepcionei os novos IF – mais de cem insignes oficiais graduados de diversos países ao redor do mundo –, e apresentei a eles um resumo dos fatos. Após cumprimentá-los, fiz um discurso exaltado com fortes traços maníacos, no qual expliquei a transformação em curso na NDU e, em seguida, critiquei os líderes do alto escalão militar e governamental dos últimos anos, que permitiram que a universidade afundasse no que descrevi como um remanso irrelevante. Depois disso, ataquei a resistência existente na NDU e pedi aos IF que se juntassem a mim na luta crucial pela transformação. O diretor do programa de IF e a maioria dos próprios bolsistas tinham no rosto uma expressão de certa incredulidade – meus comentários e minha linguagem bombástica eram totalmente inapropriados –, e muitos dos IF estavam rindo. Tão logo encerrei a preleção, o diretor ligou para seus contatos no Pentágono e relatou o incidente, relato que chegou até o J7 e se tornou mais um prego em meu caixão.

Na sequência, eu me encontrei com a liderança sênior da NDU. Eles relataram que a reunião com o presidente correra bem, que ele fora elogioso e que nossos planos de transformação estavam em andamento. Mas eu depreendi que havia mais coisa por baixo dessa superfície favorável. Algo havia mudado. Senti que eles me olhavam de um modo diferente, percebi que havia duas realidades distintas: o que diziam enquanto estávamos na mesma sala, e o que diziam quando estavam longe de mim. Perguntei como eu poderia contribuir melhor com os esforços de transformação. Eles reagiram com certa hesitação, sem me olhar nos olhos, e a resposta não pareceu sincera. Minha paranoia atingiu as alturas, e meus delírios se tornaram mais intensos.

No final da tarde, após o trabalho, convidei os principais líderes amigos para um drinque e aperitivos em minha casa. Esse grupo fiel se tornara cada vez menor ao longo dos meses, e muitos de meus líderes graduados foram aos poucos me deixando. Esses amigos me relataram que havia um forte e bem estabelecido movimento em curso entre os principais líderes da NDU e do Pentágono visando forçar minha demissão. Tal informação não era novidade. Esse movimento estava ganhando corpo havia algumas semanas; eu discutira sobre isso com o J7 e o presidente Dempsey, e estava tentando chegar ao cerne do problema, trabalhando dentro da NDU e com minhas diretorias externas. Falei para eles sobre meu encontro com o J7. Todos estavam muito preocupados; não foi uma reunião descontraída como as outras.

Na manhã seguinte, após uma noite maldormida, levantei-me e saí logo cedo. Fiz meus rituais religiosos no telhado e uma vigorosa sessão de treinamento físico. Depois participei do café da manhã semanal de orações da NDU. Os alunos estavam todos formados, mas havia cerca de meia dezena de membros do corpo docente e do estado-maior que eram frequentadores habituais e me garantiam um forte apoio. Iniciado o serviço, assumi a condução do encontro de oração e expus apaixonadamente a conjuntura da transformação da NDU, a rebelião contra mim e minha situação. Expliquei como as "forças do mal" estavam atuando freneticamente para conseguir minha demissão. Entrei em modo de intensa oração, suplicando a Deus que me apoiasse, que alavancasse a transformação da NDU e derrotasse meus inimigos. Eu havia misturado tudo – Deus, NDU, orações, meu casamento e minha família, religião, paz mundial, GSU e muito mais – em um discurso embaralhado e exaltado, temperado com elevada dose de mania, um discurso que chocou e, pior ainda, assustou todos que estavam na sala. Declarei que a NDU e meus inimigos estavam arruinando meu casamento, e que minha esposa queria me mandar embora de casa – o que Maggie de fato já havia mencionado.

Pelo menos um membro do corpo docente, um determinado apoiador meu, ficou visivelmente preocupado e disse: "Eles não são seus inimigos senhor; são professores que discordam de algumas de suas ideias e querem se certificar de que façamos a coisa certa; eles não têm a intenção de forçar sua demissão". Notei que o capelão da NDU, também ele um apoiador convicto, parecia bastante apreensivo e mudou completamente sua expressão corporal. Eu pude observar um forte sentimento de preocupação, choque e medo entre meus colegas. Muitos deles manifestaram o desejo de rezar por mim, sentindo que eu estava com a mente profundamente perturbada.

Pedi ao grupo que caminhasse de volta comigo até meu gabinete, onde eu poderia colocá-los a par da situação, chamar outros líderes importantes e criar condições para um consenso e a continuidade do processo. Na qualidade de guerreiros cristãos da oração, mais do que nunca eu precisava deles naquele momento. Muitos me acompanharam, todos devidamente uniformizados, ao passo que eu ainda estava em trajes de treino.

Hoje sei que eu havia entrado em um estado de mania total prestes a se agravar. No trajeto de travessia do *campus*, fui caminhando e falando freneticamente, com as pessoas tendo dificuldade para acompanhar meu ritmo e algumas precisando mesmo correr. Quando entramos no edifício sede, um servidor civil graduado, com quem eu vivenciara um tenso relacionamento profissional durante meu mandato, estava saindo. Ele era um bom sujeito, que eu admirava e respeitava como pessoa; mas algumas vezes nós carecíamos de sintonia profissional.

Eu o cumprimentei entusiasticamente e lhe dei um forte abraço, fazendo um apelo urgente: "Eu tenho grande afeição por você! Não sou seu inimigo! Sou seu melhor amigo! Estou aqui para ajudá-lo! Seus inimigos estão por toda parte, mas eu não sou um deles!". Nos dois anos anteriores em que atuamos juntos, eu nunca lhe dissera tais coisas, tampouco dera a ele, nem a mais ninguém, um abraço como aquele. Ele ficou aturdido e me encarou com os olhos arregalados, como se eu estivesse completamente louco. Eu me lembro de ter visto também no rosto do capelão uma expressão de atordoamento e preocupação.

Entramos em meu gabinete por volta de 7h30 e eu praticamente não parei de falar por, pelo menos, seis a sete horas – talvez mais –, sem um intervalo sequer para um copo d'água ou uns petiscos. Durante esse tempo, convidei outras pessoas e outros líderes a se juntarem a nós para responder a perguntas. Pedi a meu ajudante de ordens, tenente Matt Starr, que convocasse pessoas a irem ter comigo e também que cancelasse algumas reuniões e reagendasse outras. A exemplo de minha conduta mais frequente nos muitos meses passados, eu tumultuei todo o bem organizado dia de reuniões e eventos que ele havia programado.

Cerimônia de premiação do meu ajudante de ordens

Starr era um oficial fantástico, que trabalhava com afinco em prol de meu sucesso. Um indivíduo muito inteligente e profissional, ele era aviador da Marinha, formado pela Naval Academy. Eu nutria por ele uma grande admiração e tive a sorte de tê-lo como meu assistente. Após um ano de serviço, esse era seu último dia na função, e estava programado para eu lhe entregar o prêmio de despedida às 13 horas; mas esqueci completamente da cerimônia de premiação, que deveria ser presidida por mim, como oficial graduado. Eu planejara saudar os presentes, fazer um breve pronunciamento sobre Matt e suas realizações, agradecer a ele e à esposa, entregar-lhe a premiação e lhe passar a palavra para seus comentários. Em seguida, haveria uma prazerosa recepção.

Cerca de meia hora antes da cerimônia, eu ainda estava trabalhando freneticamente, em trajes de treino, cercado por meus subordinados, dando instruções e enviando mensagens, quando o secretário bateu à minha porta e disse: "Senhor, em trinta minutos se realizará a cerimônia de premiação do ajudante de ordens. O senhor precisa ir para casa e trocar os trajes de treino pelo uniforme de gala". Respondi: "Sinto muito, não posso agora. Estou no meio da crucial batalha de transformação da NDU. Diga, por favor, ao superintendente que não posso ir e preciso que ele faça isso em meu lugar". Depois de minutos, o superintendente apareceu em minha porta e falou: "Senhor, é necessário que coloque seu uniforme apropriado e conduza essa cerimônia". Mas eu contestei, alegando que estava em outro mundo e não podia me livrar daquilo que me ocupava naquele momento. Falei que ele precisava me representar, agradecendo em meu nome ao meu ajudante de ordens e dizendo que ele fizera um excelente trabalho. Eu me encontraria posteriormente com o tenente e sua esposa e lhes transmitiria pessoalmente meus agradecimentos.

Estivesse meu cérebro em condições normais, eu jamais teria agido assim. Mas continuei o trabalho em meu gabinete, ainda com roupas de treino, deixando de comparecer à cerimônia de premiação de meu assistente, que acontecia na sala de conferências a apenas algumas portas de distância. Essa foi a atitude mais antiprofissional e insensível que já tive em minha vida. Foi a prova absoluta de quanto eu estava maníaco. Maggie me contou mais tarde que Starr e a esposa ficaram arrasados, mas não me incomodei nem um pouco. Era o reflexo de minha doença bipolar em ação.

Meu capelão estava assimilando tudo isso, ainda me observando como um gavião, sem dizer uma palavra sequer. Desde o café da manhã de orações, horas antes, minha deturpada mente bipolar me levava a acreditar que ele se convertera de fiel apoiador em inimigo. Lembro-me de pensar que ele parecia pronto para mergulhar e acabar comigo. Agora tenho certeza de que alguma coisa em meu comportamento chamara sua atenção naquela manhã e tinha, somada à minha conduta estranha nos meses anteriores, mudado a avaliação que ele fazia de minha pessoa. É bem provável que, ao perceber em mim um nível de instabilidade mental tão preocupante, ele tenha se sentido obrigado a tomar uma atitude.

O capelão escreveu mais tarde um relato detalhado de meu estranho comportamento. Esse relatório passou por toda a cadeia de comando, chegando até o presidente Dempsey, e corroborava os muitos relatos anônimos já enviados anteriormente a ele pelo corpo docente, o estado-maior e os alunos. O documento continha várias páginas sobre os incidentes e os eventos perturbadores que demandavam uma avaliação psiquiátrica. Esse excelente relatório apontava comportamentos específicos ao longo de um período de meses, comportamentos estes que se tornaram agudos em junho e julho de 2014, e que se enquadravam perfeitamente nos critérios diagnósticos de mania, conforme enunciados no DSM-5 (a bíblia norteadora de avaliações psiquiátricas). No relato, o capelão enfatizava sua convicção de que eu estava sofrendo de uma patologia e necessitava de avaliação médica e ajuda o mais brevemente possível. Eu o aplaudo por ter tomado a atitude correta e escrito esse relatório. Tenho certeza de que ele teve um papel fundamental na decisão do presidente de me afastar da NDU, o que foi muito bom para todos os envolvidos.

Poucas horas depois, permiti que todos deixassem a reunião e logo saí de meu gabinete na NDU, sem saber que essa seria a última vez. Fui para casa a fim de trocar de roupa para um evento oficial naquela noite. Maggie estava muito furiosa por eu não ter participado da cerimônia de premiação de Starr. Justifiquei, dizendo que estava em meio às cruciais batalhas da transformação da NDU e combatendo meus inimigos. Ela ficou indignada e me falou quão terrível, embaraçoso e triste era o fato de eu não ter estado presente para entregar a ele a premiação. Maggie me acusou de ter desrespeitado e ferido tanto Starr como a esposa dele, um casal que sempre foi tão trabalhador e leal a nós.

Sua veemente repreensão, que nunca antes acontecera nesse nível, não abalou minha convicção. Eu *sabia* que tinha tomado a decisão correta. Eu estava travando uma batalha contra inimigos poderosos e desonestos, que já haviam atravessado os portões, determinados a me derrubar e desmantelar a transformação que eu tentava implementar em minha adorada NDU. A mania me consumira por completo.

11
Atirador em ação?

Meu motorista me levou para um evento noturno oficial no centro de Washington, o que se deu sem intercorrências. Eu não estava com o habitual excesso de energia e me sentia esgotado. Um novo oficial do estado-maior, que havia poucas horas assumira a função, levou-me depois até minha casa. Antes que eu entrasse no veículo, o oficial falou: "Senhor, há algo muito importante que eu preciso lhe contar"; e continuou, dizendo: "Depois que o senhor deixou seu gabinete esta tarde, um certo líder graduado da NDU entrou e disse: 'Eu acredito que o reitor é hoje um risco potencial para todos nós; ele tem agido de maneira estranha e agressiva; inúmeras pessoas já manifestaram sua preocupação com a possibilidade de ele perder o controle e ferir ou matar nossos funcionários; nós precisamos fazer uma busca exaustiva em seu gabinete e inspecionar o cofre para garantir que ele não tenha uma arma de fogo com a qual possa vir a atirar nas pessoas ou ameaçá-las'". Esse indivíduo era o mesmo líder civil graduado que eu abraçara naquela manhã a caminho de meu gabinete. Meu pessoal considerou preocupante essa busca, dada sua clara intenção de me derrubar. Perguntei se alguém mais sabia do ocorrido e ele respondeu que provavelmente alguns dos outros líderes seniores, mas ele não tinha certeza.

Na manhã seguinte, após a sessão de treinamento físico, eu estava no jardim da frente de minha casa conversando com o vizinho da porta ao lado, Jeff Buchanan, um companheiro de duas estrelas, cujo comando incluía toda a PM da área de Washington. Um funcionário devoto de meu gabinete se aproximou correndo e revelou que acabara de receber um relato verossímil de um empregado da NDU, segundo o qual esse mesmo líder civil da instituição levara para o *campus* uma arma e estaria ameaçando me matar. Buchanan escutou isso e perguntou se eu conhecia o indivíduo e se ele tinha algum rancor contra mim. Respondi que o conhecia e que ele provavelmente guardava algum ressentimento por causa de medidas em curso relativas à força de trabalho.

Buchanan entrou em ação imediatamente. Ele ligou para seu centro de operações de emergência e deu início a um exercício de combate a atirador ativo. Em alguns minutos, havia PM armados em minha casa para nos proteger. Mais PM foram colocados no edifício-sede da NDU para prender o suspeito de ser um atirador potencial, enquanto outros vasculhavam o *campus* para tentar identificar a ameaça de qualquer outro atirador e garantir segurança.

Depois de pouco tempo, o provável atirador foi preso e constatou-se que ele não carregava uma arma e não havia uma ameaça crível. Passada cerca de meia hora o *campus* foi considerado liberado e seguro. Não ficou claro se meu funcionário simplesmente recebeu uma informação errada por acidente ou se essa informação falsa foi deliberadamente passada a ele com o propósito de fazer com que eu e o outro grupo parecêssemos nocivos. Meu vizinho perguntou se eu queria continuar com o esquema de segurança da PM em minha casa. Virei-me para Maggie, que se juntara a nós. Visivelmente abalada, ela falou que desejava manter as medidas. Assim, nós permanecemos sob a proteção da PM, dia e noite, durante quase uma semana, o que nos fazia sentir mais seguros. Embora nenhum perigo tenha se concretizado, qualquer coisa que fosse dita ou escutada causava alarme suficiente para que entrassem em ação medidas enérgicas visando à minha proteção. Um incidente dessa gravidade é reportado a toda a cadeia de comando; portanto, pouco tempo depois o Exército e o presidente Dempsey já tinham tomado conhecimento do ocorrido. (Esse entendimento e a sequência de eventos estão muito nítidos em minha memória, mas outros funcionários da NDU têm uma interpretação ligeiramente diferente dos eventos que de fato levaram ao acionamento do exercício de combate a atirador ativo. De qualquer modo, o exercício aconteceu naquele tempo, com aquelas pessoas e aqueles resultados.)

Suspensão da NDU

O J7 me chamou e, muito irado, desabafou: "O que está acontecendo? Pensei que já tivéssemos acordado que não haveria mais incidentes tresloucados envolvendo você ou a NDU; e agora isto! Com a concordância do presidente, iniciei uma investigação para averiguar esse incidente. Nesse meio-tempo, quero que você tire uma dispensa administrativa e não entre no seu gabinete nem em nenhuma outra dependência da NDU. Eu o estou suspendendo de suas funções na NDU. Está entendido? E vou tomar a mesma providência com o suspeito de ser o atirador".

Essa súbita reviravolta deveria ter me deixado devastado, mas eu quase não me abalei. Cumpri as ordens de meu chefe, mas entrei em modo de alta rotação e mantive comunicações com protagonistas externos e membros do conselho, explicando minha versão do que acontecera. O diretor do Estado-Maior do Exército, tenente-general Bill Grisoli, foi pessoalmente me visitar. Ele era um líder muito solidário e um vizinho com quem eu servira antes. O três estrelas quis saber o que estava acontecendo, e eu lhe apresentei, com muita convicção, minha versão da realidade. Ele me elogiou pelo excelente trabalho que eu estava desenvolvendo e disse que o Exército deveria cuidar de mim. E o Exército assim fez. Contudo, mal sabia eu que nunca mais trabalharia na NDU, tampouco colocaria os pés dentro de suas instalações, embora, pelos dez meses seguintes, eu a tivesse diante de meus olhos todos os dias ao praticar minhas sessões de treinamento físico no *campus* e continuasse morando nos alojamentos do Exército em Fort McNair.

Sem o trabalho na NDU para consumir minha energia, eu me tornei uma serra elétrica em ação: intensifiquei minha rotina normal, com horas de treinamento físico, levantamento de peso, oito a dezesseis quilômetros de caminhada vigorosa, trinta a cinquenta quilômetros de bicicleta de alto desempenho e natação intensa de uma hora em uma piscina grande na Bolling Air Force Base, nas proximidades. Enquanto eu nadava voltas sem fim sob o sol, com intervalos de mergulho, minha energia era alimentada pelo efeito caleidoscópico produzido pela combinação da água cristalina, as bolhas, o céu azul, as nuvens brancas, o sol brilhante, minha respiração e o viciante esforço físico do movimento vigoroso através da água. Rotineiramente, eu me extenuava com até vinte remadas na barra, 25 pegadas supinadas e uma centena de flexões. Durante todos os meses de mania total na NDU, meus filhos e amigos costumavam me chamar de assombro físico, aberração da natureza, fera do treinamento físico. Eu estava em uma condição física excepcional. (Isso viria a mudar nos dois anos seguintes de inferno bipolar, pois eu me transformaria em uma tênue sombra de meu antigo eu físico.)

Dopamina e endorfinas explodiam em meu cérebro, e, a exemplo de tantas outras vezes no passado, essas substâncias químicas naturais alimentavam minha euforia. A mania atingiu níveis elevadíssimos. Eu percorria Washington por inteiro e suas muitas atrações; assistia aos jogos de beisebol do Nationals; visitava amigos na região; e passava horas sem fim falando ao telefone com meus aliados leais da NDU. Também foram incontáveis as horas que eu dediquei a atividades ligadas à igreja, com estudos, liturgias, ações de fraternidade e orações. Lembro-me da intensa mania e euforia em todo esse período de suspensão, que durou cerca de uma semana.

Durante esse tempo, decidi combater com mais afinco a resistência, que eu sabia ter ganhado força contra mim. Havia no conselho da NDU um poderoso executivo de Washington, que gozava de significativa influência política no Pentágono, na Casa Branca e no Congresso. Ele tinha bastante consciência sobre o que acontecia na NDU e apoiava veementemente meus esforços, acreditando que o processo de transformação já era esperado havia muito tempo e que eu fazia um excelente trabalho, apesar de todas as adversidades. Ele sabia também que eu estava enfrentando problemas e que meu afastamento representaria um terrível revés para as mudanças na NDU.

Esse membro do conselho pediu que eu lhe levasse informações importantes sobre quais eram minhas ações e o porquê delas, bem como sobre como a resistência estava lutando contra mim em cada etapa do trajeto. Pedi que meu novo ajudante de ordens reunisse as informações em meu gabinete, colocasse-as em uma pasta, fizesse algumas cópias e as levasse até minha casa. Redigi então minha análise para a página inicial de avaliação e a inseri na frente da pasta. Fui de bicicleta até o escritório do executivo, no centro, sob um dia escaldante de verão; e, ensopado de suor, discuti com ele o material. Ele me falou que trataria do assunto com oficiais graduados do Pentágono. Não fiquei sabendo se realmente o fez, embora tenhamos conversado por telefone mais algumas vezes ao longo da semana seguinte ou pouco mais.

Terminado o encontro, pedalei mais uma boa distância para ir a um jantar para o qual eu fora convidado na casa de um novo diretor de faculdade que havíamos acabado de contratar. O novo diretor era um genuíno agente de mudanças e uma figura intelectual de destaque. Nós nos demos bem logo de cara. Ele convidara minha esposa e eu para jantar em sua casa – uma atitude generosa, já que não era segredo que eu estava em uma situação delicada, e meu mandato de reitor, por um fio. O diretor fez uma clara aposta em mim, o que representava um risco para ele.

Minhas roupas estavam encharcadas de suor, e então, para meu próprio conforto, ele insistiu que eu tomasse uma ducha e vestisse alguma de suas roupas casuais de verão, o que caiu como uma luva. Maggie foi de carro, e nós tivemos um jantar muito agradável. No final da noite, coloquei a trava de segurança na bicicleta e deixei-a lá; voltei dirigindo para casa junto com Maggie. Ao chegarmos, de repente disparei a explicar o que eu precisava que ela fizesse para combater a resistência e conter meus inimigos. Pedi que fosse visitar as esposas dos generais de três e quatro estrelas do Exército que nós conhecíamos e moravam em nossa rua, e criasse o "canal das esposas dos oficiais-generais". Ela precisava contar a essas mulheres o que estava acontecendo: a missão de transformar a NDU atribuída a mim pelo presidente, a resistência e o movimento para forçar meu afastamento; e, além disso, dizer que meu emprego estava por um fio e que nós ficaríamos muito gratos com qualquer ação por parte delas e dos respectivos maridos no sentido de nos ajudar. Maggie recusou enfaticamente, alegando que nunca antes participara de um jogo político como aquele e não pretendia começar. Insisti para que ela o fizesse.

Lembro-me de ter ficado aborrecido com minha esposa e mostrado meu desapontamento por não poder contar com seu apoio em um momento de necessidade e crise, quando – tudo indicava – eu estava prestes a ser demitido injustamente. Fiquei bravo, estressado e ergui a voz. No entanto, na versão de Maggie sobre os fatos, eu tive uma explosão de raiva, gritei com ela e bati com força a porta do carro, enfurecido por ela ter se recusado a fazer tudo o que fosse possível para ajudar a me salvar. Maggie disse que essa foi a primeira vez que gritei com ela em nossos 32 anos de casamento; em sua maneira de ver, foi, de longe, o pior episódio em minha jornada bipolar. No final, Maggie acabou conversando com algumas das esposas, mas sem resultado.

Investigação sobre o incidente do atirador

A investigação "15-6" (regida pelo regulamento militar 15-6 do Exército dos EUA) sobre o incidente do atirador fora designada a outro três estrelas do Estado-Maior Conjunto que trabalhava com o presidente, o tenente-general dos fuzileiros navais Robert Ruark. A missão dele era reunir todas as informações, realizar entrevistas e identificar o que acontecera e por quê, bem como quem era o culpado – caso existisse um –, para depois fazer recomendações ao presidente Dempsey. Ruark me ligou alguns dias após o início de meu período de suspensão, pedindo para eu comparecer a uma entrevista no gabinete dele no Pentágono, o que abalou meu êxtase de mania. Eu apresentei a ele minha versão da história, bem como meu discurso padrão sobre a transformação da NDU, a mudança primordial e a resistência. O tenente-general me comunicou que tinha todas as informações de que necessitava e me agradeceu por atender à sua convocação.

No dia seguinte, eu estava visitando o colega de classe de West Point e antigo companheiro de quarto Doug Doan, que também era membro do conselho da NDU. Doug foi meu melhor amigo e apoiador mais leal enquanto ocupei a reitoria da NDU. Ele se mostrou extremamente preocupado com minha iminente demissão, conforme diziam os rumores. Nós estávamos sentados afastados da escrivaninha dele quando tocou meu telefone. Era o repórter Tom Ricks, da *Foreign Policy*, que escrevera dois contundentes artigos sobre mim como reitor da NDU. O primeiro deles foi no outono de 2012, logo depois de minha chegada à NDU, e fazia essencialmente uma crítica ao meu trabalho de aluno do AWC, intitulado "Jesus the Strategic Leader" (Jesus, o líder estratégico), um texto que eu escrevera no ano de 2000. O segundo foi publicado no inverno de 2014, no auge de meu surto de mania, e criticava minha pessoa, meu estilo de liderança e a transformação da NDU em que nós havíamos embarcado. Quanto a esses artigos anteriores, acredito que Ricks contava com fontes nos escalões superiores da NDU que lhe passavam informações internas. É provável que um ou mais dos oficiais graduados o tenham alertado sobre o incidente do atirador, vazado a ele informações privilegiadas com a versão da resistência e mencionado que eu fora suspenso enquanto aguardava o resultado de uma investigação. O repórter queria ouvir meu lado da história, portanto eu lhe contei.

Mal tínhamos acabado de conversar e recebi uma ligação do J7, determinando que eu não falasse com a imprensa. Quando lhe relatei que encerrara naquele instante um telefonema com Ricks, ele não gostou. Dentro de poucas horas, Ricks publicou em seu *blog* um contundente artigo sobre mim, um texto que foi amplamente lido nos círculos da segurança nacional e me retratava como um guia de extrema perniciosidade. Ao ler o artigo, senti-me mal por um momento e, em seguida, disparei uma nota para o J7, informando que havia um novo artigo sobre mim e a NDU. Ele ficou furioso e indignado com a notícia. Minha mania me fez recuperar o ânimo rapidamente, e eu comecei a ligar e enviar e-mails para minha rede de contatos, na tentativa de salvar meu emprego e dar andamento à minha missão na NDU. Eu me sentia forte, energizado, otimista e pronto para a batalha.

No dia seguinte, uma sexta-feira, recebi uma ligação do gabinete do presidente informando que o general Dempsey me convocava para estar lá na segunda-feira seguinte às 10 horas; ele gostaria também que Maggie estivesse presente.

O fim da linha

Naquele final de semana, pensei sobre os diversos desfechos para nossa reunião: primeiro, que o presidente estava tão bem impressionado que estenderia meu mandato de reitor por mais um a três anos e daria publicamente seu aval a meus esforços de transformação; segundo, que ele elogiaria meu empenho, mas me advertiria para emendar meu comportamento (no qual eu não via nada de errado); ou, terceiro, que ele me demitiria. Em minha mente bipolar, atribuí probabilidades iguais às três opções.

Minha esposa e eu chegamos ao gabinete do presidente cerca de vinte minutos mais cedo e nos sentamos na sala de espera. Eu já estivera naquele local inúmeras vezes, e observei que não havia o habitual clima amistoso, tampouco pessoas se aproximando para dizer olá. Primeiramente, fui eu a ser chamado. Ao entrar no gabinete do presidente, imediatamente notei a presença de seu advogado, o que não era usual.

O presidente, general Dempsey, era um homem excepcional que eu conhecia havia quase vinte anos e com quem eu servira diversas vezes, desde quando eu era comandante do 5º Batalhão de Engenharia de Combate, em 1997, no FLW e ele era comandante do 3ACR. O general me promovera para major-general no FLW em 2008 e participou da festa de comemoração. Ele me escolhera para ser reitor da NDU, a terceira missão em sequência que eu desempenhava em subordinação direta a ele. O general Dempsey nutria grande paixão pela formação militar profissional e me dera pessoalmente orientações claras no sentido de implantar reformas radicais na instituição. Eu já realizara esse trabalho para ele em missões anteriores, como comandante do FLW e do AWC. Nós mantínhamos um excelente relacionamento profissional e pessoal. Ele foi e continua sendo um mentor e amigo.

Quando atravessei a porta de seu gabinete, saudei o quatro estrelas e ele caminhou na minha direção, dando-me um forte abraço. Depois disse:

> Gregg, eu amo você como a um irmão, mas seu tempo na NDU chegou ao fim. Você realizou um trabalho fantástico. Ninguém mais teria conseguido o que você conseguiu, e em apenas dois anos! Você superou todas as minhas expectativas. Eu lhe dou uma nota A+. Você pegou a bola e a levou de sua própria zona final até a zona vermelha, mas agora chegou a hora de um novo *quarterback*. Você tem até as 17 horas de hoje para me apresentar sua carta de demissão, ou eu o demitirei. Está entendido?
>
> Recebi inúmeros relatórios dando conta de que seu comportamento vem sendo cada vez mais estranho e que, na opinião de muitas pessoas, você está passando por graves problemas mentais. Não sei o que concluir de tudo isso, mas sei que a situação atual é muito ruim, tanto para você como para a NDU. Já assisti a esse filme antes protagonizado por outros oficiais-generais, e não há como você vencer. Seus oponentes amarrarão suas mãos e acabarão com você por meio de insinuações e denúncias anônimas, de investigações do general inspetor, queixas de irregularidades e relatos negativos plantados na imprensa. Você não tem como derrotá-los – assim, para seu próprio bem, preciso afastá-lo de lá. Também estou ordenando que você faça um exame de saúde psiquiátrica por recomendação do comando, no centro médico militar Walter Reed, nesta semana. Usufrua de seus benefícios militares para o cuidado da saúde.

Ele perguntou então o que eu pensava de tudo isso. Em primeiro lugar, agradeci e declarei solenemente que Deus me colocara na NDU para realizar Seus desígnios – o que eu fizera –, e que Deus estava me afastando de lá para me atribuir missões mais grandiosas e excepcionais em outro lugar qualquer. Em seguida, relatei minha breve versão dos fatos: eu havia realizado todas as coisas de que ele me incumbira – e muito mais; então, uma feroz e organizada oposição me derrubou; agora eu estava a poucos dias de derrotar a resistência; e, se ele me mantivesse naquele cargo por mais um ano, eu conseguiria levar a bola até a zona final para marcar um *touchdown*. Contudo, como a decisão dele já estava tomada, eu lhe entregaria minha carta de demissão naquele mesmo dia. Mais uma vez, falei da extrema gratidão que eu tinha por ele me ter permitido servir em um posto de tal prestígio e importância. Finalmente, acrescentei meu agradecimento por sua atitude de ter me afastado do perigoso ninho de cobras em que a universidade se convertera, antes que eu sofresse um prejuízo profissional mais grave, como uma demissão por justa causa, o que acarretaria sérios impactos financeiros, incluindo rebaixamento de patente e redução dos proventos de aposentadoria.

O presidente Dempsey escutou com atenção e depois gracejou que eu me tornara uma espécie de Sísifo: se me dessem mais tempo, eu ficaria rolando a pedra colina acima e, em seguida, para baixo pelo outro lado. Ele afirmou que emitiria uma ordem de que todas as minhas decisões – em termos de políticas, currículo, reestruturação, pessoal etc. – deveriam ser mantidas até que o próximo reitor tivesse tomado pé da situação e pudesse realizar uma avaliação completa da universidade e fazer a ele recomendações de mudanças. A conclusão era de que, até segunda ordem, a universidade executaria o programa que o presidente e eu havíamos desenvolvido. Até onde fiquei sabendo depois, ele fez exatamente isso.

Então, o presidente pediu que Maggie entrasse – havia dezessete anos ele a conhecia e tinha por ela grande afeição –, deu-lhe um abraço e fez um breve relato do que acabara de acontecer. Em seguida, deu por encerrada a reunião, momento em que eu o abracei calorosamente e agradeci. Em vez de ficar deprimido por ter acabado de ser demitido pelo mais graduado oficial militar do país, a mania provocara uma explosão de minha euforia, e eu me sentia agradecido e muito entusiasmado, já imaginando qual seria a próxima grandiosa missão de que Deus me incumbiria. Quando estávamos saindo pela porta, o general Dempsey disse: "Vá se encontrar com o vice-chefe do estado-maior. O Exército quer você de volta das operações conjuntas e parece ter uma missão para lhe delegar". E, dessa forma, meus dois anos de eletrizante e maníaco reinado como reitor da NDU haviam acabado. O general Dempsey tomou a decisão mais correta para mim, meu casamento, a NDU e a missão da instituição.

No entanto, o ressentimento em relação aos meus oponentes na NDU continuava aumentando. E só quatro meses mais tarde, quando fui diagnosticado com grave transtorno bipolar tipo I, com características psicóticas, é que eu percebi minha total inaptidão mental para dar conta da missão. Na ocasião em que fui admitido na ala de internação psiquiátrica do VA em março de 2016, quase vinte meses depois, entendi completamente que meu afastamento da NDU fora a atitude correta, em razão da minha grave bipolaridade. O sentimento de amargura e raiva havia desaparecido, mas nunca perdoei as táticas desonestas empregadas por meus oponentes contra mim. Por outro lado, o pessoal da NDU lidara com um general maníaco que, sem saber, sofria de um grave transtorno bipolar e perdera completamente o controle. Eles não acreditavam que tivessem condições de me confrontar e pensavam que, caso o fizessem, eu não lhes daria crédito de qualquer forma, e poderia adotar represálias contra eles. No fundo, duvidavam que tivessem outra opção senão enviar queixas anônimas através da cadeia de comando, bem como articular coberturas negativas da imprensa e impor uma guerra de guerrilha contra mim. Estou certo de que acreditavam que estavam fazendo as escolhas éticas acertadas, diante da situação extremamente difícil em que se encontravam.

Dito isso – o que podia ser paranoia –, Maggie e eu tínhamos razões para acreditar que oficiais graduados da NDU vigiaram nossa casa durante meu segundo ano na reitoria, passando relatórios para aliados no Pentágono sobre quem entrava e quem saía (amigos de Conor da faculdade e amigos de Pat das forças especiais do Exército, principalmente nos finais de semana), e espalhando rumores acerca de idas e vindas de grupos de jovens extravagantes na casa dos 20 anos. Eu creio que eles vasculhavam também nosso lixo e contavam o número de vasilhames de bebida alcoólica vazios. Meus filhos e os amigos deles bebiam bastante nos fins de semana quando estavam lá – bem mais do que eu.

As três histórias, muito provavelmente vazadas ao repórter militar Tom Ricks durante meus dois anos de mandato, também foram abomináveis. Todas as três tinham o decidido propósito de me atingir negativamente ou conseguir minha demissão do cargo de reitor. Com boa dose de certeza, os informantes eram oficiais graduados da NDU que trabalhavam próximos a mim e se opunham ferozmente às transformações determinadas pelo general Dempsey.

O ponto de vista de Conor após minha demissão da NDU

Nosso filho mais novo, Conor, morou conosco durante os três anos que passei em Fort McNair – dois anos como reitor da NDU e o terceiro no Corpo de Engenheiros. Em agosto de 2020, ele me enviou as seguintes observações sobre aquele tempo.

Estive pensando sobre alguns dos absurdos maníacos. É interessante porque você se mostrava sempre bastante excêntrico. Sempre tão cheio de energia que boa parte do que se tornava uma grave transgressão das normas sociais era meio difícil de diferenciar de apenas você sendo você.

Penso que devem ter havido algumas atitudes que eu não percebi que deveriam ser o reflexo direto de ira e raiva. Aquelas manifestações perniciosas que acabaram custando seu cargo.

O período em McNair foi para mim o mais intenso, porque eu estava presente grande parte do tempo e profundamente absorto no foco de minha tese na escola de artes Corcoran.

Eu me lembro de acordar muito cedo e encontrar você já em pé. Nós fazíamos aquelas caminhadas para observar o nascer do sol no ponto sul da base, sobre a água. A mudança na pressão do vento criava uma atmosfera delirante, e nós conversávamos sobre Deus, o criador, e também sobre arte, a perspectiva da NDU, o todo-poderoso, e todas essas coisas.

Foi muito benéfico para mim. Eu nunca tivera condições de falar a você da minha filosofia sobre arte, e você pareceu muito receptivo aos quês e porquês. Isso remete à primavera de 2013. Todo aquele ano foi bastante intenso.

No Quatro de Julho do verão de 2013, quando vovô Joe faleceu, a celebração que fizemos em casa foi épica, com todos os estudantes de intercâmbio israelenses.

É muita coisa. Os passeios em sua bicicleta, os vários serviços religiosos, a questão da igreja internacional, meu papel de "conselheiro" sem remuneração quando você começou na NDU. Mesmo acreditando que eu ofereci algumas ideias em seus discursos, a coisa toda não parecia correta em uma organização governamental. Tudo isso atingiu um ápice, para mim, quando você provocou atraso em nosso embarque no voo para o Havaí, partindo do Reagan [aeroporto]. Tentei partilhar a filosofia de Van [engenheiro mentor tenente-general Bob VanAntwerp] acerca de pontualidade, mas você tomou a ideia e discorreu sobre ela, mas não a colocou em prática. Observei que você não tinha a menor consciência dessa vívida distância entre ação e intenção, o que era bastante estranho. A partir dali, após a viagem para o Havaí [Natal de 2013], tudo entrou fundamentalmente em uma queda vertiginosa.

Assim, o comportamento maníaco que eu relacionei antes explodiu. E minha formatura na Corcoran, que deveria ter sido apenas um tranquilo churrasco na companhia de alguns amigos, tornou-se um evento da

NDU com todas essas pessoas que eu não tinha a menor ideia de quem eram – pessoas que provavelmente foram convidadas e, por causa da cultura militar do governo, sentiram-se na obrigação de comparecer; tudo muito estranho. Ao mesmo tempo, eu estava em débito com você, porque os benefícios educacionais oferecidos pelo governo dos EUA aos veteranos militares (GI Bill), dos quais você usufruía, garantiram meus estudos, e eu estava morando em sua casa. Como eu poderia protestar?

Como poderia eu ter a arrogância de insistir naquilo que eu desejava, ou criticar a situação, sabendo que você me proporcionara todas as coisas? Grande parte de minha passividade nessas circunstâncias decorria de meu sentimento de dívida para com você, subjugado por esse fato; e eu não tinha qualquer direito de fazer críticas ou julgamentos desfavoráveis.

Eu queria dizer que, embora você estivesse escorregando e eu definitivamente acreditasse que alguma coisa estava errada, quando retornamos do Havaí, muitas de nossas caminhadas e conversas ao longo de todo aquele ano, culminando com a formatura de Pat nas forças especiais, foram de fato construtivas e especiais. Nós conversamos sobre fé, arte e filosofia como nunca antes tínhamos feito, o que foi bastante estimulante para mim. Era tão fascinante e realmente grandioso o sentido de importância com que sua energia impregnava muitas dessas conversas, que não havia como não serem construtivas e cheias de esperança. Eu acredito que em tudo isso há um paradoxo – o fato de que, em última instância, essa mesma energia tenha conduzido você à autodestruição.

De volta ao Exército

Após a demissão da NDU, eu me apresentei ao vice-chefe do estado-maior do Exército (ou o Vice), general John "JC" Campbell, um velho amigo, colega de classe de West Point e vizinho em Fort McNair. Ele disse: "Bem-vindo de volta ao Exército. Não sei de que se trata essa coisa toda da NDU, mas o Exército tem por você profundo apreço. Se você estiver interessado, tenho para lhe oferecer algumas missões que o manterão em atividade até o momento programado para sua aposentadoria, em maio próximo; caso contrário, você poderá aposentar-se em trinta dias. Tire alguns dias para pensar e depois me avise". Tanto ele como os outros líderes seniores do Exército eram atenciosos e compassivos. O general Campbell, o falecido general Ray Odierno, chefe do Estado-Maior do Exército, o tenente-general Bill Grisoli, diretor do Estado-Maior do Exército, o tenente-general Tom Bostick, chefe dos engenheiros, e o presidente Dempsey eram fiéis ao lema de cuidar das pessoas e "nunca abandonar um companheiro abatido" – e, claramente, eu fora abatido.

Digitei minha carta de demissão e a encaminhei ao presidente. Escrevi então uma carta grandiosa dirigida a toda a NDU, que enviei também aos conselhos e acionistas, bem como aos principais líderes graduados do Exército e do Comando Conjunto, apresentando minha explicação sobre os fatos ocorridos, carta esta que foi acompanhada de uma cópia da carta enviada ao presidente. Em seguida, recebi uma ligação do diretor do Estado-Maior Conjunto, o tenente-general da Aeronáutica David Goldfein, que me ordenou, com bastante severidade, "desconectar o teclado e suspender todo trabalho relativo à NDU". Eu compreendi e acatei.

Escolhi um cargo que o chefe dos engenheiros, Bostick, ofereceu-me, para ser seu assistente especial – trabalhando com iniciativas estratégicas –, de agosto de 2014 até minha aposentadoria, em maio de 2015. Tratava-se de uma atribuição temporária, que me permitiria continuar em atividade, permanecer na folha de pagamento do Exército, ter acesso a qualquer tratamento médico de que eu viesse a necessitar (embora eu ainda não tivesse sido diagnosticado), bem como realizar inúmeras obrigações administrativas, logísticas, financeiras e médicas que são obrigatórias antes da aposentadoria.

Bostick era colega e amigo de muitos anos, e desejava dar assistência à minha família e a mim. Nós concordamos que eu tiraria uma licença de trinta dias e me apresentaria para o trabalho no final de agosto de 2014. Em meu persistente estado de mania aguda, fiquei empolgadíssimo com essa oportunidade e comecei a conceber toda espécie de ideias grandiosas para o Corpo de Engenheiros. Ele foi obrigado a me fazer concentrar em uma tarefa de nível estratégico que respaldasse suas ideias e sua missão para uma organização grande e complexa, sem me antecipar a ele. Minha incumbência era estudar e redigir a meta estratégica do Corpo para 2025, pensando uma década à frente. Com a minha experiência e formação, essa tarefa se encaixou em mim como uma luva. Meu chefe aprovou o trabalho, que concluí no início de outubro de 2014, logo antes de eu entrar em uma significativa espiral descendente, culminando em grave depressão.

Em meados de julho de 2014, antes e depois de o presidente me demitir da NDU, fui ao centro médico militar Walter Reed para passar por três avaliações de saúde mental e psiquiátrica. Embora eu estivesse naquele momento em estado de mania total, ainda não havia sido diagnosticado com transtorno bipolar. Porém, eu tinha consciência dos rumores que corriam pela NDU, dando conta de minha suposta loucura, e decidi me submeter a uma avaliação, acreditando que assim provaria minha sanidade e preservaria meu trabalho. Nas três avaliações – duas antes de meu afastamento e a terceira após minha demissão –, a equipe médica do Walter Reed atestou que eu estava psiquiátrica, física e mentalmente "apto para o trabalho". Eu me sentia bem e acreditava que fora injustamente afastado da NDU por causa da insatisfação e oposição de alguns líderes graduados e professores, que convenceram o J7 e o presidente a me demitirem.

Em primeiro lugar, procurei meu clínico geral, com quem havia me consultado algumas vezes por ano nos dois anos anteriores. Ele me examinou e trouxe então um psiquiatra experiente para fazer uma avaliação. Nós conversamos demoradamente sobre os acontecimentos na NDU, bem como em minha vida particular. Em seguida, os dois médicos conversaram entre si e então me chamaram de volta. Eles concordaram que eu estava em perfeita forma – nos aspectos mental, físico e psiquiátrico –, que não havia indícios de qualquer problema de saúde mental, e me deram a mais alta classificação médica, "apto para o trabalho". Atendendo a uma solicitação minha, eles encaminharam esses resultados através da cadeia de comando, até meus principais supervisores no Pentágono, pessoas que eu queria ter a garantia de que tomariam conhecimento do diagnóstico.

Esse fato demonstra a dificuldade para chegar a um diagnóstico de transtorno bipolar, mesmo quando o paciente se encontra em agudo estado de mania. Eu consegui facilmente manter uma conversa calma e inteligente sobre temas complexos enquanto os experientes doutores perscrutavam em busca de qualquer sinal de problema de saúde mental. Não acredito que eles tenham pedido ou tido acesso a qualquer um dos alarmantes relatos e resultados das investigações relativos a meus meses finais na NDU, o que evidencia uma falha sistêmica. Tampouco minha cadeia de comando forneceu a eles essas informações relevantes. Os médicos deveriam ter tido acesso a todo o material que passou pelas mãos do presidente e do J7 e que justificaram meu afastamento da NDU.

A primeira avaliação psiquiátrica atravessou a cadeia de comando, subindo até meus supervisores no Pentágono, e eles ordenaram que ela fosse refeita. Eles queriam uma segunda opinião. Na semana seguinte, voltei a me encontrar com os mesmos dois médicos, bem como com o chefe da psiquiatria do hospital. Os três realizaram então os exames, conversaram entre si e me deram a mesma avaliação favorável – apto para o trabalho. O chefe da psiquiatria chegou até a dizer que eu era "o oficial de alta patente mais equilibrado mentalmente" que ele conhecia.

Uma diferença na segunda avaliação é que eles conversaram brevemente com Maggie, e ela lhes disse que eu parecia maníaco. Essa informação chamou a atenção dos médicos, mas não alterou a avaliação que apresentaram. Tampouco eles fizeram a ela outras perguntas que permitissem aprofundar seu comentário sobre mania. Contudo, quatro meses depois, as observações de minha esposa foram fundamentais para meu diagnóstico de transtorno bipolar tipo I, ocasião em que eles as associaram com minha grave depressão.

Essas duas primeiras avaliações psiquiátricas me convenceram de que eu estava em perfeito estado de saúde e que meus inimigos políticos no estado-maior e no corpo docente eram os responsáveis por meu afastamento da NDU. Eles não desejavam as transformações e mudanças, como o presidente e eu reivindicávamos; portanto, livraram-se de mim por meio de táticas de farsa e guerrilha. Essa era a interpretação dos eventos norteada por minha bipolaridade, e me deixava ainda mais enraivecido. Depois da demissão da universidade, eu me submeti à avaliação psiquiátrica determinada pelo general Dempsey. Pela terceira vez, os médicos chegaram à mesma conclusão – apto para o trabalho.

12
Inferno bipolar

Depois das avaliações psiquiátricas no Walter Reed, na segunda metade de julho de 2014, encontrei-me com meu novo chefe no Corpo de Engenheiros, o tenente-general Tom Bostick. Nós conversamos sobre os passos a serem dados antes de eu viajar para a casa de minha família em Gilford, New Hampshire, em uma licença de trinta dias. Durante esse período, permaneci em estado de mania aguda, com piora acentuada dos níveis de paranoia, volatilidade emocional, ressentimento contra o pessoal da NDU e raiva explosiva. Eu enviava longos e-mails e mensagens de texto para todas as pessoas conhecidas, apresentando minha explicação para o que ocorrera na NDU; falava horas a fio no telefone, dominado pela raiva e as teorias da conspiração. Os colegas e amigos com quem eu conversei ao longo desse período relataram-me mais tarde que eu fazia longas reclamações inflamadas e cheias de raiva. Inúmeros deles acreditavam que eu enlouquecera, o que de fato aconteceu. Porém, eu estava, sem dúvida, mais convencido do que nunca de minha total sanidade, depois de três diferentes avaliações mentais no Walter Reed terem me declarado são. Em agosto de 2014, quando retornei a Washington após a licença, eu ainda estava em estado maníaco, mas em um grau mais moderado. A perspectiva do novo trabalho com os engenheiros me deixou empolgado, e eu assumi meu projeto estratégico com criatividade, energia e entusiasmo.

Contudo, dia após dia, eu sentia a energia e o entusiasmo se dissipando, a criatividade definhando, ao mesmo tempo que cresciam a ansiedade e a paranoia de que alguma coisa terrível estava para acontecer comigo.

Sufocado por um terror crescente, eu sentia algo ruim espreitando ao meu redor, mas não sabia ainda do que se tratava. Meu medo continuou aumentando e, em novembro, quatro meses após a demissão do comando, ele já me incapacitava.

Durante esse período, meu modelo anterior de religiosidade perdeu força e eu abandonei muitas das antigas práticas religiosas. Porém, desenvolvi um intenso desejo de assistir à missa católica e receber a comunhão todos os dias. Também comecei a ir me confessar diversas vezes na semana, o que, agora acredito, era uma forma de psicoterapia. Frequentei as missas quase todos os dias desde setembro de 2014 até minha aposentadoria, em maio de 2015. Essa era uma das poucas coisas que eu tinha força de vontade e condições de fazer invariavelmente.

No final de agosto de 2014, fui ao casamento de meu filho mais velho, Phil, na Califórnia. Eu estava me sentindo melhor – nem maníaco nem depressivo – e agi razoavelmente bem. Na recepção, dancei como um maluco e bebi cerveja abundantemente. Contudo, no dia seguinte, senti o que me pareceu ser um ataque cardíaco – eu tinha todos os sintomas. Nós ligamos para a emergência e fui levado de ambulância ao hospital para uma avaliação. Todos os exames realizados confirmaram que "não houve um ataque cardíaco", mas sim uma espécie de ataque de pânico, e eu fui liberado. Maggie ainda não superara o choque do pesadelo da NDU e ficou aliviada por eu não ter sofrido um infarto depois de todas as outras loucuras. Eu me senti aniquilado nos dois dias seguintes, mas grato por estar vivo. Foram quatro os ataques de pânico semelhantes pelos quais passei: 2006 em Portland, Oregon; 2011 em Carlisle, Pensilvânia; 2014 em Monterey, Califórnia; e 2019 em Cocoa Beach, Flórida. Todas as vezes fui liberado – nenhum ataque do coração. Desde então, fiquei sabendo que não é incomum que pessoas acometidas por transtorno bipolar grave tenham morte súbita causada por ataques cardíacos. A mania, em especial, provoca no coração um estresse tão extremo que ele não consegue resistir. Eu me considero afortunado por ter sido poupado desse destino, até agora.

O colapso

Após concluir meu grandioso projeto estratégico para o chefe dos engenheiros, em meados de outubro de 2014, eu me sentia extremamente deprimido, mesmo sabendo que o chefe apreciara muito meu estudo. Eu precisava fazer um grande esforço para conseguir pensar com clareza, sair de casa, falar com as pessoas ou executar qualquer espécie de trabalho significativo. No final de outubro, minha condição era de quase total incapacidade; qualquer coisa exigia de mim um enorme esforço e comecei a deixar de ir ao trabalho. Eu simplesmente não conseguia recuperar meu autocontrole; sentia-me péssimo e abatido pela sensação de culpa e vergonha, baseadas na crença de que eu estava enganando o Exército por não ser um oficial-general de alta produtividade. Comecei a ter delírios que me levavam a acreditar que eu estava sendo vigiado e que seria investigado e processado por ausência do trabalho sem autorização (AWOL, na sigla em inglês) e por WFA – essas são infrações graves, especialmente no caso de um oficial-general.

Essa espiral que me afundava na depressão teve seu auge no Dia dos Veteranos, em 2014. Era um belo dia de verão indiano (veranico) em Washington, e eu me sentia com disposição para caminhar lentamente pelo Fort McNair. À medida que me aproximava do rio Anacostia, uma enorme fadiga me abateu. A única coisa que consegui fazer foi sentar na grama, e depois precisei me deitar. O sol brilhante, o céu azul esplendoroso, as nuvens brancas e as folhas de outono em mutação produziam um caleidoscópio fascinante. O contraste entre o frio da grama e o calor do sol causavam uma sensação fantástica e eu caí num sono profundo, que não sei se durou horas ou minutos. Eu "sentia e via" a terra me engolir em uma sepultura cavada pela própria natureza. Eu acreditava que estava morto e sendo sepultado pela terra, e que não retornaria à vida.

Acordei repentinamente, ainda deitado na grama, com uma sensação ao mesmo tempo reconfortante e assustadora. Consegui me levantar e ir cambaleando devagar pelos cerca de 800 metros de volta até nossa residência. Chegando em casa, ainda abalado, só tive forças para deitar no sofá e tentar relaxar. Eu me sentia apavorado e exausto. Teria sido isso uma antevisão ou um anúncio de suicídio? Seria uma forma de ideação suicida passiva? Quando entrei em casa, Maggie perguntou se eu estava bem. Tudo o que consegui foi murmurar "Não sei ...", e depois despenquei sobre o sofá.

Fiquei disfuncional – mente, corpo e espírito – pelo restante do final de semana, sem energia para nada. Planejei ir trabalhar na semana seguinte, mas, quando chegou a hora, a depressão e o medo haviam me imobilizado; eu não tinha condições de me vestir, tampouco vontade de comer. Durante alguns meses, uma espiral descendente fora me distanciando do estado de euforia maníaca; e agora eu mergulhara em profunda depressão – de longe, a pior de minha vida.

Maggie ficou muito assustada com meu estado de saúde e me aconselhou a falar com meu XO no Corps, o capitão Jeff Kennedy. Ele era um jovem capitão de primeira linha, incumbido da missão de cuidar de mim e me apoiar – de modo muito semelhante a um ajudante de ordens. Eu liguei e fiz um relato sobre o que estava acontecendo. Informei a ele que precisava de um médico, pois nunca antes me sentira assim, e não fazia a menor ideia do que se passava comigo. O capitão dirigiu-se depressa para o Fort McNair. Eu consegui vestir roupas de ginástica, e nós caminhamos até a pequena clínica médica do posto. O doutor, que já me tratara diversas vezes de problemas de saúde de menor importância, ficou alarmado e marcou imediatamente uma consulta de emergência no Walter Reed com o mesmo clínico geral e o mesmo psiquiatra das avaliações anteriores.

Com a ajuda de meu XO, nós tomamos o metrô em direção ao Walter Reed e entramos imediatamente para encontrar os médicos. De repente, tudo começou a fazer sentido para eles. O diagnóstico inequívoco foi que eu estava mergulhado em um quadro de depressão e sofria de transtorno bipolar tipo I, com traços de psicose. Agora eles conseguiam identificar o elo com os comentários anteriores de Maggie sobre a mania.

Meu médico me colocou em uma licença de convalescença de trinta dias – o que significava afastamento do trabalho –, deu início às medicações, exigiu me examinar inicialmente duas vezes por semana e, depois, pelo menos uma vez por semana, até minha saída do Exército, no final de maio de 2015. Com isso, iniciou-se um período de experimentação de diversas drogas potentes, período este que se estendeu de novembro de 2014 até minha aposentadoria. Entretanto, nenhum resultado positivo foi alcançado. Eu estava o tempo todo exausto, zonzo e desorientado; dormia muito e tinha pouca energia e concentração. Minha depressão se agravou e os assustadores delírios ficaram significativamente piores até a ocasião de minha aposentadoria, quando deixei o Exército e mudei para New Hampshire.

Evitando a junta de avaliação médica

Ocorreu um fato inesperado que foi uma faca de dois gumes para meu tratamento e meu bem-estar. O médico me deu a opção de lidar com o tratamento para a bipolaridade por um método minimalista que passaria despercebido no Walter Reed, não exigiria hospitalização nem o acionamento da revisão por uma junta de avaliação médica (MEB, na sigla em inglês) e a revogação de autorizações de segurança. Fui advertido de que, sendo eu um oficial-general, a opção pelo caminho da junta médica provavelmente causaria considerável repercussão.

Uma fonte externa me colocou em contato com outro oficial de alta patente que acabara de sofrer um esgotamento mental grave no Afeganistão. Uma licença médica o afastou do campo de operações; ele recebeu tratamento integral para seu problema de saúde mental e foi submetido à revisão MEB. O oficial me contou que a junta foi terrível; que ele foi tratado como uma espécie de covarde, criminoso ou farsante; e que os oficiais e médicos graduados que participaram da junta não acreditaram em sua história e levantaram a suspeita de que ele a estava inventando a fim de deixar o serviço militar e embolsar mais dinheiro do sistema. O demorado processo burocrático também o obrigou a permanecer por mais tempo em serviço ativo, cumprindo suas funções até uma indeterminada data de aposentadoria e trabalhando no Pentágono – apesar de seu quadro de grave doença mental. Ele me exortou, veementemente, a proceder de maneira sigilosa e evitar a revisão pela junta, mantendo assim minha data de aposentadoria conforme a programação. Meu psiquiatra fez a mesma recomendação, e eu escolhi essa linha de conduta – sem MEB –, enfrentando a situação na surdina até maio de 2015, quando me aposentei.

Ao mesmo tempo que a escolha da abordagem minimalista oferecia o claro benefício de escapar da revisão pela junta, preservando a data programada de minha aposentadoria e evitando o estresse que o processo de avaliação pela junta poderia causar, ela tinha enormes desvantagens. Eu estava *realmente doente* e necessitava do melhor tratamento que me fosse possível obter *de imediato*. Sabendo o que sei hoje, eu deveria ter sido hospitalizado na ala de internação psiquiátrica do Walter Reed, provavelmente por, pelo menos, duas semanas, a exemplo do que o VA acabou fazendo por mim em março de 2016 e do que foi feito por meu filho em 2001. As duas hospitalizações – a dele e, posteriormente, a minha – foram fundamentais para a alteração do curso de nossa batalha contra o transtorno bipolar. O atendimento hospitalar teria acionado uma revisão MEB, mas ao menos eu teria entrado em um caminho consistente em direção à recuperação.

Como os medicamentos menos potentes não estavam produzindo os resultados desejados, deveriam ser experimentadas outras drogas mais fortes e mais específicas para bipolaridade – lurasidona, lamotrigina ou lítio, entre outras. Contudo, a prescrição de qualquer uma dessas substâncias enviaria um sinal de alarme através da hierarquia do Walter Reed, indicando que um oficial-general sofria de transtorno bipolar, e desencadearia imediatamente uma revisão pela junta e todas as consequências negativas dela advindas. Entretanto, eu *necessitava* daqueles medicamentos para a bipolaridade.

Outro aspecto negativo do Walter Reed foi que os médicos nunca fizeram uma tentativa rigorosa de me ajudar a lidar com os delírios paranoicos, que eram irracionais, mas também guardavam elementos de verdade e realidade – eu *tinha* faltado ao trabalho e me atrasado, em algumas ocasiões, sem a necessária permissão do meu chefe. Para um oficial militar que crescera e fora doutrinado dentro do princípio "Duty-Honor-Country" (dever, honra, nação), o Código de Honra, e submetido à inflexível formação em ética pela qual passam os oficiais militares graduados, isso me causou uma obsessão em nível doentio. Os delírios e a paranoia de ter cometido crimes contra o governo entraram em uma espiral crescente, saindo de controle, e eu não recebi qualquer assistência para lidar com esses sintomas. Porém, devo registrar que parte disso deve ter sido consequência de minha relutância em falar sobre esses delírios, por medo de que meu médico militar estivesse envolvido na conspiração contra mim.

Um fator decisivo para eu ter recebido um apoio médico ineficaz no Walter Reed pode ser um possível despreparo daqueles psiquiatras para fazer avaliação de transtorno bipolar em um oficial-general e a ele oferecer tratamento, em especial um oficial com tão elevado desempenho durante décadas. Muito provavelmente, não esperavam encontrar um oficial-general que sofresse de transtorno bipolar – isso não fazia parte do seu quadro de referência. Eles entendiam que essa doença acometia, de um modo geral, adolescentes e jovens na casa dos 20 anos, e não um bem-sucedido dois estrelas de 58 anos. Talvez nunca tivessem tratado transtorno bipolar em um oficial-general, nem mesmo em qualquer pessoa na faixa dos 70 anos. Eles também pareceram atemorizados em cuidar de mim e se mostraram relutantes em tomar qualquer atitude capaz de prejudicar minha carreira. Esse procedimento é algumas vezes denominado "Medicina VIP", quando os médicos alteram sua prática para conciliar com os desejos percebidos do paciente VIP, normalmente em uma forma mais leve e menos agressiva do que aquela que adotariam com um paciente não VIP.

Além de tudo isso, o diagnóstico de doença bipolar pode ser muito difícil de ser identificado, mesmo nos casos mais inequívocos. De qualquer modo, minha doença evoluiu consistentemente para pior durante os seis meses de tratamento no Walter Reed, apesar das consultas semanais com um médico que eu admirava e da experimentação com uma infinidade de medicamentos – nenhum dos quais funcionou. Surpreendentemente, nunca recebi o benefício de trabalhar com um terapeuta, o profissional que poderia ter me ajudado a combater os delírios por meio da psicoterapia.

O psiquiatra que me atendeu no Walter Reed esperou até a semana anterior à minha aposentadoria para registrar o diagnóstico de bipolaridade em meu histórico médico militar oficial e colocá-lo no sistema. Ele tomou tal precaução, aguardando mais de seis meses, para garantir que eu e meu histórico não fôssemos detectados pelo radar da instituição, e a revisão pela junta médica não fosse acionada.

A aposentadoria iminente

Quando me aposentei, no final de maio de 2015, eu estava psicológica, emocional e, em grande medida, fisicamente incapacitado pela depressão, o medo e a paranoia. Eu acreditava que meu XO, o capitão Kennedy, usava uma escuta e me gravava secretamente, e que eu era vigiado o tempo todo por agentes federais e militares infiltrados. Além disso, assombrava-me a ideia de que eu e minha família éramos observados pelos vizinhos, e que eles reportavam suas observações aos investigadores. Todos trabalhavam juntos contra mim – recolhendo evidências, criando suas histórias – e, no momento certo, entrariam em ação para me prender.

Em diversas ocasiões, cheguei quase a telefonar para os advogados de defesa do Exército – quando ainda em serviço ativo –, movido pela convicção de que eles poderiam examinar o caso e me defender; porém, minha mente distorcida e disfuncional era dominada pelo pavor de que isso acelerasse a investigação e, portanto, precipitasse minha condenação e prisão. Eu acreditava da mesma forma que, se lhes falasse sobre os meus temores, eles também se uniriam à conspiração contra mim. Nunca telefonei – eu estava apavorado demais.

De acordo com Maggie, nos meses que antecederam minha aposentadoria, eu liguei muitas vezes para meu XO, e ficava divagando e me repetindo, fazendo inúmeras perguntas minuciosas acerca de toda sorte de assuntos relacionados à aposentadoria, bem como outros completamente irrelevantes. Eu também tentava manobrar para, sem falar diretamente, descobrir alguma coisa sobre a "investigação" que, na minha imaginação, ele estava encabeçando contra mim. Maggie procurava desligar e permitir que ele continuasse seu trabalho, mas eu resistia.

Nas semanas que precedem a aposentadoria de um oficial que está em serviço ativo, há uma enorme quantidade de trabalho administrativo e logístico a ser realizado para que se garanta uma transição sem percalços do mundo militar para o civil. Para nós, uma das mais pesadas tarefas de mudança foi a redução de móveis e apetrechos de uso doméstico das enormes casas do Exército em que nós morávamos para adaptação ao espaço de nossa casa de tamanho modesto em New Hampshire. Foi uma tarefa árdua e, de acordo com Maggie, não contribuí com absolutamente nada – eu ficava deitado em estado de torpor, dormindo, às vezes andando de um lado para o outro e sempre gritando alto como um sujeito maluco. Com frequência, eu me deitava de costas com os olhos arregalados, remoendo pensamentos tenebrosos, emitindo lamentos e gemidos de angústia, martirizando-me por causa dos erros que já havia cometido, vislumbrando minha própria morte e, essencialmente, assustando Maggie. Ela disse que, quando chegou o momento da efetiva mudança, eu estava ainda pior.

Minha esposa não sabia o que fazer comigo, mas precisava manter a atenção nos encarregados da mudança. Para complicar a situação, a empresa transportadora chegou com horas de atraso e mandou funcionários inexperientes e em número insuficiente. E, para piorar ainda mais, Maggie tropeçou, caiu e teve um corte horrível no braço. O ferimento e o sangue me assustaram. Retornaram de imediato à minha mente as imagens do Iraque, onde houve muito mais sangue, além das mortes, mas eu não conseguia sair de meu estado de estupor.

Lembro-me de certo dia, nesse período, ter sido subitamente tomado por um medo irracional e começado a arrancar páginas potencialmente "incriminadoras" de meu caderno de anotações diárias, que eu levava para queimar em uma área escondida da escadaria externa. Depois entrei em pânico pela possibilidade de alguém ver a fumaça ou encontrar as cinzas e relatar o fato aos investigadores. Eu acreditava que estivesse sendo vigiado, que havia olhos por toda parte.

Não fui capaz de decidir se teria uma cerimônia de aposentadoria, algo que praticamente todo oficial que ocupa boa posição tem. Eu estava apavorado demais para participar de tal comemoração e me julgava física e mentalmente incapaz de cumprir meu papel. A cerimônia exigiria que eu trajasse uniforme de gala, atravessasse o rio até Fort Myer, proferisse um discurso, marchasse por uma curta distância, participasse da recepção aos convidados e depois da reunião festiva. Na condição mental em que eu me encontrava essa era uma tarefa assustadora, que me aterrorizava. Eu não queria uma celebração; de repente queria; depois não queria mais. Fiquei oscilando entre querer e não querer, uma atitude terrivelmente perturbadora para meu chefe, o tenente-general Bostick, e para os organizadores.

Depois de consultar meu chefe e a família, acabei admitindo que, após 36 anos de serviço militar ativo, eu devia a meus familiares uma cerimônia como essa. O fato de o Exército e meu três estrelas concordarem com a celebração e com a aposentadoria deveria ser para mim um sinal de que eu não estava sob investigação. Entretanto, em vez disso, convenci-me de que a permissão para esses eventos era apenas parte do plano deles para me iludir e criar mais acusações a serem usadas em um processo contra mim. Eles queriam me levar a *pensar* que tudo estava certo, enquanto forjavam um caso ainda mais robusto.

Felizmente, Phil (meu filho mais velho, que era sargento de um estado-maior e alguém que já sofrera de transtorno bipolar quando cursava o ensino médio) atendeu a uma solicitação de Maggie, pediu licença e viajou da Califórnia para estar conosco. Ao testemunhar meu estado lastimável, ele me ajudou a vestir o uniforme de gala, a ir até o local e ter na cerimônia um desempenho dentro de certo grau de respeitabilidade, apesar de minha aguda depressão e dos delírios. Não sei como consegui superar os obstáculos. Mais tarde, inúmeras pessoas confessaram que haviam percebido alguma coisa errada em mim, mas não sabiam o quê. O velho Gregg Martin – a energia, o entusiasmo e a exuberância sem limites – desaparecera. Em seu lugar havia uma pessoa que eles não reconheciam.

Medo, delírios e depressão em New Hampshire

Depois que me aposentei e nós mudamos para o novo lar em New Hampshire, podia parecer que meus medos e minha depressão iriam diminuir, mas não foi o que ocorreu. Na verdade, os medos aumentaram e eu comecei a acreditar que o Exército havia transferido meu caso criminal para as autoridades da justiça federal civil. Eles sabiam que eu estava mudando para New Hampshire e já teriam estabelecido lá uma rede para me monitorar, reunir mais evidências e me prender.

Durante a viagem através de Connecticut, eu estava em tal estado de pânico que liguei para meu psiquiatra no Walter Reed, com quem já vinha fazendo consultas havia quase um ano. Expliquei a ele que o medo da investigação contra mim me paralisara totalmente. A resposta foi: "Eu não lido com questões legais". Depois, perguntou se eu estava tomando as medicações (eu estava) e disse em seguida que eu deveria procurar um bom advogado para me ajudar com os problemas legais. Embora tivesse estado comigo pelo menos uma vez por semana durante quase um ano, ele deixou passar despercebido o fato de que todos os meus problemas "legais" eram problemas psiquiátricos. Aparentemente, o doutor não percebeu a gravidade de meu transtorno bipolar e dos traços psicóticos. Contudo, em sua defesa devo dizer que, nas nossas sessões, eu tive sobretudo medo de lhe falar sobre meus delírios, temendo que ele na realidade fizesse parte da conspiração contra mim. Portanto, ele carecia de um conhecimento mais profundo dessas questões.

Após a chegada a New Hampshire em junho de 2015, os delírios ganharam mais intensidade, agravando assim minha depressão. Tornei-me prisioneiro deles, perdendo completamente a capacidade de pensar com clareza, e fui dominado por um medo irracional. Eu acreditava que todos – o sistema de justiça militar, meu chefe, meu XO, os vizinhos, os médicos – conspiravam para me prender e me acusar de crimes dolosos envolvendo o WFA; de me aproveitar de minha posição de oficial sênior para fazer uso indevido do sistema; e de usurpar salários e benefícios aos quais eu não tinha direito. Sendo um ex-duas estrelas, eu só conseguia imaginar o pior – espancamentos e tortura que culminariam com meu brutal assassinato em uma prisão monstruosa. Comecei a assistir ao programa de TV *Lockup*, sobre prisão "verdadeira", e me imaginava, com detalhes vívidos, sendo esfaqueado e morrendo com o rosto encostado no concreto frio do chão da prisão, soltando golfadas em uma poça de meu próprio sangue.

Também me perseguia o medo de ir ao VA em New Hampshire, alimentado pela certeza de que eles prepariam uma armadilha para me prender no exato instante em que eu chegasse para a consulta. Eu não conseguia parar de pensar sobre o que acontecera na NDU, sobre minhas atitudes equivocadas e minha incapacidade para estruturar uma lucrativa carreira civil pós-Exército. Minha doença bipolar arruinara qualquer chance possível de ter de um emprego civil no qual eu aproveitasse a experiência em gestão e liderança em nível estratégico que adquirira como oficial militar. Meu psiquiatra no Walter Reed sugerira que eu trabalhasse em alguma coisa como uma loja de bicicletas, pelo prazer que eu sentia em pedalar – em outras palavras, um cargo de nível executivo não era mais uma possibilidade real para mim.

Uma falha gigantesca no sistema militar de assistência à saúde foi o fato de não ter havido continuidade do tratamento depois que me aposentei – nenhuma transição para um provedor civil nem para o sistema de saúde do VA. Todos os membros das Forças Armadas eram abandonados à própria sorte, tendo que procurar um sistema de saúde e se inscrever por sua conta. Diante de minha condição mental, alguém no sistema de saúde militar deveria ter garantido que eu estivesse inscrito no VA ou em um provedor civil. Uma consulta com um psiquiatra deveria ter sido agendada tão logo eu estivesse estabelecido em New Hampshire. Mas isso não aconteceu. Eu estava por minha conta, em um estado mental de completa incapacidade, gravemente deprimido e dominado pelo medo de vir a ser preso caso entrasse nas dependências de uma instituição federal. Maggie me pressionava a ir ao VA, mas eu não ia e não conseguia ir. Meu pavor era grande demais. Essa foi uma falha espantosa e potencialmente mortal do sistema médico militar.

Felizmente, em um seminário sobre aposentadoria de um oficial-general ocorrido um ano antes, em junho de 2014, um oficial de assistência a veteranos (VSO, na sigla em inglês) da organização Veterans of Foreign Wars (VFW), Mike Figlioli, deu-nos informações sobre como solicitar os benefícios médicos do VA. Seis meses mais tarde, sabendo que minha aposentadoria iria acontecer dali a alguns meses, fui me encontrar com ele, levei meu histórico médico militar e entrei com a solicitação para acesso aos benefícios médicos do VA. Demorou cerca de um ano, mas meu requerimento de incapacidade médica foi aprovado com direito aos benefícios associados, embora ainda faltasse ir a uma unidade do VA para fazer a inscrição, o que aconteceu em março de 2016, no hospital do VA em White River Junction, Vermont, onde fui internado para tratamento psiquiátrico. Felizmente, desde que me aposentei, mudanças significativas foram implementadas na questão da continuidade do tratamento e no registro no VA, inclusive o programa denominado inTransition.

Maggie e eu mudamos para nossa casa em Gilford, New Hampshire, onde tivemos a companhia de minha dinâmica mãe de 87 anos, Patricia, com quem havíamos feito um acordo de "patrimônio vitalício", segundo o qual ela continuaria vivendo lá depois de ter vendido a casa para nós, três anos antes, em 2012. Minha mãe ficou feliz em nos ver e sabia que eu estava enfrentando uma situação difícil, mas confiava que meus problemas mentais se dissipariam agora que eu me afastara do Exército e do estresse de Washington. Mamãe acreditava que meus problemas eram o reflexo do excesso de estresse no trabalho, bem como de horas insuficientes de sono e consumo demasiado de álcool no curso de quatro décadas no Exército. Ela acreditava também que eu me envolvera demais com o trabalho e a religião, e que tal excesso era prejudicial. Na minha opinião, a avaliação dela estava pelo menos parcialmente correta. Será que a ausência desses fatores teria evitado o desenvolvimento do transtorno bipolar? E, se mesmo assim fosse desencadeado, será que talvez pudesse não ter atingido a gravidade que atingiu?

Infelizmente, em vez de minha bipolaridade desaparecer em New Hampshire, ocorreu o oposto. Os delírios e a depressão se agravaram ainda mais, e entrei em uma nova fase – eu andava ao redor da casa, aos berros, desferindo socos contra mim mesmo e batendo a cabeça no piso de madeira. Minha mãe e Maggie ficavam horrorizadas.

Poucos dias depois que chegamos, Maggie comprou uma passagem de avião para eu ir passar uma semana com minha irmã no Havaí, em um condomínio junto às águas, que ela alugara. As duas julgaram que isso teria um efeito terapêutico. Não consegui decidir o que fazer, tampouco arrumar as malas, e desmoronei por completo – comecei a ter convulsões, a bater a cabeça, esmurrar o chão, andar de um lado a outro, atirar-me sobre o chão e gritar feito um louco. Esse foi o primeiro de muitos outros ataques de pânico que eu tive em New Hampshire.

Maggie e minha mãe quiseram me levar até a emergência do hospital local, em Laconia. Diante da recusa, minha mãe ameaçou ligar para a polícia. A ameaça me fez recuar, e eu as acompanhei imediatamente, pois a vinda da polícia poderia precipitar minha iminente prisão. O médico me avaliou e liberou, porque eu não era um suicida em potencial, e me encaminhou para a clínica local de saúde comportamental. Esse foi o primeiro de muitos dias em New Hampshire, nos quais eu deveria ter sido colocado em camisa de força, sedado e internado em uma unidade psiquiátrica. Mamãe e Maggie ficaram estarrecidas com o que presenciaram. As duas acreditavam que a saída do Exército e de Washington me ajudaria a relaxar e recuperar um equilíbrio mental e emocional mais saudável. Ao contrário, a estada em New England estava produzindo o efeito oposto.

O psiquiatra local me examinou e confirmou o diagnóstico de transtorno bipolar tipo I com traços psicóticos, conforme já feito pelo psiquiatra do Walter Reed, e prescreveu lurasidona e lamotrigina, dois medicamentos para bipolaridade que, na opinião dele, eram a combinação ideal. Ele não deu importância aos delírios, por considerá-los sem base na realidade, o que era verdadeiro em grande medida, mas não ofereceu recursos que me ajudassem a fugir das apavorantes garras dessas alucinações. A exemplo de meu psiquiatra do Walter Reed, esse também classificou os delírios paranoicos como "irracionais" e não deu atenção a eles. Os dois médicos disseram: "Você é um sujeito perspicaz – um general –, você sabe que isso não pode ser verdadeiro", e assim desconsideraram a essência do que um delírio de fato *é*. Minhas sessões semanais de terapia me pareciam morosas demais e carentes de valor. Perdi a confiança nesses prestadores de saúde locais e, por isso, deixei de tomar a dose completa dos medicamentos prescritos, além de me recusar a comparecer às consultas. Eu estava afundando cada vez mais na miserável e assustadora cova da depressão aguda e dos delírios.

Um zumbi disfuncional

Meus medos e meu comportamento se agravaram. Eu continuava paralisado de terror e mal conseguia agir. Estava em um estado de dramática depressão, de desespero e sofrimento, praticamente incapaz de conversar com quem quer que fosse sobre qualquer coisa. Com a mente remoendo pensamentos sombrios, eu não retornava as ligações, as mensagens e os e-mails, mesmo os contatos de pessoas das Forças Armadas que tentavam falar comigo em demonstração de amizade ou que desejavam me oferecer algum emprego. Aceitei entrevistas por telefone para uns poucos cargos, e elas foram desastrosas – eu me mostrei incoerente e incapaz de pensar com clareza. Apesar disso, um influente executivo empresarial, amigo meu e formando de West Point, que me conhecia havia décadas, ofereceu-me um trabalho excelente de desenvolvimento de liderança. Contudo, depois de recebida a oferta, entrei em pânico, então liguei para o assistente dele e, sem apresentar explicações, disse que não poderia aceitar. Meu amigo e aspirante a chefe retornou a ligação, muito chateado com minha súbita mudança de opinião. Ele estava confuso e não conseguia entender qual era o meu problema. Esse evento marcou o fim de nosso relacionamento.

Diversos bons amigos – alguns locais e outros que moravam longe – continuaram tentando se comunicar comigo de maneira imparcial, independentemente de eu retornar as mensagens, ligações e os e-mails que me enviavam – o que eu normalmente não fazia. Eles eram persistentes e entravam em contato comigo por meio de Maggie ou, até mesmo, iam à nossa casa. Todos, exceto um, eram veteranos do Exército e leais ao Credo do Soldado, que diz: "Nunca abandonarei um companheiro abatido". Com exceção do meu mentor do AWC, Bill Barko, que tinha um sólido conhecimento sobre saúde mental, meus outros amigos pouco entendiam acerca de transtorno bipolar e do efeito devastador que ele estava tendo sobre mim. Mas, na ocasião, poucas pessoas entendiam (e mesmo hoje). Para eles, seria suficiente que eu me animasse e ocupasse um pouco mais meu tempo, para voltar ao que era antes. Eu realmente sou grato à sua amizade e perseverança. Eles faziam o possível para me convencer a sair de casa e acompanhá-los em algumas atividades. Algumas vezes, conseguiam, mas eu estava sempre tão ansioso, com tanto medo e deprimido que me divertia muito pouco na maioria dos nossos passeios.

Um passatempo que eu de fato apreciava era beber muita cerveja na companhia do Kurt Webber, um colega de classe de West Point e oficial reformado do Exército que morava perto e produzia uma deliciosa cerveja caseira. Nós fumávamos charutos de primeira linha enquanto tomávamos a cerveja, uma forma de automedicação. Um vizinho civil, Tom Lacey, conseguia me levar esporadicamente para um passeio em seu barco ou para dar uma volta de caiaque. E dois veteranos, Hunt Kerrigan e Jack Moser, foram bons amigos que me estimulavam e também conseguiam me fazer sair de casa.

Minhas irmãs também se esforçavam para ajudar. Elas telefonavam, faziam visitas, enviavam cartões e mensagens, além de se mostrarem sempre encorajadoras e alegres. Mas, a exemplo de meus amigos, elas não sabiam o que era transtorno bipolar e acreditavam que, se eu adotasse uma atitude mais otimista, saísse de casa e voltasse a procurar diversão e exercícios saudáveis, tudo ficaria bem outra vez. Em algumas ocasiões, nós praticamos as atividades ao ar livre de que eu costumava gostar, mas que naquele momento não me despertavam interesse e me causavam mais estresse.

As práticas atléticas de que eu gostava muito em New Hampshire, que me energizavam e alimentavam minha euforia maníaca, como natação, esqui aquático, esqui na neve, caminhadas com raquetes de neve e muito mais, naquele momento tinham efeito oposto. Com exceção das caminhadas, a única coisa que eu aceitava fazer – Maggie tentava me arrancar de casa uma vez por dia quando ela saía para passear com nosso cachorro, Meda –, todas as outras atividades pouco me entusiasmavam. Elas me deprimiam ainda mais e fomentavam meu medo, fazendo-me lembrar do Gregg Martin atlético e feliz que eu fora um dia e ressaltavam a extensão de minha derrocada. Meu interesse por sexo e todo e qualquer desejo sexual praticamente se anularam, o que fazia aumentar minha depressão.

O longo, frio e sombrio inverno de New England me deixava ainda mais deprimido. Nossa casa ficava localizada no lado setentrional de uma cordilheira alta voltada para o norte; assim, no inverno, o sol mal se elevava acima do cume. Felizmente, a casa tinha muitas janelas, o que impedia que ela fosse tão escura como seria em caso contrário, mas, ainda assim, eu vivia reclamando da falta de luminosidade. Olhando em retrospectiva, Maggie acha que era surpreendente eu conseguir sair da cama, o que eu sempre conseguia, mesmo nos piores dias.

A melhor parte de todos os dias era quando eu ia me deitar, à noite, e rezava para não acordar. Na verdade, eu experimentava uma sensação de paz ao fechar os olhos. A pior parte de todos eles era quando eu acordava. O novo dia trazia mais medo, sofrimento e dor. Quase todos os dias eram tortuosos e horríveis. Por sorte, durante a maior parte do período de provação eu dormia e me alimentava adequadamente. Ainda assim, eu tinha esperança de morrer e pensava constantemente em morte. A interminável projeção mental de minha própria morte, violenta e sangrenta, acompanhava-me praticamente o tempo todo. Eu não tinha esperança de que minha condição de saúde um dia melhorasse, e acreditava que a melhor coisa que poderia acontecer para mim e minha família seria eu morrer ou ser morto – sem cometer suicídio –, pois assim Maggie teria direito integral ao Survivor Benefit Program, que lhe pagaria pelo resto da vida 55% de meus proventos de aposentadoria militar. Além disso, ela receberia meu seguro de vida.

Em virtude desse estado mental, eu dirigia algumas vezes sem o cinto de segurança, na esperança de vir a morrer no caso de um acidente. A primeira vez que fiz isso foi em maio de 2015, quando nós ainda morávamos em Washington. Sempre que eu saía para caminhar em New Hampshire, costumava ver enormes caminhões de 18 rodas passarem por mim em alta velocidade; e eu imaginava e *sentia* uma força poderosa me agarrando e atirando debaixo das rodas de um deles, causando instantaneamente minha morte. De modo semelhante, nos momentos em que eu dirigia pela rodovia, conseguia "sentir" a mesma força poderosa segurando a direção do veículo e dando uma guinada que provocava uma colisão de frente com um desses caminhões vindo em sentido oposto. Era uma sensação apavorante – só de pensar nisso agora, sinto meu corpo estremecer. Mais tarde eu viria a aprender no VA que essas alucinações psicóticas eram "ideações suicidas passivas".

Embora os anos em que fui dominado por episódios de hipertimia e hipomania, e mesmo alguns de mania de alto desempenho, tenham sido prazerosos e estimulantes, as fases mais recentes de experiência bipolar aguda – em especial a depressão e a psicose – foram terríveis. É impossível fazer uma descrição por escrito de quão aterrorizantes elas foram, não apenas para mim, mas também para minha família. Meu transtorno bipolar foi acompanhado por estranhas alucinações e, mais importante ainda, por delírios apavorantes. Em minha mente, eles eram reais, e eu vivi durante bem mais de um ano em estado de terror paralisante, incapaz de pensar racionalmente ou ter ações construtivas.

Eu odiava minha doença e o estado de coisas de minha vida. Eu queria melhorar, mas não conseguia. Nas ocasiões em que tinha condições de reunir forças, eu gritava a plenos pulmões na tentativa de me motivar e esbravejava com Deus, pedindo a Ele que me salvasse. Eu esmurrava repetidas vezes minha cabeça ou a golpeava contra o chão. Porém, sentia-me incapaz de romper os muros da prisão dentro da qual a doença de meu cérebro me aprisionara.

13
Comunidade de apoio a pessoas com problemas mentais

No final de fevereiro de 2016, nosso filho mais novo, Conor, exortou-me a confrontar aqueles que eu acreditava fazerem parte da conspiração contra mim. Anteriormente ele e outras pessoas já haviam me incentivado a fazer isso, mas eu sempre ficava paralisado de medo. Dessa vez, entretanto, por alguma razão eu estava motivado a fazê-lo. Tremendo de medo, anotei minhas perguntas e liguei para meu ex-XO no Corpo de Engenharia, o capitão Jeff Kennedy. Eu lhe apresentei todas as perguntas relevantes sob todos os ângulos, e ele me assegurou que não havia investigações; que ele não tinha me denunciado por espécie nenhuma de infração; que ele não instalara uma escuta; que não estivera me filmando secretamente; e que não estava colaborando com outras pessoas em uma conspiração contra mim.

No dia seguinte, liguei para meu ex-chefe, mentor e amigo de longa data, o Chefe dos Engenheiros, tenente-general Tom Bostick, e lhe apresentei as mesmas questões. Ele ficou horrorizado e me assegurou que nada nesse sentido havia acontecido. Bostick se mostrou extremamente preocupado comigo e disse que me colocaria em contato com alguns médicos especialistas em saúde do cérebro e da mente, que ele conhecia pessoalmente. Eu conversei com esses profissionais, que me indicaram onde procurar tratamento. Um deles recomendou tratamento hospitalar no Walter Reed ou no Brook Army Medical Center, em San Antonio; o outro indicou o Mass General Hospital em Boston.

As conversas me trouxeram um pouco de alívio, mas apenas por um curto período. Pouco tempo depois, toda sorte de dúvida e descrença tomou de assalto meus pensamentos. Eu me convenci de que as certezas por eles demonstradas não passavam daquilo que os agentes da lei os haviam instruído a dizer; tudo era simplesmente outra peça da conspiração que visava me arrastar cada vez mais para dentro da investigação sobre meus "crimes". Eu não acreditei neles e comecei a me sentir pior do que antes. Meu estado de espírito afundou em um abismo. Eu só conseguia ficar deitado no sofá remoendo os pensamentos. Conor e Maggie tentaram me persuadir a ligar para os dois novamente e dissipar minhas dúvidas.

Poucos dias mais tarde, voltei a ligar e fiz as mesmas perguntas, só que, desta vez, questionei também se os agentes da lei os haviam instruído acerca do que me dizer. Os dois reafirmaram enfaticamente que não havia investigações e que eu não fizera coisa alguma errada. O tenente-general Bostick ressaltou, com veemência, que, se o Exército estivesse me investigando, jamais teria permitido que eu me aposentasse – essa simplesmente não era a maneira de atuar da instituição. Ele ficou perplexo com a minha condição mental.

Maggie acha que, de todos os terríveis delírios que ocorreram em meu período de crise, o pior foi acreditar que Tom Bostick estivesse conspirando contra mim, porque, na opinião dela (e na minha), nós nunca conhecemos uma pessoa mais amável e atenciosa. Essa é mais uma evidência de quão implacavelmente a bipolaridade pode distorcer a realidade e destruir amizades. A boa notícia é que Tom e eu continuamos bons amigos até hoje. Ele é meu incentivador determinado e patrono de minha saúde cerebral e mental.

Reencontro com os dias felizes

Não sei dizer por quê, mas dessa vez acreditei em meu ex-chefe e XO. O medo e a paranoia que me assaltavam desapareceram de repente e eu conseguia me sentir entrando rapidamente em estado de felicidade, depois de exuberância e, por fim, euforia. Uma poderosa onda de energia positiva tomou conta de minha mente, meu corpo e meu espírito. Vesti as roupas de exercício ao ar livre e saí correndo para o dia frio congelante do inverno de New Hampshire. Eu me sentia novamente com os poderes de um super-homem. Pela primeira vez em anos, caminhei durante horas pelo interior montanhoso. Saí da estrada e me embrenhei nas florestas, caminhando pela neve profunda e subindo colinas íngremes e geladas – uma sensação extraordinária.

Quando cheguei em casa, tomei uma demorada ducha quente, fiz minha barba de semanas e cortei o cabelo, hábitos que eu negligenciara por longos períodos na fase da depressão. Vesti roupas limpas depois de ter passado semanas e meses usando o mesmo agasalho do Exército, que só foi lavado algumas vezes durante esse tempo.

A ideia de praticar esqui alpino no oeste das Montanhas Rochosas tomou-me de assalto – uma atividade que anteriormente fizera parte de minhas maiores paixões. Peguei um caderno e anotei todas as coisas que queria fazer durante o resto de minha vida. Então voltei a pensar no esqui, e tomei nota de um plano detalhado para ir de carro até o Colorado, esquiar nas melhores encostas, e depois ir para Utah e esquiar o máximo possível até o final da temporada. Eu imaginava viver a maior parte do tempo fora do meu carro, o que seria uma insanidade no inverno gelado das Montanhas Rochosas. Em uma ligação para meu amigo íntimo e colega de classe de West Point Ward Rotter, nós conversamos sobre uma viagem ao redor do mundo, com ponto final no Brasil, onde ele estivera alocado quando jovem oficial do Exército.

Naquela noite, quase não consegui dormir, por causa da extrema euforia. No dia seguinte, fui à academia local e me exercitei intensamente por várias horas – atividades aeróbicas, levantamento de peso, ginástica, yoga, alongamento, natação. Essa foi minha primeira sessão de exercícios na academia em bem mais de um ano, uma coisa extraordinária, pois eu costumava me exercitar quase todos os dias de minha vida, desde o ensino médio, com exceção apenas de quando eu estava doente ou fisicamente impossibilitado de fazê-lo. Em decorrência da longa falta de atividade física, minha força e meu preparo físico estavam bastante reduzidos. Mas então – tão subitamente quanto fora avivado – meu humor se abateu. No dia seguinte, entrei em uma espiral descendente e afundei em uma depressão assustadora; dessa vez, porém, sem a paranoia. Um simples e profundo confronto com meus delírios me permitiu derrubá-los por terra. Conor e uma injeção de coragem vinda de Deus foram as alavancas. Mais tarde, vim a saber por meio de meu médico que ataques cardíacos não são raros depois de crises de euforia e colapso como eu vivenciara. Por sorte, isso não ocorreu.

Felizmente, durante o mesmo período de uma semana (final de fevereiro até início de março de 2016), aconteceu uma combinação de importantes telefonemas e outros eventos, o que deu início ao processo de tratamento responsável por me livrar das garras de meu transtorno bipolar. Em primeiro lugar, Bill Barko, que fora meu orientador de pesquisa e mentor no tempo de aluno do AWC, dezesseis anos antes, e era agora um coronel reformado do Army Medical Corps com especialização em trabalho social e saúde mental, não perdeu o contato comigo. Ele me visitou diversas vezes quando eu estava na NDU, percebeu que eu tinha algum problema e nunca desistiu de tentar me ajudar. Barko conversou demoradamente com Maggie, que o colocou a par dos detalhes. Depois disso, ela insistiu que eu conversasse com meu amigo e escutasse o que ele tinha a dizer. Os delírios de vir a ser preso haviam desaparecido nessa ocasião, mas eu caí novamente em uma depressão incapacitante. Não foi necessário ele me convencer de que eu precisava desesperadamente de ajuda. Eu sabia e queria melhorar.

Barko me colocou em contato com um proeminente psiquiatra conhecido dele, um médico que fora chefe da psiquiatria do hospital do VA em White River Junction, Vermont, e que agora atendia no Hitchcock Medical Center, na vizinha Dartmouth University. Tenho certeza de que Bill disse a ele que, em sua opinião profissional, eu necessitava de hospitalização imediata.

O psiquiatra me ligou no dia seguinte e, depois de uma conversa detalhada, aconselhou-me, com toda a veemência, a ir ao hospital do VA em White River Junction. Eu lhe perguntei sobre o Dartmouth-Hitchcock, um renomado centro médico. Ele reconheceu a excelência do Hitchcock, mas me assegurou que essa unidade do VA tinha um departamento de psiquiatria excepcional, cujo pessoal ele conhecia tanto profissional como pessoalmente, e que, para meu caso específico, por ser um veterano de combate, eles poderiam oferecer um tratamento, de longe, superior ao que eu encontraria em qualquer outro lugar. O psiquiatra ligou então para o VA, em meu nome, e, no mesmo dia, recebi uma ligação do chefe da psiquiatria do hospital, perguntando se eu poderia ir vê-lo na manhã seguinte. Depois que concordei, ele acrescentou que eu levasse uma pequena mala para o caso de uma internação de uma ou duas semanas.

Naquela tarde, Maggie e eu fomos de carro até White River Junction e passamos a noite em um hotel da redondeza. Meu estado de espírito melhorou bastante. Eu me sentia exultante por estar dando passos concretos na direção da recuperação. Eu queria melhorar e agora tinha esperança, entrando de novo no ciclo da mania e vendo o VA como um potencial salvador. No dia seguinte, fiz meu registro e obtive o cartão de identificação do VA, o que me deixou muito feliz. Nós nos apresentamos então ao chefe da psiquiatria. Ele conversou com Maggie e eu por cerca de quinze minutos e depois fez as perguntas habituais: "Você tem inclinação suicida ou tem alimentado pensamentos de machucar a si mesmo ou outras pessoas?". Eu estava acostumado com essas perguntas e sempre respondia não, o que era verdadeiro. Depois, fez uma pergunta fundamental com a qual eu nunca antes fora confrontado: "Você teve pensamentos mórbidos sobre a morte ou sobre morrer?".

"Sim, eu tenho", respondi; e, em seguida, falei a ele sobre as alucinações de ser "atirado" sob os caminhões de dezoito rodas, de "virar a direção" e colidir frontalmente com os veículos no sentido oposto, de não usar o cinto de segurança e ter uma morte violenta em um acidente de carro e ser brutalmente agredido e esfaqueado até a morte em uma prisão federal. O médico se endireitou na cadeira e suas feições mostraram preocupação. Ele disse: "Esse tipo de pensamento é denominado 'ideação suicida passiva' e é extremamente grave. Ela pode facilmente passar de passiva para ativa e, nesse caso, você estaria correndo um grande risco de cometer suicídio".

O médico falou então: "Quero manter você aqui por algum tempo, em nossa ala de internação psiquiátrica". Perguntei por quanto tempo e, quando ele respondeu que por pelo menos uma semana, talvez duas, meu estado de espírito melhorou ainda mais. Fiquei muito feliz por estar recebendo uma ajuda importante. Um fluxo positivo de pensamentos e energia tomou conta de mim. Ele afirmou que me visitaria todos os dias para conversarmos. Em seguida, pediu que uma enfermeira acompanhasse Maggie e eu até a ala de internação.

Não entendo por que o psiquiatra do VA de White River Junction foi o primeiro profissional médico a me fazer aquela pergunta sobre pensamentos mórbidos, o que foi o passo decisivo para identificação de minhas ideações suicidas passivas. Eu acredito que uma pergunta de tal importância deveria ser feita rotineiramente no campo da psiquiatria. Trata-se de uma questão natural e lógica no processo de investigação, depois de apresentadas perguntas sobre pensamentos suicidas ou de automutilação.

Fui internado na ala psiquiátrica e depois entreguei minhas roupas e meus pertences, inclusive o cinto e os cordões do sapato (para evitar que eu me enforcasse). Recebi permissão para manter comigo os medicamentos, a escova e a pasta de dentes. A mala e seu conteúdo restante foram guardados com minhas roupas. A equipe me forneceu então roupas e chinelo do próprio VA, para eu usar dentro da enfermaria. Nesse momento, pensei: *Uau! Que viagem! De herói a nada; de poderoso e importante general do Exército a interno na ala psiquiátrica do VA, local para pessoas cujo cérebro está doente ou destroçado e que perderam o juízo.*

Essa ideia me fez sentir tristeza por alguns instantes, quando ponderei o que poderia ter sido da minha vida logo após a saída do Exército – um cargo importante, viagens pelo mundo, salário polpudo. Mas, em seguida, meu coração e minha mente foram tomados por um sentimento de gratidão – uma enorme gratidão por Deus ter interferido e me levado exatamente aonde eu precisava estar para começar minha recuperação. Meus pensamentos se voltaram para o papel do ator Jack Nicholson em *Um Estranho no Ninho*, o personagem Randle Patrick McMurphy, um indivíduo internado em um brutal hospital psiquiátrico. Eu me perguntava: "serei agora o novo McMurphy?". Essa experiência foi dolorosa, mas também estimulante. Minha mente oscilava rapidamente enquanto eu era admitido na enfermaria.

O pessoal permitiu que Maggie se despedisse antes de ir embora. Entrei então na ala fechada da unidade, recebi orientações do chefe da enfermagem, fui conduzido através de um passeio pelas instalações e levado até meu quarto. Nessa unidade só para homens, cada interno tinha o próprio quarto. Fiquei muito feliz e identifiquei poucas semelhanças com o *ninho* do filme, graças a Deus.

Dentro da unidade fechada, eram oferecidas diversas atividades para recuperação psiquiátrica e mental. Eu conheci alguns dos outros veteranos. A comida era insípida, com exceção do excelente sorvete pré-acondicionado em copos; e eu convenci o auxiliar a nos dar um suprimento duplo, ganhando assim *status* de herói entre meus colegas pacientes. Após o jantar, nós relaxávamos e depois íamos deitar. Eu me sentia extremamente grato e rezava: "Que eu tenha minha vida de volta; por favor, Deus". Pela primeira vez desde o estado de mania em 2014 – mais de dois anos inteiros –, eu tinha esperança.

Progresso no hospital do VA

Anotei uma lista de perguntas para fazer à minha "equipe psiquiátrica" na reunião de grupo da manhã seguinte. Todos os internos eram obrigados a deixar aberta a porta de seus quartos, e os enfermeiros faziam verificações rotineiras dos leitos durante a noite, para garantir que nós estivéssemos bem e que ninguém estivesse tentando se matar. Após o café da manhã, tive meu primeiro encontro de grupo, que era formado pelo chefe da psiquiatria, um segundo psiquiatra substituto, um psiquiatra especializado em terapia eletroconvulsiva (ECT, na sigla em inglês), o enfermeiro-chefe da psiquiatria, meu terapeuta, o farmacologista e a capelã. Esses sete profissionais da psiquiatria me expuseram sua opinião sobre meu caso e minha doença, e fizeram perguntas, observando-me atentamente e tomando notas o tempo todo.

Após a reunião, fui enviado para uma sala de espera, enquanto a equipe trocava impressões. Em seguida, fui chamado de volta e eles me apresentaram sua avaliação; então, deram-me a oportunidade de fazer perguntas. Aparentemente, os outros veteranos não costumavam questionar, e, por isso, meu comportamento era incomum, pois eu sempre tinha inúmeras perguntas anotadas antecipadamente. No final de meu primeiro encontro de equipe, eu estava eufórico, porque todo um grupo de especialistas médicos trabalhava em conjunto para me ajudar a melhorar e ficar saudável outra vez.

As reuniões do grupo, que ocorriam diariamente de segunda a sexta-feira, eram o ponto alto de cada dia. Eu conseguia sentir o benefício que me proporcionavam, a exemplo de outras atividades que minha equipe programava para mim. Os profissionais organizaram outras consultas médicas no hospital, tiveram acesso aos meus registros psiquiátricos do sistema médico militar e me ajudaram a entender a diversidade de programas oferecidos pelo VA. As atividades na unidade eram diversas, desde sessões de terapia a meditação, yoga e tai chi, além de um programa oferecido pela capelã, que eu apreciava demais. Esse programa desencadeou uma torrente de intensas emoções que haviam se acumulado ao longo de meus anos de experiência bipolar. Os sentimentos e as lágrimas jorraram de dentro de mim. Depois disso, agradeci à capelã, Mary Louis Webb; disse a ela quão fantástico era seu programa; e perguntei com que frequência era oferecido na ala de internação. Ao saber que ele acontecia uma vez por semana, perguntei se poderíamos fazê-lo todos os dias. A capelã respondeu que iria tentar; e, durante as duas semanas que estive na unidade, nós passamos a nos encontrar várias vezes, para realização de algumas marcantes sessões de fortalecimento espiritual e emocional. Esses encontros me devolveram *esperança*, algo de que, havia muito tempo, minha vida carecia.

No curso dos diversos meses seguintes à minha alta do hospital – período em que fui ao VA todas as semanas para as consultas – até nossa mudança para a Flórida no início de setembro de 2016, a capelã Webb e eu nos encontramos quase todas as semanas para uma sessão de fortalecimento espiritual e emocional enquanto degustávamos uma xícara de chá quente, em seu escritório. Ela tinha uma vasta coleção de saquinhos de chá, e a cada vez eu experimentava um diferente. Grande parte do material espiritual que ela usava vinha de tradições não cristãs, em especial das tribos nativas americanas, africanas, persas e das tradições budistas. Tudo isso era novidade para mim, e foi altamente esclarecedor e enriquecedor. A capelã teve um papel fundamental em meu progresso. Nunca antes eu vivenciara – e desde então não voltei a vivenciar – uma combinação única de bondade, compaixão, entusiasmo, experiência em aconselhamento e inteligência como a capelã Webb me ofereceu. Ela consolidou minha fé em Deus e me inspirou a amar os outros como a mim mesmo, a essência dos importantes mandamentos de Cristo (Mateus 22:37-40).

Desenvolvi dentro da unidade um rigoroso regime de treinamento físico que eu executava todos os dias no final da tarde, durante nosso tempo livre. Não havia equipamentos, mas eu realizava duas ou três repetições do seguinte circuito: 1.600 metros de caminhada rápida, indo e vindo pelas instalações (que eu havia medido), diversas séries de exercícios de força e aeróbicos em meu quarto, e exercícios isométricos. Depois do circuito múltiplo, eu fazia yoga e alongamento em meu quarto. Meus companheiros veteranos me achavam maluco e me observavam estupefatos. Apesar dos convites, nenhum deles me acompanhava. Nunca antes a equipe vira isso, mas a maioria – em especial o chefe da psiquiatria – considerava excelente. Ele me pediu para registrar por escrito minha rotina, em detalhes, a fim de que ela pudesse ser oferecida para futuros pacientes – e eu atendi a seu pedido. Solicitei a ele a aquisição de equipamentos de ginástica para a unidade, mas minha solicitação foi negada, com a justificativa de ser um perigo potencial para os veteranos, bem como contrariar a política do VA.

De segunda a sexta-feira, meu estado de espírito era exuberante. Alguns dos outros veteranos se mostravam simpáticos e cativantes, e eu apelidei de "Comunidade de apoio a pessoas com problemas mentais" nosso grupo de veteranos. Entretanto, chegava a noite de sexta-feira, sem a expectativa de encontros de equipe ou qualquer outra atividade programada para o final da semana, e com um número menor de enfermeiros de plantão com quem conversar. Eu sentia então meu ânimo esmorecer. Na noite de sábado eu caía em depressão. Todos os finais de semana o profissional da enfermagem que estava no plantão era obrigado a ligar para o psiquiatra da emergência a fim de que ele me atendesse. Eles me diziam que eu estava em um "ciclo rápido", passando da mania para a depressão e vice-versa. De segunda a sexta-feira eu ficava muito feliz, motivado e "eufórico"; e, então, no final da semana, muito sombrio, "deprimido" e sem esperanças. Era uma situação terrível e desanimadora. Todos os finais de semana eu mergulhava de volta no inferno bipolar, e me convencia novamente de que nunca ficaria bem e recuperado.

Contudo, na manhã de segunda-feira, quando eu ia encontrar meus "amigos" especialistas na reunião de equipe e falava sobre me curar de novo, meu humor rapidamente se tornava exuberante, depois atingia estado de hipomania e, de acordo com meu psiquiatra, de verdadeira mania. Ele avaliou que eu permaneci maníaco a maior parte do tempo de minha internação, com episódios de depressão nos finais de semana. Tal fato deixou-o preocupado. Na opinião dele, nós deveríamos tentar algo mais forte – ECT. Meu psiquiatra e o especialista em ECT me explicaram o procedimento e nós discutimos os prós e contras. Em tom de brincadeira, perguntei se era semelhante ao tratamento com choques elétricos aplicado a McMurphy em *Um Estranho no Ninho*, e a resposta foi não. Avaliei então os riscos e disse: "Sim, com certeza, vamos fazer isso. Qualquer coisa necessária para eu melhorar!".

O número máximo de aplicações de ECT por semana é três – segundas, quartas, sextas –, com o limite de catorze no total para completar a terapia. Embora eu tenha sido liberado da ala de internação após duas semanas, concordei em permanecer no VA por quase um mês mais para conclusão do tratamento com ECT. Cada sessão envolvia a ida a uma subclínica especializada onde eu vestia um roupão de hospital e me deitava em uma cama reclinada especial. Então eram colocados eletrodos em diversas partes de meu crânio, com sensores e fios ligados a um monitor. Depois de eu dormir sob efeito de anestesia, os choques elétricos administrados através dos eletrodos chegavam dentro de meu cérebro. Esses pulsos faziam o cérebro convulsionar, e o monitor indicava quando as doses de eletricidade produziam os efeitos desejados em termos de convulsões. Após serem atingidos os níveis adequados de convulsões, o fluxo elétrico era interrompido e eu era acordado da anestesia. Depois de relaxar e me recuperar durante um tempo, de tomar água e sucos, e também Tylenol para a dor, eu sempre me divertia brincando com o pessoal da enfermagem. Por fim, era conduzido de cadeira de rodas até a ala de internação da psiquiatria, onde eu tomava mais Tylenol, descansava e dormia durante várias horas.

Depois de duas semanas na ala de internação e a conclusão de três das catorze aplicações programadas de ECT, deixei de ter o *status* de interno. Maggie, minha mãe, minha irmã Denise e seu marido, Bruce, ajudaram-me a mudar para o dormitório. Eles também deixaram meu carro para eu usar. Após a mudança de meus poucos pertences, nós saímos para um almoço tardio. Maggie ficou muito feliz com o excelente tratamento que eu estava recebendo, e também emocionada por eu parecer muito melhor, não tendo se surpreendido por eu ter aproveitado tanto.

Acredito que a experiência tenha sido preocupante para minha mãe e minha irmã, pois a imagem de seu inteligente, forte e bem-sucedido filho e irmão deixando, depois de duas semanas de internação, a ala psiquiátrica do hospital do VA, onde estivera recebendo tratamento para um grave transtorno bipolar, inclusive com uso de ECT, não era algo que elas algum dia tivessem imaginado vivenciar. E agora eu deveria ficar para mais outro mês de tratamento. O rosto delas revelava o quanto estavam abaladas.

Fui submetido ao ECT mais onze vezes, encontrando com meu psiquiatra e meu terapeuta uma vez na semana. Além disso, tomei parte em todos os programas salutares do VA, incluindo meditação, tai chi, yoga e iRest. Esse programa contemplava também a participação nos Alcoólicos Anônimos, o que, embora eu não fosse alcoolista, foi inspirador e benéfico para mim. Os encontros me davam a oportunidade de enxergar quão afortunado eu era e quão devastador o vício no álcool pode ser. Passei a admirar a comunidade dos alcoolistas, sua dedicação, o caráter fraterno do amor, apoio que ofereciam e a compaixão demonstrada entre eles.

Eu costumava visitar o VSO no escritório local do VFW e com ele mantinha valiosas discussões. Todos os dias eu fazia longas caminhadas de, pelo menos, uma hora pelas colinas, e ia a uma academia de ginástica privada da localidade, cuja taxa de associação eu pagara, para me exercitar com natação, levantamento de pesos e aulas de ginástica e yoga. Eu lia muito e mantive os encontros com a capelã do VA uma ou duas vezes por semana. Em alguns finais de semana, fiz viagens de carro e me reuni com familiares e amigos veteranos. Eu estava livre e me sentia bem enquanto estava envolvido em atividades benéficas e terapêuticas no VA.

Infelizmente, o fortíssimo tratamento de ECT não produziu em mim um efeito positivo duradouro. Depois de cada uma das catorze sessões, eu percebi uma leve melhora em meu estado de espírito, mas esse resultado nunca durou mais do que algumas horas. Após a décima quarta e derradeira sessão, meus médicos decidiram interromper a terapia. Mesmo não tendo obtido o efeito desejado – desvencilhar-me de minha depressão –, estou satisfeito por ter tentado – tudo o que estava ao nosso alcance foi feito.

Depois de seis excitantes e produtivas semanas de trabalho no VA em prol de minha recuperação, voltei dirigindo para casa, em Gilford, em meados de abril de 2016. Eu me sentia bem nos aspectos físico, emocional e mental, bem como na questão do humor em geral. Parecia que eu fizera um progresso verdadeiro na direção de minha recuperação.

A vida na volta ao lar em New Hampshire

Embora eu me sentisse bem no VA, com uma agradável hipomania e até mesmo certa dose de mania na maior parte do tempo, quando voltei para casa em Gilford, mergulhei novamente em depressão. Tentei com todas as forças sair dela, mas sem sucesso.

Após retornar para casa, quase todas as manhãs eu "sentia" e "via" uma poderosa força negra à qual denominei "a Jiboia" – em referência à cobra do mesmo nome. Altiva e confiante, ela emerge vagarosamente da mata e penetra em mim. Com sua língua que se agita para dentro e para fora e seus penetrantes e incandescentes olhos em tons vermelho, preto e dourado, a serpente se enrosca em torno do meu ser e esgota qualquer resquício de vida positiva dentro de mim, deixando-me desesperadamente fraco, desalentado e deprimido. Depois de me esmagar, a jiboia se afasta serpenteando e rindo de mim, com a língua inquieta, para voltar na manhã seguinte. Em muitos dias, eu acabava tão fraco que mal conseguia caminhar, nem mesmo falar. E esse estado de coisas continuou indefinidamente, uma manhã após a outra. Meu filho mais velho, Phil, observou que eu usava o termo "Jiboia" já desde 2011, ocasião em que, como comandante do AWC, passei a maior parte do tempo deprimido, e ele esteve alocado em Okinawa e no Afeganistão. Será esse fato uma indicação de que já em 2011 eu havia percebido a depressão em mim?

Após a estada no VA, voltei a estudar a Bíblia, depois de um longo hiato. Isso fazia parte de minha estratégia de combate à Jiboia, mas ela não parecia impressionada nem intimidada com minha religiosidade exacerbada. A Jiboia continuava aparecendo todas as manhãs e sugando minha vida.

Minha mãe costumava reclamar de meu apego à leitura e ao estudo da Bíblia e me exortava a ampliar meu programa de leitura a fim de incluir outros livros. Ela acreditava que seria bom para mim. Finalmente, acabei lendo uma de suas recomendações, uma biografia de Rob Gronkowski, estrela do New England Patriots, e um festeiro legendário. Eu adorei! A leitura sobre "Gronk" elevou meu estado de espírito e me fez lembrar de todo o prazer que eu tivera em minha juventude. Mas, ao mesmo tempo, a percepção do quanto a doença bipolar me abatera foi motivo de tristeza.

Quando chegava o momento de minha consulta semanal no VA, em Vermont, eu duvidava de que teria condições para me vestir, sair de casa e entrar no carro, mas acabava conseguindo. Era assustador, mas eu *queria* ir ao VA. A viagem de cem minutos, atravessando a bela paisagem rural de New England, tinha efeito relaxante e terapêutico. Eu gostava muito das consultas e das atividades em White River Junction e, sempre que podia, passava a noite no dormitório, uma permissão que eu recebia quando minhas consultas se estendiam por dois dias consecutivos. Enquanto estava lá, eu me sentia eufórico, provavelmente em estado de hipomania.

Ao sair do VA para a viagem de volta a New Hampshire, a sensação de extremo bem-estar se mantinha até eu chegar nas proximidades de casa. Nesse momento, a depressão voltava a tomar conta de mim. Nós morávamos em uma rua sem saída ao lado de uma íngreme cadeia de montanhas. Era uma bela localização, com vista espetacular para o lago Winnipesaukee, a cordilheira Ossipee e o monte Washington. Porém, tão logo eu passava pelo sinal de "via sem saída", essas palavras trespassavam minha alma – eu estava "acabado" e "sem saída". O nome de nossa rua era Briarcliff (penhasco de espinheiros), e eu imaginava espinhos afiados e pontiagudos rasgando minha carne e me empurrando penhasco abaixo, causando graves ferimentos e, algumas vezes, a morte. Manifestava-se um padrão inequívoco de pensamentos e comportamentos negativos, que foi uma constante desde meados de abril de 2016, quando terminou minha estada de seis semanas no VA, até agosto desse mesmo ano, ocasião em que os efeitos positivos do lítio (discutido na sequência) entraram em ação.

Em nossa casa, eu me distraía maratonando com Maggie as séries *House of Cards* e *Homeland*, bem como assistindo a inúmeros filmes e eventos esportivos. Depois que, no final de fevereiro, cessaram os delírios de ir para a cadeia, eu havia parado de assistir a *Lockup*, o *reality show* sobre prisão que tanto me apavorara. Também estudei e comecei a aprender a ter uma aposentadoria feliz e saudável.

A opinião de minha mãe sobre transtorno bipolar e saúde mental

Todo o ano de 2016 foi extremamente difícil para minha mãe, que não compreendia o que era o transtorno bipolar. A exemplo de muitas pessoas da geração que viveu a Grande Depressão e a Segunda Guerra Mundial, ela não acreditava em doenças mentais. Esse era um conceito que a maioria das pessoas de sua geração simplesmente não conseguia aceitar. Ela tinha a profunda convicção de que seria suficiente eu ter uma atitude mais positiva, enfrentando a situação com coragem e me esforçando com mais afinco, para que tudo melhorasse. Inicialmente eu também pensava assim, até me deparar pessoalmente com o problema em minha família entre 2000 e 2002, quando a doença quase destruiu nosso filho Phil e virou de cabeça para baixo a vida de nossa família. O enfrentamento dessa terrível experiência me ensinou a verdade acerca do transtorno bipolar. A opinião de mamãe foi colocada em questão e mudou a partir de minha internação na ala psiquiátrica do VA.

Ao longo da maior parte de minha carreira, o Exército nutria a mesma opinião que minha mãe a respeito de saúde mental. Felizmente, desde o início das Guerras do Afeganistão e do Iraque, a instituição evoluiu muito em sua forma de entender a questão da saúde do cérebro e da mente, vindo a contribuir para seu tratamento e sua mitigação. Houve um significativo despertar da consciência em nível institucional e cultural, com apoio no tocante ao tratamento de doenças mentais, TEPT, pensamentos suicidas, traumatismo cranioencefálico (TCE), culpa do sobrevivente e danos morais.

Quando adquirimos a casa de minha mãe, em 2012, e decidimos viver lá com ela, todos nós acreditamos que a solução seria maravilhosa. Maggie e eu tínhamos um excelente e duradouro relacionamento com minha mãe, e ela conosco. Contudo, tão logo mudamos para lá, ela começou a se mostrar desgostosa com quase todas as alterações que fazíamos na casa ou no quintal – independentemente de quão insignificante ou valiosa fosse. Além disso, nós tínhamos um cachorro, Meda, que Maggie herdara de seu falecido pai e a ela fora confiado por ele em seu leito de morte. Minha mãe odiava cães, mas, em sã consciência, não podíamos nos livrar de Meda.

Deveríamos ter percebido a chegada dos problemas – mas não os enxergamos. Após os 25 anos em que morara feliz e sozinha em sua própria casa, essa mudança nos arranjos de vida era perturbadora e dolorosa para mamãe. Tudo isso somado à minha doença bipolar resultou em uma experiência desastrosa que foi piorando com o passar do tempo.

Minha mãe estava constantemente brava e frustrada comigo, e dizia: "Como foi possível que meu bem-sucedido filho, o general, tenha se desintegrado em um caos tão disfuncional e perturbador?". Isso a arrasava e a tornava terrivelmente triste. Ela atribuía principalmente a mim a culpa pelo transtorno bipolar, mas também se mostrava aborrecida com Maggie, como se ela tivesse parte da responsabilidade por minha bipolaridade. O raciocínio era o seguinte: se Maggie tivesse cumprido melhor sua missão, eu não teria ficado doente. Nosso relacionamento com minha mãe ficou bastante abalado. Maggie e eu começamos a considerar seriamente a hipótese de mudarmos para a Flórida.

Felizmente, depois de mudarmos de fato para a Flórida, em setembro de 2016, fomos aos poucos amenizando a relação com minha mãe. Eu pedia desculpas por meu transtorno bipolar, dizendo que nunca tivera qualquer intenção de me comportar daquela forma. Com o tempo, as feridas cicatrizaram, e nós fizemos as pazes. Mamãe faleceu em abril de 2020.

Em março de 2020, ela foi atropelada por uma caminhonete enquanto caminhava até seu carro em um estacionamento. Ela teve fraturas, lacerações, contusões e acabou abatida. Depois de uma semana no hospital, a recuperação de minha mãe era muita boa. Ela foi transferida para um centro de reabilitação e fazia grande progresso, considerando seus 91 anos de idade. Em razão das restrições impostas pela Covid-19, não eram permitidas visitas, o que foi muito difícil para nós todos. Portanto, falávamos regularmente pelo telefone e também via FaceTime e Zoom. Ela estava muito animada, contava histórias de seu passado, e sua companhia era uma alegria. Então, sofreu um AVC e foi levada de volta para o hospital, onde ficou vários dias; porém, quando retornou à reabilitação, sua fala era ininteligível. O estado de espírito anteriormente alegre se converteu em grande agitação. O médico disse que ela continuava cognitivamente funcional e conseguia entender tudo o que era falado, mas não tinha condições de dar uma resposta coerente. Na sexta-feira, 17 de abril de 2020, a situação se agravou. Minha mãe orou através do Zoom com seu padre favorito, e recebeu os sacramentos finais da comunhão e unção dos enfermos no sábado, 18 de abril. Ela faleceu no dia seguinte. Considero-me um homem abençoado por ter tido como mãe uma mulher tão incrível – a sargento de treinamento irlandesa. Sua morte infundiu em mim sua energia e me inspirou a começar a escrever este livro.

O brilho do sol da Flórida

No final de abril de 2016, Maggie e eu fizemos uma viagem de uma semana à Flórida para avaliar a possibilidade de o lugar vir a ser nosso lar. Ao chegarmos e sentirmos o clima quente e ensolarado, minha depressão cedeu. Eu tinha primos e um amigo que residiam em Brevard County, uma localidade na costa do Atlântico a meio caminho entre Jacksonville ao norte e Miami ao sul, e uma hora a leste de Orlando. Eles nos levaram a conhecer a área e explicaram como era viver na Flórida. Durante a semana que lá passamos, o tempo esteve lindo (dias ensolarados, temperatura na casa dos 21 graus, baixa umidade e uma brisa leve), havia um magnífico sol brilhante, além de certa magia restauradora que envolvia o oceano, as praias e as palmeiras. Nós adoramos a experiência – e a Jiboia não se fez presente.

Quando voamos de volta para Boston no final de abril, chegamos com um dia frio e escuro, tendo nevado o tempo todo ao longo do caminho até nossa casa em New Hampshire, duas horas ao norte. Havia neve suja acumulada, gelo, cascalho e areia por toda parte, além dos grandes buracos cheios de água, lama e lodo. Os habitantes de New England denominam essa época de "estação da lama", e todos aqueles que podem fogem para a Flórida durante esse período.

Naquele dia, Maggie e eu tomamos a decisão de mudar para a Flórida tão logo fosse possível. Na consulta seguinte, conversei sobre a mudança com meu psiquiatra e meu terapeuta do VA e eles apoiaram a ideia – uma vez que encontrássemos a medicação correta para me estabilizar. Meu médico me aconselhou veementemente a não mudar antes de termos sucesso com a medicação. Até lá, ele queria me manter sob seus cuidados especializados.

Em maio, depois de nossa viagem à Flórida, Maggie estava esgotada com todo o martírio da bipolaridade. Ela sugeriu que procurássemos uma terapia de casal, algo que nunca havíamos feito em nossos 34 anos de vida conjunta. Então, buscamos o aconselhamento no VA, em Vermont, e foi uma experiência profícua. Nós confirmamos o óbvio: a fonte de todos os nossos problemas era meu transtorno bipolar. Entendemos que a chave para solução desses problemas era encontrar o medicamento certo para minha doença, o que me colocaria no caminho da recuperação.

De maio até agosto, a depressão me consumiu. Na maioria das manhãs, os encontros com a Jiboia me arrasavam, deixando-me deprimido, incapacitado e sem esperança; e, nos piores dias, quase sem energia para qualquer coisa, inclusive caminhar. Nesses momentos, a única coisa que eu conseguia fazer era ficar deitado de costas, olhando para o espaço, remoendo os pensamentos e mal tendo forças para me levantar e me movimentar. Esse foi o padrão durante os quatro meses, embora, em geral, houvesse um ou dois dias por semana em que eu me sentia melhor.

Em julho, Conor foi para New Hampshire e me convenceu a ir visitar minha irmã Jill em Newburyport, Massachusetts. Como seria de esperar, eu estava naquela ocasião em meu característico estado incapacitante de depressão. Eis aqui algumas das observações que ele fez na visita de julho e que me enviou em agosto de 2020.

> Quanto à depressão, fiquei bastante assustado de ver você em tal estado. Sua energia e sua disposição habituais haviam desaparecido. Você estava em um estado dramático de catatonia. É ofensivo dizer, mas sempre há certo grau de autopiedade quando alguém se sente completamente destruído e desamparado pela depressão. Essas pessoas sabem que isso é fruto de sua própria mente, mas só conseguem apelar por um pouco de piedade ou perdão por estarem nesse estado de tamanha incapacidade – pois a mente sabe melhor, mas o coração simplesmente não consegue restabelecer seu eu destruído.
>
> Explicando melhor, falo sobre essa autopiedade porque o "grito de socorro" é o reflexo natural para a pessoa emocionalmente paralisada. E isso é realmente o que incomoda a mamãe e, sobretudo, a vovó [minha mãe, Patricia]. Assim, mesmo você estando na companhia de pessoas que o apoiavam, elas estavam cansadas dessa situação, o que concorria de fato para a criação de um ambiente semi-hostil.
>
> Você estava exibindo um pouco daquele comportamento que costumava criticar e abominar quando aconteceu com Phil [meu filho maios velho] e comigo na nossa época do ensino médio. Mas tomei coragem quando nós viajamos de carro para Newburyport, porque considerei que

seria bom você ver sua irmã e ir à praia. Você ainda não entrava na água em Gilford, mas eu tinha esperança.

Na manhã seguinte, ao perceber que você não saíra da cama, entrei para verificar e vi um homem de 60 anos, careca, com uma barba branca de dias por fazer e um corpo inerte, com as cobertas puxadas até o pescoço, olhando para mim com o canto dos olhos injetado de sangue por puro medo de fundo emocional, a cerca de mil metros de distância. Mais uma vez, seu corpo estava lá, mas era evidente que os olhos me encaravam desde o lado oposto de um abismo emocional intransponível.

Foi um momento marcante para mim, um jovem de 27 anos, ver meu velho pai – aquele que, segundo todos os relatos, era quase um super-homem já no final de seus 50 anos – em um estado de catatonia tão grave, depois de ter saído da paralisia da depressão. Não é um momento que eu realmente goste de compartilhar, ou que eu queira despejar sobre você ou a mamãe, nem qualquer coisa nesse sentido; mas na minha vida, que tem sido muito louca, aquele momento foi verdadeiramente um choque. Foi o tipo de situação que nos força a buscar a paz, e nós realmente buscamos, o que foi bom; mas, definitivamente, eu nunca pensei que algo assim aconteceria antes de você chegar à casa dos 80 anos ou mais.

Em agosto de 2016, Maggie estava frustrada com a falta de progresso em meu tratamento, em especial depois da esperança inspirada pelos cuidados que recebi durante a internação e o acompanhamento do tratamento no VA, em março e abril. Ela ligou para meu psiquiatra e fez um pedido veemente para que ele tentasse alguma coisa nova que fosse mais forte e mais eficaz do que os medicamentos Latuda e Lamictal que eu estava tomando. O médico pediu então que eu fosse vê-lo naquela semana.

O lítio como salvação

Meu médico afirmou que, diante da ausência de qualquer efeito positivo e duradouro depois das catorze sessões de ECT a que eu fora submetido entre março e abril (desde então, fiquei sabendo que os efeitos do ECT são apenas temporários, nunca duradouros), e apesar dos medicamentos que eu estava tomando, a próxima opção seria o lítio. Era o remédio mais potente e, em geral, mais eficaz que ele poderia prescrever. (Lítio refere-se ao carbonato de lítio, Li_2CO_3, um sal cristalino natural usado clinicamente como estabilizador do humor.) No entanto, ele me advertiu que existiam riscos e efeitos colaterais significativos que eu precisava saber, e que não havia garantias de que o resultado esperado seria alcançado.

Meu psiquiatra e eu já havíamos discutido esse assunto antes e concordado inicialmente que continuaríamos tentando outras medicações isentas desses potenciais efeitos colaterais negativos, entre os quais danos ao fígado e aos rins, tremores, perda de equilíbrio e coordenação, ganho de peso e queda de cabelo. Porém, naquele momento, nós dois concordamos que não havia outras opções favoráveis. Era chegado o momento de entrar com a artilharia pesada e dar uma chance para o lítio.

Depois de poucos dias do início do tratamento com lítio, no final de agosto de 2016, eu me sentia muito melhor. A depressão cedeu e não retornou. Dentro de uma semana, meu antigo eu pré-bipolaridade já era quase realidade. A Jiboia desapareceu e não voltou. Vivi uma série de dias bons – os melhores que tive em anos. O médico monitorava meus níveis sanguíneos, que se mostravam normais, e estava satisfeito com minha resposta. Como tomo lítio há anos, tenho feito exames de sangue trimestrais para monitoramento do fígado e dos rins, que estão normais. Já sou careca, portanto a queda de cabelo nunca foi um problema. Apesar de meu equilíbrio e minha coordenação terem sido afetados pela droga, eu me esforcei bastante e superei esse ponto negativo. Mas os tremores que afetam minhas mãos têm sido o efeito colateral mais visível e duradouro. Embora sejam incômodos e perturbadores, aprendi a conviver com eles, pois são um pequeno preço a pagar pela recuperação do equilíbrio bioquímico de meu cérebro.

Após duas semanas de uso do lítio, tive uma consulta de acompanhamento e eu estava me sentindo ainda melhor. Com isso, meu médico disse: "Vamos marcar mais uma consulta para daqui a uma semana e, caso você ainda esteja bem, autorizarei sua mudança para a Flórida; e nós o colocaremos em contato com o VA mais próximo de lá". Continuei melhorando e, uma semana depois, ele realmente deu sinal verde para eu me mudar para o sul.

Ao longo das duas semanas seguintes, eu estava me sentindo motivado e recomecei meu regime de treinamento físico. Eu ia ao lago todos os dias e nadava por uma hora ou mais, embora bastante devagar. Fazia todos os dias caminhadas rápidas durante uma hora ou mais, no entanto em um ritmo bem mais lento do que antes do inferno bipolar da depressão, e tentava praticar exercícios como remadas na barra, flexões e levantamento de pesos. Entretanto, eu sofrera uma drástica redução em termos de força e resistência, decaindo na capacidade de fazer entre oitenta e cem flexões seguidas para cinco ou menos, e de quinze a vinte remadas na barra para uma ou nenhuma. Ademais, meus dois ombros haviam enrijecido, e eu tinha desgaste dos manguitos rotadores e também esporões ósseos. Somado a isso, a má postura deixara meu corpo encurvado; eu estava atrofiado e com perda significativa de massa muscular; caminhava de forma hesitante, como um homem muito velho; e apresentava uma perda acentuada de coordenação e equilíbrio. Dois anos de depressão severa haviam cobrado seu preço. Era tão precária minha situação que meus filhos começaram a me chamar de "Homem Besouro".

Todavia, em comparação com o inferno bipolar, eu me sentia incrível, tendo recuperado grande parte de meus antigos níveis de energia, motivação, entusiasmo e coisas assim. O lítio era verdadeiramente um medicamento extraordinário para mim. Eu agora tinha *esperança* e *acreditava* na possibilidade de recuperação. (O renomado psiquiatra Nassir Ghaemi o considera "de longe o melhor medicamento para a doença bipolar; na verdade, de modo geral, para toda a psiquiatria".)

Em meados de setembro de 2016, Maggie e eu fizemos as malas e nos mudamos para Cocoa Beach, Flórida, indo morar em uma casa de aluguel que encontramos na internet. Chegamos praticamente com o furacão Matthew, uma experiência e tanto. Em seguida, eu me registrei rapidamente no ambulatório comunitário do VA em Viera, a apenas 35 minutos de carro da nossa casa. Fiz as consultas iniciais com o psiquiatra e o terapeuta, que foram incríveis. Desde que chegamos à Flórida, tenho me consultado com esses profissionais da saúde dedicados e atenciosos, e estou encantado com seu atendimento.

Nossa mudança para Cocoa Beach também contribuiu para aliviar minha depressão sazonal, uma ocorrência comum nas doenças bipolares. O clima quente e ensolarado da Flórida é um antídoto relevante contra a depressão sazonal, que havia aumentado para mim durante o longo inverno de New Hampshire. Com a estabilização do meu cérebro e do transtorno bipolar promovida pelo lítio, nossa mudança para a Flórida marcou o início de uma nova fase em minha vida – a jornada rumo à recuperação.

14
Domando a fera

Desde a mudança para Cocoa Beach, em setembro de 2016, não voltei a ter qualquer episódio de depressão nem de mania. Meus dias têm variado, em sua maioria, de "bons" a "muito bons". Ocasionalmente eu entro em um estado de agradável, entusiástica e intensa hipomania que dura de algumas horas a alguns dias; e tenho sido também, às vezes, tomado pela agitação, a ansiedade e a raiva, eventos com duração de algumas horas a alguns dias ou algumas semanas. Em duas oportunidades, estive muito perto de sofrer uma recaída grave de minha doença bipolar – em outubro de 2021 e em junho de 2022; a primeira, provocada por pessoas e questões tóxicas, resultou em um ataque de pânico TEPT, e a segunda, por delírios paranoicos cuja consequência foi uma crise de pânico. Esses dois incidentes poderiam ter suscitado uma recaída bipolar. Foram situações difíceis, que eu estudei e com elas aprendi. [Consulte "Beware of Relapse!" (Cuidado com a recaída), *Psychiatric Times*, 18 de novembro de 2022.]

Trabalhando com Maggie, descobri quais atividades desencadeavam esses altos e baixos; e, com meus médicos do VA, desenvolvi e passei a adotar estratégias protetivas, ou "barreiras de proteção", para me defender. Nos termos de combate usados pelo Exército, essas medidas seriam denominadas "defesa ativa", o que eu pratiquei como engenheiro de combate durante muitos anos.

A suposta hipomania aconteceu durante algumas aulas no Cocoa Beach Health and Fitness Center. A combinação de música, movimento, dança e pessoas divertidas me fez atingir, em algumas ocasiões, um estado de exuberância e energia que acredito ter sido hipomania. A elevação dos níveis de dopamina e endorfinas me alimenta com uma dose adicional de energia, extroversão e uma euforia natural muito agradável. A mesma situação ocorreu em algumas festas e certos eventos sociais na companhia de amigos da academia, em especial atividades envolvendo música, dança e cantoria, como num karaokê. A exuberância e a hipomania que ocorriam na academia foram se dissipando naturalmente à medida que as aulas de dança e ginástica de alta rotação deixaram de ser novidade e eu comecei a conhecer melhor e fazer amizade com meus companheiros de treino e dança.

Em outubro de 2019, fui a uma festa de karaokê promovida por um amigo e, sem a menor sombra de dúvida, entrei em hipomania. Aquele foi o mais supremo estado de euforia que vivenciei em muitos anos. Eu cantei, dancei e bebi cerveja como um louco – de modo semelhante a meus tempos de FLW e AWC. Nos eventos de karaokê de que tenho participado desde então, passei a limitar a quantidade de álcool e não tive problemas – só diversão.

Política e religião geram conflitos

A agitação periódica e a raiva subsequente resultavam sobretudo de conflitos acerca de política e religião, conflitos estes que, infelizmente, desgastaram e até mesmo abalaram de forma grave algumas amizades. Antes do início agudo de minha bipolaridade, essas questões não me causavam agitação nem irritação; ao contrário, elas não me afetavam nem um pouco – pelo fato de eu ser um oficial militar apolítico e apartidário. Para combater a agitação e a raiva, tentei estabelecer limites nesses assuntos, evitando falar sobre eles e, se necessário, mantendo distância das pessoas que defendem de forma radical as ideias marcantes que me agitam.

Acredito que a agitação e a raiva que sinto, independentemente da fonte e de quem quer que seja o alvo, são produtos do meu transtorno bipolar, embora minha doença esteja agora praticamente sob controle. Essa é uma questão que preciso monitorar e enfrentar continuamente, porque, se não for reprimida, pode sair de controle. Eu tenho que me manter relaxado, tranquilo e controlado. É muito importante o papel de Maggie nessa empreitada, assim como o do meu psicoterapeuta. Também tenho conversado sobre os sintomas comuns da mania com alguns amigos próximos que me visitam regularmente, pedindo a eles que sejam para mim vigias e companheiros de batalha.

Houve momentos nos quais foi tão grande o nível de agitação e raiva que atingi (mas sem depressão nem mania) que Maggie ficou preocupada e insistiu que eu fosse consultar meus médicos do VA – e eles me ajudaram. Tenho tentado lidar com essas fortes emoções negativas por meio de relaxamento; controle da respiração; preces; meditação; dança; canto; passeios de bicicleta; caminhadas na praia; idas à academia; busca de entendimento da questão por meio do autocontrole ou de conversas com Maggie; bem como a imposição de limites em relação às pessoas causadoras de minha angústia. Às vezes tomo o Lorazepam, conforme a prescrição, o que me acalma a ansiedade e a agitação.

Quando chegamos à Flórida, eu queria reenergizar minha fé cristã e fazer amizade com outros cristãos; portanto, comecei a frequentar duas igrejas diferentes – uma católica romana e a outra evangélica. As duas contribuíram durante um tempo para minha recuperação. Porém, após uns poucos anos, um excesso de discordâncias filosóficas fez com que Maggie e eu deixássemos de frequentá-las. Preciso registrar que nossa fé cristã e nossa crença em Deus permaneceram inabaláveis. Não há dúvidas de que Deus, por meio de sua graça e seu trabalho realizado por meio das outras pessoas, resgatou-me da mais grave devastação causada pelo transtorno bipolar. Além disso, os Grandes Mandamentos de Cristo ensinam que, além de amar a Deus com toda a força do corpo e da alma, é preciso amar ao próximo como a si mesmo. Maggie e eu nutrimos todos os dias o amor ao próximo, fazendo novas amizades e sendo amigos gentis, prestativos e solidários para com os outros. Nossa estratégia é "Faça uma amizade – Seja amigo" (MAF-BAF, na sigla em inglês) todos os dias. *Fazer* uma amizade pode ser tão simples quanto sorrir e dizer olá. *Ser* amigo é uma empreitada e uma jornada para toda a vida. O MAF-BAF nos serviu muito bem em Cocoa Beach, onde fizemos muitos amigos incríveis, algumas das melhores pessoas que já conhecemos.

Que efeito a religião produziu em mim?

A religião acentuou minha propensão ao transtorno bipolar ou ajudou a me proteger contra ele? Acredito que tenha feito as duas coisas. Em inúmeros momentos da minha vida, quando eu estava deprimido, a religião me trouxe conforto, paz e força – em outras palavras, foi uma tábua de salvação. Ela me ajudou a evitar um mergulho em uma depressão ainda mais profunda e contribuiu para que eu me sentisse melhor, tanto emocional como psicologicamente. Ela me motivou e inspirou. No outro extremo do espectro bipolar, a religião ajudou a alimentar minha mania. Ela estimulou a hipomania e agiu como poderoso combustível quando combinada com a mania total.

Na maior parte do tempo em que eu não estava em estado depressivo nem maníaco, a religião me ajudou a encontrar calma, a manter os pés no chão e a alimentar pensamentos positivos. Ela me forneceu os princípios robustos e pautados em valores que alicerçaram meu estilo e minha filosofia de liderança no Exército. A religião gerou em mim maior empatia, compaixão e amor por meus soldados e suas famílias, bem como por minha própria família. Ela me tornou um modelo melhor e um exemplo de liderança a ser seguido. Os valores cristãos e os valores do Exército são praticamente iguais. A religião tem sido predominantemente uma parte positiva, construtiva e edificante de minha vida e carreira. Ela me tornou um homem melhor como líder e oficial do Exército, e também como pai e marido.

Minha fé, minha esposa e os médicos do VA me ajudaram a perceber como é fantástica minha vida, como eu sou afortunado e quanto eu já realizei, não precisando por isso fazer mais, nem provar nada a ninguém. Também me fizeram entender que um emprego muito competitivo e estressante poderia se traduzir em desastre, fazer aflorar novamente meu transtorno bipolar e fomentar seu agravamento.

Estou convencido de que a preservação de minha saúde e meu casamento depende de eu não voltar a trabalhar, e meus médicos do VA concordam 100% com isso. No entanto, de vez em quando minhas emoções e meu ego ainda me levam a imaginar como seria maravilhoso ter de novo aquele emprego perfeito, no qual eu desempenhasse uma função central, realizando coisas importantes. Com o passar do tempo, esses pensamentos têm ocupado minha mente com menos frequência e intensidade, e eu tenho conseguido afastá-los mais depressa.

Maggie fica aliviada por eu não estar trabalhando. Acho que meus filhos lamentam que eu nunca tenha podido exercer aquele cargo excepcional depois da saída do Exército, uma função na qual, acreditam eles, eu teria sido muito bem-sucedido. Eles e outras pessoas já expressaram muitas vezes seu desejo de que eu ocupasse uma posição no alto escalão do governo ou me candidatasse a um cargo político, acreditando que eu teria condições de realizar uma obra de grande relevância para nosso país.

Em 2019, um ex-colega me indicou para reitor de uma universidade bastante importante do meio-oeste americano. Eu sabia que, por razões de saúde mental e cerebral, não deveria aceitar o cargo, mas decidi me candidatar e participar assim mesmo do processo de contratação, só pela experiência. A entrada nesse processo elevou significativamente meu nível de energia. Durante a entrevista, quando discutimos liderança estratégica, eu consegui me perceber avançando para um estado de hipomania – foi inebriante. Sem dúvida alguma, o processo foi um gatilho. Passei para a última rodada de entrevistas, mas depois desisti. Esse tipo de situação é claramente um gatilho que devo evitar.

Meu mentor e amigo da escola de guerra Bill Barko aconselhou-me a não invejar os oficiais seniores aposentados e a não cobiçar os excelentes empregos que eles têm. Eu preciso me proteger contra esses pensamentos e, quando surgem, deixá-los ir embora.

Algumas reflexões finais

Desde setembro de 2016, quando meus medicamentos entraram efetivamente em ação, parte fundamental de meu estilo de vida é fazer um esforço constante para a organização de uma vida mais bem estruturada e objetiva, trabalhando todos os aspectos da aptidão física (mente, corpo, espírito), vivendo de acordo com os preceitos de fé, família, aptidão física, amigos, diversão (cinco F, em inglês), colocar em ação os quatro E (entusiasmo, energia, encorajamento, exuberância) e manter uma "atitude de gratidão" em todas as circunstâncias. Eu também luto com afinco todos os dias para realizar PECS (acrônimo das palavras Physical, Emotional, Creativity, Social): uma atividade *Física* que exija potência de meu corpo, alguma ação de fundo *Emocional* que toque minha alma, uma atividade que desperte minha *Criatividade* e algo de fundo *Social* que me conecte com outras pessoas. (Consulte: Sara Schley, *Brainstorm: From Broken to Blessed on the Bipolar Spectrum*, 203-12).

Eu tive muita sorte de ter apresentado um desempenho excepcional quando passei por um estado prolongado de hipertimia (uma mania constante de nível baixo a médio). Não restam dúvidas de que a hipertimia e o transtorno bipolar desempenharam um papel relevante no meu sucesso como oficial do Exército, e contribuíram para que eu me tornasse um oficial-general – eles realçaram todas as características mais valorizadas em um oficial do Exército dos EUA. Enquanto o transtorno bipolar operou a meu favor, eu usufruí de uma vantagem psicoquímica em relação aos meus colegas. Essa vantagem acabou drasticamente quando a doença se voltou contra mim. Como disse meu primeiro psiquiatra do VA,

"O transtorno bipolar trabalha a seu favor, até deixar de trabalhar". E ninguém consegue saber quando será esse momento.

O transtorno bipolar ainda é um grande tabu, o que é inaceitável na época em que vivemos, quando temos comprovações científicas de que essa é uma doença do cérebro. Parte do estigma reside no fato de ser evitado o uso das palavras "doença" ou "enfermidade", que oferecem uma descrição mais precisa do que "transtorno". Essa doença não é reflexo de mau-caráter, falha moral nem de falta de determinação. Tampouco é resultado da ação de espíritos malignos ou demônios, como era largamente acreditado na Idade Média e algumas pessoas ainda acreditam nos dias de hoje. Essas crenças obsoletas prejudicam os indivíduos vitimados pelo transtorno bipolar, bem como suas famílias e a sociedade. Essa enfermidade causa vergonha nas pessoas doentes e suas famílias e as impede de procurar a ajuda médica de que necessitam. A bipolaridade, basicamente uma doença genética, é tão real do ponto de vista físico como o diabetes, o câncer ou as doenças cardíacas, e as pessoas que as têm não se sentem envergonhadas.

E é igualmente inadequado dizer que *é* bipolar uma pessoa que *sofre* de transtorno bipolar. No entanto, é comum as pessoas dizerem "Maria é bipolar" em vez de "Maria tem transtorno bipolar". Se João tem câncer, você simplesmente diz "João tem câncer". Uma pessoa não deve ser definida por sua condição médica. Parece existir um acentuado nível de incoerência e preconceito no acolhimento dado àqueles que têm a infelicidade de sofrer de transtorno bipolar, o que não acontece com outros males.

Atualmente, nós começamos a entender que esse estigma contra a doença mental tem que terminar. Diversos especialistas em psiquiatria e psicologia defendem pontos de vista um pouco diferentes, mas concordam que pelo menos algumas doenças psiquiátricas são doenças físicas do cérebro. Embora a origem da ampla maioria dos casos de distúrbios do humor e depressão sejam males físicos e problemas de saúde do próprio cérebro, e não o domínio da mente ou da psique, são muitos os que acreditam que tais doenças decorrem de falhas morais em vez de problemas médicos. O estigma e a vergonha levam muitas pessoas a sofrerem em silêncio.

O transtorno bipolar é invisível, mas fisicamente real dentro do cérebro. As Forças Armadas denominam males cerebrais ocultos como esse de "as feridas invisíveis da guerra". Na avaliação que fez de meu caso, o departamento médico do Exército concluiu que minha incapacidade cerebral/mental era "100% consequência de combate", e os psiquiatras do VA que me trataram concordavam. Na condição de soldado e veterano de combate, essa definição me inspirou coragem e confiança, pois validava o fato de que foi o estresse excessivo e a correspondente extrema euforia bioquímica no período da Guerra do Iraque, em 2003, que desencadearam minha mania e a subsequente depressão.

Cinco recomeços

Analisando em retrospectiva, vejo que depois de minha aposentadoria do Exército eu passei por cinco importantes "recomeços" no decurso dessa saga em busca de uma cura verdadeira para meu "cérebro avariado":

1. Quando perguntei ao meu ex-XO (capitão Jeff Kennedy) e ao chefe dos engenheiros (tenente-general Tom Bostick) – duas vezes –, no final de fevereiro de 2016, se eu estava sob investigação, e acabei acreditando que não estava, o que representou um ponto final nos meus assustadores e incapacitantes delírios.
2. Quando fui hospitalizado na ala de internação psiquiátrica do VA, em White River Junction, Vermont, em março de 2016. Esse fato foi um divisor de águas. O VA me colocou na trilha da recuperação, de uma forma que ninguém antes fizera, e isso se deveu amplamente aos esforços de meu companheiro do Exército e grande amigo Bill Barko. E meu médico de lá, depois de conversar comigo, prescreveu o medicamento milagroso e transformador – o lítio.
3. Quando me mudei para Cocoa Beach, Flórida, em setembro de 2016. O sol brilhante, o calor, as praias, as palmeiras e a cultura amistosa e descontraída foram um poderoso elixir da saúde e do bem.
4. Quando participei do Retiro católico Cursillo, em Orlando, Flórida, em março de 2017. Esse evento de renovação espiritual foi fundamental para revigorar minha vida espiritual e alavancar minha missão de vida baseada em propósito e significado, o que tem sido meu foco desde então. Maggie já havia participado do Cursillo em 2000, e desde então eu desejava ir – essa foi minha primeira oportunidade.
5. Quando ingressei no Cocoa Beach Health and Fitness Center junto com Maggie, em março de 2017, e lá tomei parte em diversas

aulas desafiadoras e divertidas de ginástica e dança, além do levantamento de pesos e dos exercícios aeróbicos. Além do benefício do preparo físico, Maggie e eu tivemos a oportunidade de conhecer muitas pessoas incríveis com as quais fizemos uma duradoura amizade – todos eles também entusiastas da atividade física e da dança.

Hoje, compartilho com Maggie uma vida extraordinária, alicerçada em torno dos cinco F, da academia, da dança e da igreja.

15
Reflexões

Embora sem ter consciência dela, é provável que a predisposição genética para o transtorno bipolar tenha existido durante toda a minha vida. As engrenagens da doença bipolar estavam em movimento, e eu vivi dentro do espectro da bipolaridade desde os tempos do basquete na adolescência. A genética bipolar foi uma amiga colaborativa por muitos anos, proporcionando-me uma vantagem bioquímica sobre as outras pessoas durante décadas de minha vida, uma ação que provavelmente começou na adolescência e se estendeu pela maior parte de minha carreira no Exército dos EUA. O grau moderado de minha bipolaridade, manifestada principalmente na forma de hipertimia e hipomania, beneficiou-me – com elevado nível de energia, motivação, entusiasmo e criatividade – até o momento em que deixou de fazê-lo. É curiosa a constatação de que aquilo que contribuiu para eu me tornar um oficial excepcional passou mais tarde por uma perigosa metamorfose, acabando com minha carreira no Exército e quase provocando minha morte.

Muitas pessoas acometidas pelo transtorno bipolar não são afortunadas, pois, nos Estados Unidos, de 25 a 50% dos 5 milhões a 10 milhões de indivíduos portadores dessa doença tentam o suicídio pelo menos uma vez; e 8% têm sucesso nessa tentativa. A taxa de suicídio entre pessoas com transtorno bipolar é quatro vezes maior do que a observada na população em geral. Embora não seja conhecido o número de militares na ativa que vivem com esse transtorno, os dados sugerem que 700 mil veteranos são acometidos por ele. A expectativa de vida daqueles que vivem com transtorno bipolar é dez a quinze anos menor do que entre os que não têm a doença.

Tudo indica que, na maioria das vezes, eu me livrei dos piores efeitos da bipolaridade por meio da "automedicação" – uma combinação de intensas sessões de treinamento físico, uma atitude extremamente positiva, dedicação entusiasmada ao meu trabalho, fervorosas orações e repetições dos versículos empoderadores das Escrituras, música motivacional e quantidades generosas de álcool quando fora do expediente. Funcionou por um tempo, até que deixou de funcionar. O lado positivo é que, uma vez incapacitado de fazer tudo sozinho, consegui encontrar o médico certo, que prescreveu o tratamento certo, e voltei a ser, em grande medida, o mesmo Gregg Martin que fui durante a maior parte da vida, tendo me livrado do transtorno bipolar grave – até mesmo com risco de morte – que me afligiu desde o Iraque em 2003 até a mudança para a Flórida em 2016.

Pela graça de Deus, contei com um robusto sistema de apoio, e os ventos sopraram a meu favor. Os elementos fundamentais foram: eu tinha um forte desejo de me curar; minha parceira, Maggie, foi inquebrantável, afetuosa, perseverante, e nunca desistiu; minha família não deixou um só instante de dar apoio a Maggie e a mim; e tive um devotado amigo com décadas de experiência e conhecimento em saúde mental e trabalho social – o coronel reformado do Exército Bill Barko – que ficou ao meu lado e me ajudou a encontrar o suporte e o tratamento médico de que eu necessitava – no meu caso, o programa de psiquiatria do VA em White River Junction.

Felizmente, desde setembro de 2016, quando o lítio começou a agir no meu cérebro, não voltei a ter dias ruins (ou seja, sem ocorrência de depressão nem de mania). No entanto, cerca de uma dezena de vezes ocorreram ataques de pânico, uma significativa agitação e raiva, além de leve psicose. O lítio controlou os extremos de euforia e desalento de meu transtorno bipolar, protegendo-me contra a depressão e a mania, e, desse modo, estabilizando meu cérebro e meu humor. O lítio estabelece um teto, que impede a ocorrência da mania, e um piso, que contém a depressão.

Eu continuo trabalhando com meus médicos do VA no sentido de combater os efeitos colaterais negativos do lítio e outros medicamentos, e de administrar os riscos de problemas. Após um ganho de peso inicial (agora ininterrupto) – com uma estabilização depois dos primeiros dez quilos e o aumento subsequente de mais dez, que me esforcei muito para perder, mas recuperei rapidamente – e um declínio em termos de equilíbrio e coordenação (que continuo trabalhando para controlar), o principal efeito colateral de longo prazo parecem ser os tremores nas mãos (acentuados às vezes); mas é um preço que estou disposto a pagar em prol de meu bem-estar geral. Além do excesso de peso pela primeira vez na vida, ainda existe o sério risco de problemas nos rins e no fígado; mas eles são monitorados a cada trimestre com exames de sangue – até aqui, tudo bem. A boa notícia é que agora voltei a ser como já fui um dia – feliz e saudável, com muito mais autoconsciência e vigilância.

O transtorno bipolar deve ser entendido como uma doença crônica, e como tal deve ser tratado – a batalha é eterna, e sou obrigado a lutar todos os dias. Minha doença bipolar não tira um dia sequer de folga, e tampouco posso eu tirar. Meus médicos me advertiram de que eu preciso tomar todos os dias os medicamentos prescritos, pelo resto da vida, sob pena de sofrer uma recaída que seria muito pior do que tudo que enfrentei até aqui. Além disso, a combinação eficaz de medicamentos – que exigiu dois anos de tentativa e erro para ser encontrada – possivelmente não voltaria a funcionar caso fosse suspensa e reiniciada, e eu teria que começar tudo de novo. Sempre serei portador do transtorno bipolar, que, a não ser por um milagre, nunca irá embora. No entanto, ele pode ser efetivamente administrado, e as pessoas que sofrem desse mal podem ter uma vida excelente.

Medicamentos e terapia adequados, em combinação com uma vida saudável (dieta, exercícios, sono, baixo nível de estresse, sem uso de drogas, consumo limitado de álcool, PECS etc.), são uma real necessidade, porém não são suficientes para uma jornada de recuperação bem-sucedida. Para que a recuperação seja robusta e duradoura, precisa estar enraizada e fundamentada em uma plataforma social daquilo que denomino os "cinco P" [consulte Gregg F. Martin, "The 4P's of Mental Recovery: Medical Care and Healthfulness" (Os 4P's da recuperação mental: cuidados médicos e saúde), *Psychiatric Times*, julho de 2022]. Nota: eu ainda não havia concebido o quinto P – Presença – na época da publicação desse artigo:

Pessoas: uma rede de familiares e amigos que sejam divertidos, interessantes e estimuladores

Local (*Place*): um lar seguro e estimulante que nos faça felizes

Propósito: uma missão de vida, maior do que o próprio ser, que esteja a serviço dos outros e que faça a pessoa se sentir motivada e animada

Perseverança: a vontade de vencer, batalhando sempre para obter sucesso e nunca desistindo da recuperação

Presença: a capacidade consciente de abrir a mente e ver as coisas de forma objetiva; de pensar sobre as próprias ideias; ou metacognição

Depois de ouvir minha história com o transtorno bipolar e a religião, um amigo muito perspicaz que professava as religiões orientais havia vários anos perguntou: deve uma pessoa que sofre de bipolaridade procurar intencionalmente em alguma forma de religião ou prática religiosa a ajuda para enfrentar sua doença?

Meu único ponto de referência para responder a essa questão é que a excelente equipe psiquiátrica do VA em White River Junction, Vermont, contava também com uma capelã. Ela participava das reuniões de grupo, ministrava aulas e ficava disponível para sessões individuais. Sua essência religiosa era não confessional e tinha como fundamento várias tradições religiosas diferentes, entre elas as de budistas, hindus, dos povos nativos americanos, de africanos, persas e também cristãos. As mensagens que ela deixava tinham sempre como objetivo ajudar a curar o cérebro e a mente. Essa capelã era uma pessoa excelente, uma agente de mudanças positivas, e além disso seus colegas médicos a aceitavam integralmente como elemento importante da equipe de psiquiatria do VA. Assim sendo, talvez a resposta para a pergunta de meu amigo seja "sim", e o VA já colocou em ação um modelo que funciona – pelo menos para alguns pacientes.

E o que dizer do Exército? Ele contribuiu para o aguçamento de minha propensão a desenvolver transtorno bipolar ou ajudou a me proteger contra a doença? Assim como a religião, eu acredito que o Exército desempenhou parte dos dois papéis. Sou grato por minha mãe ter me estimulado a ir para West Point, o que depois me levou a prestar serviço ativo. O Exército proporcionou objetivo, significado, estrutura e direção para minha vida. Ele me ofereceu a oportunidade de realizar uma aventura desafiadora e estimulante, trabalhando com pessoas e organizações diversas, e comandando-as. Ele me desafiou intelectualmente e me forçou a pensar, aprender e me adaptar continuamente.

O Exército foi uma opção bastante oportuna na minha vida, com seus desafios e suas oportunidades inesgotáveis. Tenho razões para acreditar que a rotina extremamente estruturada, desde logo cedo até a noite, todos os dias da semana, criou um ritmo e uma estrutura que me foram benéficos. É provável que, ao longo de minha carreira, as rotinas e as exigências tenham contribuído para evitar que eu mergulhasse na depressão em diversas ocasiões, bem como também me ajudaram outras vezes a sair dela.

Por outro lado, esses mesmos atributos provavelmente limitaram minha excessiva exuberância e colaboraram para me poupar de episódios maníacos, pelo menos na maior parte do tempo. Para ser bem-sucedido, eu era obrigado a manter o foco enquanto trabalhava com efetividade e eficácia. Eu não podia me permitir eventos de intensa loucura ou mania, pois o sistema me teria suprimido. Assim, no cômputo geral, avalio que o Exército tanto contribuiu para o aguçamento de minha propensão à bipolaridade como ajudou a me proteger contra essa mesma bipolaridade, isto é, até a Guerra do Iraque, em 2003. Desde minha experiência em combate, em 2003, quando meu transtorno bipolar foi desencadeado, até o afastamento do serviço ativo, em 2015, o Exército – e as missões que recebi – aguçaram minha propensão para a doença bipolar e a intensidade dela.

Mantive com meu primeiro psiquiatra do VA, em 2016, uma interessante discussão acerca da relação entre as Forças Armadas e as características do transtorno bipolar entre seus membros. Perguntei a ele se seria razoável as Forças Armadas identificarem, rastrearem e monitorarem aquelas pessoas que apresentassem alguns dos sintomas iniciais e dos sinais de alerta de uma possível bipolaridade, a fim de adotarem ações preventivas para evitar que essas pessoas viessem a desenvolver de fato um transtorno bipolar. Ele respondeu o seguinte: "É uma excelente ideia, mas nunca se realizará. Esses traços aos quais você se refere – níveis de energia, entusiasmo e motivação excepcionalmente elevados, espírito empreendedor e criatividade – são precisamente as características mais valorizadas pelas Forças Armadas. Eles nunca farão qualquer coisa que restrinja essas características em seu pessoal". Diante de minha experiência, acredito que a avaliação dele está correta.

Superpoderes bipolares ou aptidões realçadas

O transtorno bipolar também pode produzir "superpoderes bipolares" ou realçar as aptidões de uma pessoa. Foi o que claramente aconteceu comigo, pois minha vida dentro do espectro bipolar produziu ou fez sobressaírem as seguintes qualidades relevantes – meus próprios superpoderes bipolares:

- *Superação*. A capacidade de realizar coisas de grande dificuldade, desde a fase do ensino médio, passando pela formação em West Point, na Ranger School do Exército dos EUA e no MIT (dois mestrados e um doutorado); a participação em sete maratonas com tempo inferior a três horas em todas elas; sucesso como comandante de companhia, batalhão e brigada; expressiva liderança de combate; promoção a major-general; recuperação depois do inferno bipolar; e início de uma nova vida na Flórida. Sempre tive níveis excepcionalmente altos de energia, entusiasmo, motivação, força de vontade, perseverança e dinamismo.
- *Camaradagem*. A capacidade de criar amizades, relacionamentos, conexões e redes. Ela abrange o fomento de uma atmosfera de descontração e uma vida pautada pela filosofia MAF-BAF. Sempre adorei estar cercado por meus colegas e amigos, e eles, por mim (na maior parte do tempo).
- *Propósito*. A capacidade de forjar e perseguir um propósito (uma missão) claro e motivador para minha vida; um propósito que motive a caminhada sempre adiante e proporcione foco, para uma causa maior que a vida, que serve aos outros. Esse traço existiu durante 36 anos de serviço no Exército; e continua desde 2016, com a missão de defesa da saúde do cérebro e da mente que se vale do "compartilhamento de minha história bipolar a fim de ajudar a eliminar o estigma, aliviar o sofrimento e salvar vidas".
- *Humildade*. A experiência bipolar de ser rebaixado de duas estrelas do Exército e quase super-homem à condição de ruína – de herói a nada – tornou-me muito mais humilde e solidário do que em qualquer outra época de minha vida. Essas são qualidades dignas de serem cultivadas.
- *Liderança*. Desde o ensino médio, passando por todo o período do Exército, esse tem sido meu principal ponto forte, inclusive hoje, como patrono da saúde mental.

Recomendações para as Forças Armadas e para as pessoas

Existem mudanças que as Forças Armadas podem implementar para melhorar o reconhecimento, a prevenção e o tratamento das doenças mentais. Além disso, há coisas que os militares devem saber e fazer para lidar com doenças mentais.

O que fazer na esfera institucional

Dar treinamento e formação. As Forças Armadas melhoraram nos últimos anos, em especial no tocante à conscientização sobre depressão, TEPT, lesões cerebrais traumáticas e suicídio. As pessoas precisam também ser capazes de reconhecer os sintomas dos transtornos mentais mais comuns.

Liderar pelo exemplo na questão do bem-estar mental. A melhora é evidente, considerando o manual de campo do Exército, *Holistic Health and Fitness*, FM 7-22, e programas como o Victory Wellness, concebido pelo então major-general Douglas A. Sims, comandante de Fort Riley, Kansas. (Consulte Rose L. Thayer, "Fort Riley Mandates Counseling Sessions for Every Soldier to Help Battle Suicide, Stigma of Seeking Help", *Stars and Stripes*, 31 de agosto de 2021.)

Expor a verdade sobre a saúde mental. Todas as pessoas precisam de um companheiro de batalha, ou confidente, com quem possam ser sinceras, dizer a verdade sobre qualquer coisa, sem medo de represálias. Um sistema de apoio entre colegas é fundamental.

Reavaliar as políticas de pessoal. As Forças Armadas podem aprimorar as lideranças e descobrir líderes acometidos por problemas mentais, implementando as seguintes ações:

- Adotar um programa abrangente de *feedback* (contribuições vindas de superiores, subordinados e colegas).
- Manter os oficiais graduados (coronel/capitão e níveis acima; mas, pelo menos, oficiais de alta patente – generais e almirantes) no cargo por tempo suficiente para que entreguem um trabalho eficaz, aprimorem a prestação de contas, evitem mascarar comportamentos prejudiciais e reduzam a turbulência.
- Desenvolver um programa de treinamento com certificação profissional para os líderes graduados.

Eliminar atitudes estigmatizantes. Se os militares sentirem medo de serem segregados por causa da doença, muitos deles não buscarão ajuda. O tratamento de doenças mentais não deve ser causa de estigmas, da mesma forma que procurar tratamento para uma lesão no joelho ou nas costas não impede que a pessoa continue prestando serviço.

Treinar todos os membros da força. Todos devem ser treinados para entender e saber reconhecer os sintomas básicos das doenças mentais mais comuns. As pessoas percebiam meus sintomas bipolares todos os dias, mas, em sua maioria, não sabiam o que estavam presenciando. *Elas não tinham treinamento.* Além do mais, precisam ser capazes de ter aquela "conversa difícil" com seus colegas militares que possam precisar de ajuda. Por que ninguém teve essa "conversa difícil" comigo? Em primeiro lugar, estavam temerosos e intimidados por causa de minha posição de comando e minha patente. Segundo, a maioria deles me respeitava e estimava, e não queria correr o risco de prejudicar minha carreira. Terceiro, muitos deles me viam como um companheiro de jornada estimulante, inspirador e divertido, e acreditavam que nós estávamos realizando coisas extraordinárias e importantes. Quarto, eles temiam que viesse um novo chefe com quem fosse muito pior trabalhar do que comigo. Tudo isso sem falar que deveria existir um espaço "seguro" onde meu pessoal pudesse compartilhar suas observações honestas sobre mim, seu comandante de duas estrelas. Deveria haver um roteiro preestabelecido para esse tipo de situação séria e inesperada de saúde mental.

Realizar pesquisas. O DOD precisa incrementar a pesquisa sobre causas, prevenção, detecção precoce e curas para as enfermidades do cérebro. Além disso, os líderes das Forças Armadas devem aprender a diferenciar entre comportamentos/traços essenciais e desejáveis, bem como a ter em conta e avaliar a possibilidade de a mania ser uma causa da conduta inadequada de membros em serviço.

Incrementar a disponibilidade de serviços de assistência à saúde mental. O DOD deveria estreitar sua colaboração com o VA e com provedores civis de saúde mental a fim de aprimorar a continuidade do atendimento e levar os serviços até os níveis inferiores da hierarquia, facilitando seu acesso por todos os membros das Forças Armadas. (É importante lembrar que eu me aposentei do Exército sem um plano de continuidade do programa de tratamento em um momento de desesperadora depressão e terrível psicose – uma receita para o desastre.)

Priorizar a saúde mental. A assistência à saúde mental não pode ser pensada *a posteriori*, tampouco enfrentada apenas nas situações de problema ou crise. O cérebro é o mais importante arsenal com que um militar e as Forças Armadas contam.

Fomentar a comunicação entre a cadeia de comando e os provedores. Quando um paciente é encaminhado pela cadeia de comando para uma avaliação de saúde mental, é fundamental que os provedores compreendam as *razões* desse encaminhamento. No meu caso, inexistiu essa troca de informações, o que atrasou em meses a definição de um diagnóstico preciso.

O que fazer na esfera individual

Aceitar a verdade. O primeiro passo rumo à recuperação é a aceitação de que você pode ter um transtorno mental. Quando meu chefe ordenou que eu fosse submetido a um exame de saúde mental, eu refleti sobre a perspectiva de estar doente. No momento em que recebi o diagnóstico de transtorno bipolar tipo I com características psicóticas, aceitei a possibilidade e tomei a decisão de fazer o que fosse necessário para ficar bem. Senti-me grato pelo fato de os médicos saberem o que estava errado comigo e terem maneiras de ajudar.

Buscar ajuda. Uma vez aceita a dolorosa verdade de ser portador de um transtorno, você deve procurar um profissional da saúde. Seja honesto com seus médicos. As informações dadas por você – o paciente – são um fundamento importante para a avaliação que eles fazem. Peça que familiares, amigos e colegas compartilhem aquilo que observaram em seu comportamento, para que o corpo clínico possa ter um panorama completo. (No meu caso isso praticamente não aconteceu, o que atrasou em meses um diagnóstico adequado.)

Criar conexões. Quando aceitamos a existência de nossa doença e trabalhamos pela recuperação, as pessoas se mostram dispostas a ajudar. Maggie e minha família ficaram a meu lado durante todo o período de diagnóstico e tratamento. Um companheiro de batalha ajudou-me a ser admitido em um excelente hospital do VA, e depois me acompanhou. Outras pessoas me incentivaram, apoiaram e aceitaram, sem fazer julgamentos.

Alimentar o espírito com esperanças. As pessoas são a fonte mais significativa de esperança; portanto, busque pessoas e atividades que tragam inspiração e elevem o espírito. A conexão humana é um dos aspectos mais eficazes em minha recuperação e minha nova vida de saúde, felicidade e propósito. Acredito que Deus coloca em nosso caminho pessoas capazes de nos incentivar, inspirar e ajudar.

Ajudar a eliminar o estigma. Na qualidade de guerreiros do bem-estar mental, cada um de nós tem um papel a desempenhar na luta contra o estigma que cerca a questão da saúde mental – a maior barreira que impede as pessoas de procurarem ajuda. Eu sou aberto, honesto e transparente acerca de minha história bipolar, e todos os relacionamentos e todas as conversas que tenho ajudam a explicar e derrubar o estigma.

Se você sofre com alguma doença mental, saiba que não está sozinho. As doenças mentais atingem um grande número de pessoas; 20% da população global é acometida, e praticamente toda ela é afetada por meio de familiares, amigos ou colegas. Existe uma ampla rede potencial de apoio, tanto dentro como fora das Forças Armadas.

Eu sou um sobrevivente bipolar orgulhoso e agradecido. Porém, preciso levar uma vida de disciplinada vigilância para manter minha bipolaridade sob controle. Quero que as pessoas saibam que tenho transtorno bipolar, que atravessei um inferno, estou em recuperação e agora levo uma vida feliz, saudável e bem-sucedida – isso significa que todos podem.

Procurar ajuda é sinal de força

O transtorno bipolar pode atingir praticamente qualquer pessoa, seja no início da adolescência ou depois dos sessenta, e independe de gênero, raça, nível educacional ou classe social. Ele destrói tudo – a vida, a saúde, o casamento, a família, a carreira, as amizades, as finanças e muito mais – dos indivíduos, sem fazer qualquer distinção. Muitas das pessoas que vivem com transtorno bipolar não têm a sorte que eu tive. Desamparo, vícios, hospitalizações, prisão e morte precoce costumam ser a consequência da ruína de casamentos, famílias, carreiras e finanças.

A decisão de tornar pública minha história não foi fácil, mas era algo que eu precisava fazer. É necessário eliminar a cultura do estigma que afeta aqueles que buscam tratamento para problemas mentais, e essa doença tem que ser encarada da mesma maneira que o câncer, as doenças cardíacas ou o diabetes. Nós temos que reconhecer os sintomas, buscar ajuda médica, alcançar a recuperação e levar adiante nossa vida. Não devemos censurar ou culpar as pessoas atingidas por males do cérebro, tampouco fazê-las se envergonhar. Nós temos obrigação de dar a elas amor, apoio e ajuda para se recuperarem. Em vez disso, sempre esperamos demais e só levamos ajuda às pessoas acometidas por doenças mentais quando elas já fracassaram. Por que razão tende a ser o fracasso – quase sempre com consequências permanentes no âmbito familiar, legal, social, profissional e acadêmico – o primeiro e único indicativo das enfermidades do cérebro? Como podemos mudar essa regra?

São necessárias mais pesquisas científicas sobre transtorno bipolar e outras doenças mentais, bem como sobre a saúde do cérebro em geral e as "feridas invisíveis da guerra". Precisamos reconhecer os alertas precoces dos marcadores genéticos, encontrar as causas, compreender os mecanismos da doença, desenvolver medicamentos preventivos e tratamentos mais eficazes para uma recuperação. Precisamos saber identificar sintomas precoces e mesmo curas potenciais. Essas pesquisas são de vital importância para nossa sociedade, nossa população de veteranos e nossos militares da ativa.

Além disso, como podemos acolher as pessoas acometidas por esses males, de modo que elas consigam dar continuidade a suas carreiras? Profissionais da medicina e da academia descobriram uma forma de fazê-lo. Um exemplo é o caso da psicóloga clínica e escritora de renome mundial Dra. Kay Redfield Jamison, da Universidade Johns Hopkins. Ela sofre de transtorno bipolar grave há décadas, mas encontrou um modo de lidar com a doença e tem um desempenho de alto nível, tanto como profissional da área médica quanto como acadêmica. Será que o exemplo pode ser seguido em outras profissões?

Enquanto isso, milhões continuam sofrendo. E o que é pior, esse sofrimento é agravado pelo estigma que muitas pessoas em nossa sociedade associam aos males do cérebro. Por uma triste ironia do destino, finalmente, no momento da mais grave crise de saúde pública do nosso tempo, eu me encontro suficientemente saudável para começar a contar minha história. Porém, mesmo com a pandemia oficialmente superada, nossa crise de saúde mental persiste, e parece até ter se agravado.

Não me sinto envergonhado nem constrangido por ser um sobrevivente da bipolaridade e um vencedor. Na verdade, estou agradecido e orgulhoso por ter conseguido sobreviver à mais implacável das guerras – com o apoio de minha esposa, da família, dos amigos, do VA e de Deus – e por estar prosperando de novo, com a inesperada dádiva de uma nova vida excepcional. Por favor, ajude a acabar com o estigma associado ao transtorno bipolar e a outros problemas de saúde mental admitindo que você ou outra pessoa necessita de ajuda – e obtendo-a.

Se você – ou alguém que você ama – estiver manifestando sinais de alerta do transtorno bipolar ou de outra doença mental, procure ajuda médica imediatamente. Entre em contato com um Centro de Atenção Psicossocial (CAPS) do Ministério da Saúde, em sua região. Envolva os profissionais médicos que atendem você, tendo consciência de que o diagnóstico do transtorno bipolar é difícil, que essa doença se mistura e confunde com outros males do cérebro e com traços da personalidade, além do fato de que pode levar anos até que você seja adequadamente diagnosticado e tratado. Leia, estude e aprenda tudo o que estiver ao seu alcance sobre transtorno bipolar e doenças mentais. Empenhe-se com afinco nessa empreitada. Conhecimento é poder.

Depois da prescrição de medicamentos e tratamento, siga-os à risca e mantenha um diálogo esclarecedor com seu médico e seu terapeuta. Municie-se de determinação e coragem para agir em conformidade por toda a vida. O transtorno bipolar nunca faz uma pausa nem baixa a guarda, e você também não. Essa será uma "guerra permanente" da qual você não poderá desistir nem se afastar, sob pena de ter resultados potencialmente desastrosos.

A boa notícia é que o transtorno bipolar é uma doença tratável. Por meio de um tratamento adequado e de uma atitude positiva e determinada, qualquer um pode ter uma vida feliz e bem-sucedida. Tenha certeza de que você se juntará a uma legião de sobreviventes bipolares que superaram esse mal cruel e agora estão prosperando. Tenha orgulho e gratidão por ter chegado tão longe na direção do sucesso. Ajude a acabar com o estigma.

É necessário ter coragem e força para se admitir destroçado, procurar ajuda e percorrer a trajetória da recuperação. Seja forte e procure apoio para você, sua família, seus amigos ou seu companheiro. Não há vergonha em reconhecer a necessidade de socorro. A única verdadeira vergonha é não buscar a ajuda de que você necessita e acabar entrando para as estatísticas.

Em vez de serem estigmatizadas, as pessoas que lutam contra o transtorno bipolar e outras doenças mentais ou cerebrais devem ser consideradas combatentes que enfrentam uma batalha heroica, assim como todas as mulheres heroicas que lutam contra o câncer de mama. São todos heróis, não vítimas estigmatizadas.

Acredite em mim, o General Bipolar que está lutando – e vencendo – sua própria guerra eterna contra a doença mental.

Epílogo

O texto a seguir é a avaliação feita por um dos mais proeminentes sociólogos militares dos Estados Unidos, Dr. Leonard Wong. Lenny e eu nos conhecemos em 2000, no AWC, e nos tornamos amigos e companheiros. Mais tarde, em junho de 2014, ocasião em que eu estava em estado de mania total, ele encabeçou, em nome do general Dempsey, uma avaliação objetiva sobre mim e a NDU. Seu depoimento a seguir é eloquente.

Testemunho do Dr. Wong

Em junho de 2014, recebi do presidente do Estado-Maior Conjunto, o general Martin Dempsey, um pedido para participar de uma avaliação abrangente da National Defense University (NDU), com foco específico na liderança e capacidade crítica do reitor da instituição, o major-general Gregg Martin.

Eu conhecia Gregg desde o ano 2000, quando nós dois passamos a integrar o corpo docente do Army War College, dos EUA. Como ele e eu dedicávamos um bom tempo de nossa vida às questões relacionadas à fé, à família e ao Exército, acabamos nos tornando colaboradores e amigos íntimos. Essa amizade se manteve ao longo dos anos, enquanto Gregg assumiu outras missões do Exército, incluindo seu retorno como comandante do AWC.

Eu sabia que a indicação de Gregg para assumir a reitoria da NDU fora motivada por sua reputação como agente de mudanças. Gregg era conhecido pela capacidade de implementar reformas transformadoras graças a uma energia inesgotável, visão de longo prazo e aptidão para obter consenso. Eu também ficara sabendo por meio de uma discussão que tive com o próprio Gregg no início daquele mês, em uma conferência em West Point, que ele estava enfrentando resistência às suas propostas de reforma. Ao contrário de suas experiências anteriores na implementação de mudanças, Gregg acreditava que muitas pessoas na NDU conspiravam abertamente contra ele e procuravam de forma ativa prejudicar seus esforços para a introdução de reformas. Nunca antes eu ouvira Gregg falar de outros de um modo tão depreciativo, mas não dei maior importância, pois julguei que fosse apenas consequência de uma política de bastidores.

Eu conduzi a avaliação com um três estrelas reformado que já havia supervisionado Gregg e a NDU. Nós levamos quase uma semana examinando políticas, currículos e diretrizes de comando, bem como realizando entrevistas e permitindo livre acesso para contribuições anônimas, entre outras coisas. O objetivo era traçar um panorama completo. No final, fizemos uma reunião de posicionamento a portas fechadas com o major-general Martin, pedimos a opinião dele e, em seguida, reportamos nossas conclusões ao presidente.

O que encontramos na NDU foi assustador. Embora os esforços de Gregg no sentido de uma reforma transformadora estivessem esbarrando nos obstáculos burocráticos esperados em qualquer iniciativa de mudança, o consenso no corpo docente da NDU era de que o problema não estava na aceitação de reformas. Em vez disso, os professores relataram que o problema era o próprio Gregg. Ele havia enlouquecido, exibia atitudes extremamente perturbadoras e estava se desviando sobremaneira do objetivo da missão. Gregg era ruidoso, impetuoso, agressivo e excessivamente prolixo. Costumava falar depressa demais, pulando de um assunto para outro e, muitas vezes, intrometendo-se de forma inadequada nas situações. Ele se mostrava cada vez mais impaciente e exigente, propenso à exasperação. Sempre extrapolava o tempo das reuniões e, portanto, chegava atrasado aos eventos seguintes. Ele se tornara um fanático religioso e tinha níveis anormalmente elevados de energia, entusiasmo e extroversão, o que chegava às raias do grotesco. Gregg havia imprudentemente classificado a população da NDU em duas categorias: uma era a dos "bons sujeitos", aqueles que mereciam confiança, visto que concordavam com ele. O outro grupo era formado pelos "maus sujeitos", os quais – pelo menos na sua opinião – estavam prontos para atingi-lo em todas as oportunidades. Em resumo, o estado-maior e o corpo docente de Gregg Martin haviam perdido a confiança em sua capacidade de liderança e pediam – quase unanimemente – que ele fosse afastado.

Era difícil de acreditar. Ao longo de toda a sua carreira, Gregg tinha sido um líder e formador de equipes extremamente positivo. Ele sempre exerceu uma forma de liderança franca, serena e estimuladora. Em todos os lugares por onde passava, as pessoas demonstravam afeição, respeito e admiração por ele – todos queriam fazer parte da equipe de Gregg. Ele era inteligente, atlético, inovador, criativo e eficaz. Porém, alguma coisa mudara drasticamente na NDU.

Quando fizemos com Gregg a reunião de posicionamento, ele aceitou tudo com naturalidade; estava calmo, sereno e sóbrio; e relacionou todas as mudanças positivas que introduzira contra a feroz resistência institucional. Além do mais, destacou que essas mudanças haviam sido determinadas e endossadas pelo general Dempsey. A despeito da longa lista de evidências incriminatórias que apresentamos, Gregg não pareceu assustado, inquieto nem preocupado com o que ouviu. Ele absorveu tudo, sem se perturbar. Nós escutamos e lhe dissemos que o próximo passo seria levarmos nossas constatações ao conhecimento do general Dempsey. Durante a sessão a portas fechadas com Gregg, eu tive a estranha sensação de que, *embora aquela pessoa parecesse o Gregg Martin, na verdade era outra pessoa internamente*. Aquele com quem eu estava falando era um general de duas estrelas do Exército apenas na aparência. Percebi que eu tinha sentado à minha frente um velho amigo que mal conseguia reconhecer. Foi uma constatação profundamente perturbadora.

O general Dempsey, que conhecia Gregg havia muitos anos e servira com ele, ficou chocado com nossas conclusões. Ele fez perguntas, ponderou e tomou a decisão de afastar Gregg de seu cargo – pelo bem da NDU e sua missão, pelo bem do próprio Gregg e para encaminhá-lo à assistência do sistema médico. Em meados de julho, o presidente o afastou e Gregg iniciou o tratamento médico.

Tudo isso aconteceu no verão de 2014. Dois anos depois, em setembro de 2016, Gregg começava sua recuperação após dois anos de grave depressão e delírios psicóticos. Quando ele estava de mudança de New Hampshire para a Flórida, seu mentor, o coronel reformado Bill Barko, convidou Gregg e um grupo de amigos e colegas dele do AWC para uma reunião amistosa em sua casa. Nessa reunião, Gregg nos contou sua história – a batalha com a bipolaridade e a recuperação, bem como o caminho que ainda havia por trilhar.

As peças do quebra-cabeça se encaixaram. Eu compreendi então seu comportamento bizarro e profundamente maníaco na NDU, ocasião na qual, em essência, ele enlouquecera. Desde nosso encontro, em setembro de 2016, tive oportunidade de ouvir Gregg contar sua história inúmeras vezes. Quando ele me enviou o manuscrito deste livro, pedindo que eu escrevesse meu depoimento, aceitei com muito entusiasmo.

Mas algumas perguntas incômodas continuam exigindo respostas. Considerando que a bipolaridade de Gregg fora desencadeada mais de uma década antes, em 2003, e que os sintomas continuaram se agravando ano após ano, como foi possível que seus supervisores, colegas, subordinados, familiares e amigos (*inclusive eu*) não tivessem percebido os sintomas bipolares aparentemente óbvios? Fomos todos nós assim tão cegos, assim tão insensíveis? Ou, talvez, os sinais não tenham sido tão claros. Foram esses sinais ambíguos e dissimulados, camuflados pelos traços de personalidade tão positivos de Gregg? Como tantos de seus colegas e familiares não perceberam o que estava acontecendo e deixaram de ajudá-lo antes que o estrago acontecesse? Por que eu não confrontei Gregg quando ele estava se perdendo, e antes que ultrapassasse os limites? Por que, além do presidente, que agiu no momento derradeiro, nenhum de nós o levou a procurar ajuda médica? Por que nenhum de nós conversou com a esposa e os familiares dele para entender o que estavam vivenciando? Por que não reportamos o comportamento cada vez mais maníaco de Gregg – de 2003 a 2014 – aos seus supervisores?

Quais são as lições que ficam para os líderes de alta patente e a cultura militar? Será que os subordinados são mais leais ao seu chefe do que à instituição? Será que os companheiros são mais inclinados a desconsiderar o impacto devastador dos problemas de saúde mental? Seria isso falta de coragem moral? Como devemos começar a enfrentar e abraçar esses desafios nas Forças Armadas dos EUA, bem como em nossa sociedade como um todo?

A história de Gregg é extraordinária. Eu acredito que, nos postos graduados das Forças Armadas, o caso de Gregg Martin não seja o único exemplo de graves problemas de saúde mental – o número deve ser muito maior. Seria de esperar que a ocorrência de doenças mentais entre os militares fosse proporcional a outras populações semelhantes. Mas as Forças Armadas, as empresas, o governo, a academia, o setor de entretenimento e outros raramente se manifestam sobre a alta cúpula e a saúde mental. E, quando esse problema aparece, costuma ser dissimulado, encoberto e não discutido. Ele simplesmente desaparece – contido e discretamente. Por quê? Em virtude da vergonha e do constrangimento que as pessoas sentem. Esse tema tabu é carregado de estigma.

Além disso, há ainda grande necessidade de mais ciência e pesquisa sobre transtorno bipolar e outras doenças mentais, com o objetivo de se identificarem os marcadores genéticos, o desenvolvimento de medicações preventivas e a descoberta de novos tratamentos mais eficazes. Esse desafio vai exigir mais conscientização e compreensão sobre as doenças mentais e o cérebro, com incremento das iniciativas de financiamento e determinação na busca de soluções.

Leonard Wong, doutor, engenheiro profissional (PE)
Professor pesquisador (aposentado)
Strategic Studies Institute
Army War College dos EUA

Apêndice

O ponto de vista da família

A destruição causada pelo transtorno bipolar não se limita à pessoa acometida. Ele frequentemente arruína os relacionamentos com cônjuges, irmãos, filhos e outros familiares.

Minha família é resiliente, forte e heroica. Mesmo assim, minha bipolaridade e toda a insanidade dela decorrente geraram enorme pressão sobre a família, quase chegando ao ponto de ruptura. Milagrosamente, Maggie, nosso casamento e nossa relação familiar não apenas sobreviveram como também se fortaleceram – com o tempo. Sinto-me abençoado por minha esposa e meus filhos serem as pessoas inteligentes, tenazes e solidárias que são – e não terem simplesmente me abandonado, nem quando estive no pior momento. O elo da doença mental que une dois de meus filhos a mim revelou-se uma benção única e inesperada na forma de compreensão mútua, empatia e sabedoria. De novo, toda a minha família foi essencial para minha sobrevivência e recuperação, em especial Maggie. Porém, qualquer coisa que eu diga não é suficiente para enfatizar que também eles são sobreviventes.

Maggie esteve ao meu lado ao longo de todo o caminho, primeiro como esposa do Exército e depois como "esposa da bipolaridade" – lendo, aprendendo, tentando conseguir para mim a adequada ajuda médica, oferecendo apoio e estímulo, sempre envolvida e nunca desistindo. Durante o período da mania aguda, em 2014, o mundo dela foi virado de cabeça para baixo. Maggie não tinha uma base de referência que lhe permitisse lidar com um comportamento tão bizarro, assim como não sabia do que se tratava, nem o que deveria fazer. Além disso, durante meu quadro grave e incapacitante de depressão e psicose, de outubro de 2014 até agosto de 2016, quando iniciei o tratamento com lítio e logo depois nos mudamos para a Flórida, pesou sobre as costas dela praticamente tudo o que dizia respeito à casa e ao nosso relacionamento.

No entanto, ela nunca abdicou de nada, e também não deixou de cuidar bem da própria saúde. Não fosse por minha esposa, é provável que eu não tivesse conseguido sair do inferno bipolar. É grande o número de almas miseráveis que sofrem de transtorno bipolar grave e morrem de forma triste e prematura, muitas vezes em circunstâncias perturbadoras decorrentes de acidentes, violência, ações policiais, prisão, drogas e álcool, abandono na rua, ataques cardíacos e outras causas naturais, ou, certamente, suicídio. Eu me considero um homem privilegiado por ter uma esposa tão forte e afetuosa.

A "palavra com P": testemunho e ponto de vista de Maggie

Desde os eventos que Gregg relata em suas memórias sobre o transtorno bipolar, muitas pessoas têm me perguntado como eu consegui passar inabalada pela provação – nos aspectos físico, mental e ainda dedicada ao meu papel de esposa do Gregg. Quase sempre, quando olho para trás e lembro das loucuras que aconteceram no auge do período de estranhezas que ele enfrentou, eu me pergunto como consegui. Minha única conclusão é a de que, a exemplo do sapo no aquecimento lento do tacho de água, eu não tinha a menor noção sobre o que de fato estava ocorrendo. Nunca percebi a conexão existente entre todos os incidentes isolados. Alguma coisa acontecia, nós conversávamos sobre isso, lidávamos com a questão de uma forma que me deixasse satisfeita, e seguíamos em frente. Como havia um relacionamento de respeito mútuo, sempre achei que, se eu me opusesse a alguma atitude ou a um comportamento específico, ele escutaria e, em geral, aceitaria minha opinião. Só no auge de sua mania, quando ele começou a ver em mim uma espécie de âncora ou, em suas palavras, "um discípulo da Racionalidade", é que eu parei para pensar por que isso estava acontecendo. Porém, jamais passou pela minha imaginação que ele estivesse mentalmente abalado. Sempre atribuí suas crises de raiva e paranoia ao excesso de estresse, à relutância do corpo docente e aos vazamentos de informações para a imprensa. A raiva e a paranoia eram companheiras permanentes – mas não se voltavam contra mim até o período final; e então, fiquei realmente perplexa com o fato de tudo isso ter se tornado tão insano.

Eu estava lá quando o general [Martin E.] Dempsey (presidente do Estado-Maior Conjunto) pediu a Gregg que se demitisse, e, na ocasião, fiquei surpresa em ver com que tranquilidade ele encarou a situação. Gregg recebeu o pedido com um sorriso e serenidade – "Sim, senhor". Sem questionamento. Para mim, essa demissão causou certa decepção, mas também uma sensação de alívio – agora nossa vida entraria novamente nos trilhos, com o estresse abrandado, a preparação para a aposentadoria, o reequilíbrio de nossos dias etc.

Por um momento, pareceu que as coisas estavam se reencaminhando para a normalidade. Contudo, com o declínio, e depois o esgotamento dos níveis de dopamina e endorfinas, começou o ciclo de depressões. Enquanto a mania se traduzira em vida em uma máquina de fliperama, a depressão era uma dura jornada. É aí que entra a "palavra com P", a Perseverança.

Quando a depressão se instalou, a pessoa confiante que eu conhecia se desintegrou em cacos, dominada pelo medo e as preocupações. Isso realmente me abalou. A essa altura, Gregg já tinha sido diagnosticado com transtorno bipolar, mas um diagnóstico não traz necessariamente a compreensão verdadeira do que está de fato acontecendo. Porém, como qualquer esposa ou mãe sabe, a vida não para porque alguém está acometido por uma crise de saúde.

Para ser sincera, eu estava mais preocupada com a logística das ações implicadas pela aposentadoria do que com a própria doença dele. Eu tinha que providenciar a racionalização da quantidade de móveis para nossa mudança, bem como organizar a mudança para nossa casa em New Hampshire. Eu continuava acreditando que, quando fôssemos embora de Washington, ele conseguiria relaxar e a paranoia cederia; a cura viria – um dia de cada vez, um passo de cada vez, sempre visando o futuro, com o firme propósito de levar a vida adiante e superar tudo isso. Não é preciso dizer que eu realmente não sabia com o que estávamos lidando, embora o problema tivesse um nome. Só mais tarde tive a chance de ler sobre a bipolaridade e refletir sobre ela. Mesmo assim as descrições médicas e clínicas de uma pessoa em estado de mania ou depressão não dão conta de explicar o quanto um cônjuge ou familiar se sente inútil e ineficaz nessa situação. Não existe literalmente coisa alguma que você possa fazer para ajudar seu ente querido, exceto estar ao seu lado, dando atenção e fazendo o possível para que ele possa obter um tratamento médico profissional (que muitas vezes o doente não aceita). Perseverança é o que me vem à mente, sempre com foco no futuro.

Acredite em mim, não tenho toda a virtude de uma "Saint Margaret". Eu também fazia algumas reclamações e cometia desvarios, mas ainda assim não via a recuperação como causa perdida, e talvez estivesse aí o segredo. Mesmo nos momentos mais tenebrosos da depressão, Gregg encontrava ânimo para ir ao psiquiatra e às consultas – era forte seu desejo de melhorar. Se ele não quisesse se recuperar, o desfecho de toda essa história poderia ter sido diferente.

No final, quando senti que ele não estava melhorando, entrei em contato com Bill Barko (mentor e amigo de Gregg do AWC). Foi um ponto de inflexão, pois resultou na hospitalização para tratamento no VA. A introdução do lítio foi outro momento determinante. Gregg resistiu até perceber que nada mais estava funcionando. Com a introdução do lítio, todo o jogo mudou radicalmente. Voltei a ver a pessoa que eu conhecia há 35 anos. Foi como um milagre.

Como qualquer pessoa que tenha lidado com o transtorno bipolar bem sabe, trata-se de um desafio permanente. Você nunca está curado ou "livre da bipolaridade". Ela está sempre ali, à espera de que um estresse adicional provoque a raiva ou aumente o nível de excitação, mesmo quando mantida a medicação. Agora sei o que procurar e como administrar minhas expectativas. É mais ou menos como ser um vigia afetuoso – sempre atento às mudanças de comportamento.

O comportamento bipolar pode deixar muitas cicatrizes em seu rastro. Hoje todos nós conseguimos olhar para trás, para certas formas de comportamento, e dizer: "Uau!, isso foi hipomania" ou "Definitivamente, essa foi uma reação bipolar". Analisando em retrospectiva, identificamos os sinais e o horizonte temporal, coisas que nunca conectamos quando estávamos vivendo o problema. Agora sei por que ele nunca parava para comer enquanto o resto da família morria de fome, ou por que nossa família podia visitar todo o Parque Yellowstone em um dia [no verão de 1992], ao passo que ninguém via metade do que víamos, mesmo em uma semana inteira de férias. Quando você está acostumado a um permanente comportamento de tanta exuberância, o sinal de alerta só acaba soando diante de algumas ações realmente hiperbólicas, e, mesmo assim, como eu, você pode não perceber ou pode atribuí-las a outros motivos que não um transtorno mental.

É interessante observar que ninguém se aproximou de mim durante os dois anos em Washington [2012-2014] para falar sobre as alterações de comportamento. Ninguém jamais disse uma palavra sequer. Contudo, para ser justa, devo dizer que, considerando a paranoia geral de Gregg acerca de seu trabalho, e o fato de que nós tínhamos sido alertados antes de ele aceitar o cargo de que muitos dos empregados agiam ativamente para minar as reformas, é possível que eu não tivesse dado crédito a quem tentasse me alertar [caso alguém mostrasse preocupações], mas creio que eu teria começado a observar e avaliar o comportamento dele de outra maneira, vendo ali talvez um sinal de anormalidade e não de exuberância. Até hoje ainda não sei dizer quão enlouquecido as pessoas pensavam que ele estava, mas isso pode ser uma boa coisa. Eu me pergunto se ele teria de fato sido ajudado mais depressa, ou se a crise poderia ter sido evitada, se alguém me procurasse e dissesse: "O comportamento dele não é normal; alguma coisa está errada".

Por sorte – com o lítio –, aqueles dias chegaram ao fim e o verdadeiro equilíbrio está de volta. Ele e a perseverança para seguir em frente foram minhas armas para sobreviver em um mundo bipolar.

Os filhos

Meus filhos adultos também foram fundamentais para mim nessa jornada. Eles foram parte crucial de minha caminhada de sucesso no Exército, mudando-se com Maggie e eu a cada período de um, dois ou três anos. Eles apreciaram sobretudo a aventura, as pessoas e os lugares, os personagens com quem trabalhei e as histórias. Grande parte dos melhores amigos deles até hoje são aqueles com quem cresceram juntos, há muitos anos, em todos os diferentes postos do Exército que ocupei.

Na fase do pesadelo bipolar, meus filhos se fizeram presentes, por meio de visitas e telefonemas, tanto para mim como, principalmente, para a mãe. Eles nunca fizeram observações críticas e sempre demonstraram empatia e disposição para ajudar; percebiam que eu tinha algum problema em relação à NDU, mas não conseguiam entender o que era exatamente, tampouco sinalizar com um alerta ou preocupação que mudasse de alguma forma a situação. Olhando para trás, eles conseguem identificar todos os traços do transtorno bipolar que foi tão difícil reconhecer naquela época.

Nosso filho mais velho, Phillip, que sofreu e foi diagnosticado com transtorno bipolar e depressão no tempo do ensino médio, mostrou-se especialmente compreensivo, perspicaz e colaborativo. O filho do meio, Patrick, envolveu-se e fazia visitas, mas esteve longe a maior parte do tempo, dedicado às suas tarefas apaixonantes de oficial do Exército. Ele foi poupado de boa dose da loucura, apesar de ter sido testemunha da manifestação aguda dela na formatura de Fort Bragg, na viagem de pescaria em Outer Banks e no final de semana do funeral do vovô Joe. Nosso filho mais novo, Conor, viveu de fato conosco durante os três anos de Fort McNair, quando trabalhei na NDU e depois no Corpo de Engenheiros. Ele sofrera de transtorno do humor e foi muito colaborativo e solidário.

Testemunho/ponto de vista de Phillip

Foi emocionalmente devastador para mim testemunhar a destruição que a psicose induzida pelo transtorno bipolar causou em você – meu herói e uma pessoa que eu sempre vi como extraordinariamente saudável. O que mais me impressionou foi a constatação de quão cognitivamente desorientadora era a experiência, em especial para mim, que sofrera a mesma devastação emocional interior cerca de 15 anos antes, quando – como você lembra – fui diagnosticado com transtorno do humor na adolescência. Apesar disso, sua psicose parecia de alguma forma surgir do nada. O transtorno bipolar é perigosamente difícil de ser identificado antes que seja tarde demais. Pense nisso. Como pude eu, na condição de quem tem uma doença semelhante, ter deixado de perceber, a tempo de evitar sua demissão prematura, os sinais e os sintomas que você – meu próprio pai – manifestava claramente? Teria sido eu assim tão cego, tão insensível? Como tantos de seus colegas não identificaram o que estava acontecendo? Sei que não sou médico. No entanto, como pude ser negligente por não dar a ajuda de que você necessitava antes que a devastação acontecesse? Em que eu deixei de prestar atenção? E por quanto tempo?

Eu enfatizo esse detalhe porque acredito que há lições a serem aprendidas. Todos os dias, milhões de pessoas são destruídas e se perdem em decorrência do transtorno bipolar, e – acima de tudo – sofrem consequências muito mais graves do que meu pai sofreu. Ao darmos atenção aos sintomas mais óbvios da mania aguda e da profunda depressão, quase sempre deixamos tragicamente de ver os inúmeros fatores determinantes, os sinais precoces que aparecem anos antes e os estágios que aos poucos e em silêncio conduzem ao desastre. Em vez disso, limitamo-nos a zombar com nossos amigos do excesso de energia que alguém demonstra, classificando esse alguém de "louco" ou "audacioso" – exatamente como você sempre foi. Como sociedade, nós temos muito a aprender.

Por fim, há o papel de extrema importância que a sorte desempenhou em sua história. Você foi inacreditavelmente afortunado de ter sobrevivido às suas batalhas com a bipolaridade. Eu também. Mas não podemos contar com a sorte. Tampouco com bons medicamentos e boas políticas. Sua sobrevivência não é uma história restrita a você – um único e valente soldado lutando contra uma doença nefasta. São muitos os heróis dessa história: seus familiares e amigos dedicados e atualizados, seus solidários e persistentes companheiros do Exército e o VA. Milhões de vítimas de transtorno bipolar não têm sequer uma parcela ínfima da sorte que você teve, nem dos seus recursos. Essa situação precisa mudar.

Testemunho/ponto de vista de Patrick

Quando avalio em retrospectiva a escalada do quadro de mania de meu pai e seu mergulho na depressão, o que me assusta, e talvez seja difícil de confrontar, é minha própria incapacidade de ligar os pontos e perceber que algo muito mais grave e perigoso estava de fato acontecendo. Meu pai fora sempre um empreendedor de tal calibre – doutor, atleta de elite, general de duas estrelas – que sua própria excelência pareceu me cegar diante da dura realidade, de que a mente dele estava mergulhando em um caos. Essa parcialidade, na forma de estereótipo, camuflou os indicadores e sinais de alerta, que eu minimizei como simplesmente "quem ele se tornara" ao longo dos anos. Essa perspectiva me permitiu duvidar de certos instintos, mesmo quando o comportamento e o estado de espírito dele pareciam questionáveis.

Mensagens de texto, e-mails, conversas por telefone e visitas ocasionais de férias colaboraram mais do que eu esperaria para a dissimulação do estado da saúde mental dele; e, apesar de seu comportamento cada vez mais anormal, ele ainda alcançava resultados. Infelizmente, essa perspectiva, desde que a pessoa consiga demonstrar certa coerência profissional e produzir, é o que permite que a mania, como no caso de meu pai, vá se tornando explosiva até a catastrófica erupção final.

Os transtornos de saúde mental são sempre um assunto espinhoso para ser confrontado, mas hoje, mais do que nunca, é vital que eles sejam entendidos e discutidos, pois em um mundo de crescente complexidade (globalização, tecnologia, expectativas profissionais e mesmo a pandemia) a fisiologia de nossa mente é negativamente afetada. Preste atenção aos indicadores e sinais de alerta, conecte os pontos e compartilhe seus sentimentos com outras pessoas. Esse interesse pode ajudar bastante no diagnóstico e no tratamento daqueles a quem você quer bem.

Meu pai percorreu um longo caminho desde o ponto mais baixo de seu episódio de mania, mas ainda há, sem qualquer dúvida, muito a percorrer. Eu faço o possível para me manter vigilante e atento a sinais indicativos de que alguma coisa possa estar errada. Não posso mais presumir que alguém tão forte como ele esteja imune às aflições dos transtornos mentais.

Testemunho/ponto de vista de Conor

Acredito que eu tinha 11 anos, o que significa que meu irmão [Phillip] tinha cerca de 16. Apesar de nossa idade, nós éramos muito ligados, mas talvez fosse nesse momento que a relativa diferença de idade ficava mais marcante. Ele sofria de depressão maníaca, provavelmente tinha transtorno alimentar, e foi hospitalizado naquele verão por ter cortado o próprio rosto. Na maior parte do tempo, em meu mundo da sexta série, eu estava alheio isso.

A pressão – tanto a autoimposta como a externa – haviam abalado sua saúde mental, e ele não conseguia administrar nem verbalizar o grau de sufocamento que sentia. Posteriormente, tivemos uma sessão de terapia familiar com um terapeuta. Nós conversamos em um grupo como no desenho animado *Os Simpsons*, e todos deviam dizer o que viam e como se sentiam. Fiquei surpreso com quão divergente é a percepção da realidade de cada pessoa.

Na infância, fraquezas de qualquer espécie – físicas ou psicológicas – sempre foram enfrentadas com austeridade. Meus pais eram bastante rígidos e pautaram sua vida por esse princípio; portanto, expressões de dor ou dificuldades só eram toleradas até o limite em que passavam a ser encaradas como reclamação ou forma de chamar a atenção – católicos irlandeses com humilde orgulho do estoicismo.

Isso explica bem a maneira de eles lidarem com as questões emocionais. Assim, quando meu pai, que sempre oscilara entre níveis extremos de energia, raiva e silente introspecção, entrou em estado de mania aguda, aos 58 anos, ninguém em torno dele conseguiu de fato ver ou aceitar quão doente ele realmente estava. Naquele momento, seu próprio poder o deixara gravemente isolado, e todos representavam para ele um inimigo potencial.

Viver significa dar conta da própria vida; e todas as pessoas são estrelas de suas vidas, convivendo com a dor e o prazer e criando significado para si mesmas. Nosso crescimento é maior quando compartilhamos essas coisas. Se aprendemos a escutar, ficamos mais sintonizados com os outros. A depressão que meu pai viveu em uma fase adiantada da vida adulta forçou-o a ter uma visão diferente sobre si mesmo e o mundo.

O ponto de vista de minha mãe

Minha mãe e eu mantivemos inúmeras conversas sobre diversos assuntos durante décadas antes de seu falecimento, em 18 de abril de 2020. Apresento a seguir passagens de algumas dessas conversas que têm relação com meu transtorno bipolar. Olhando em retrospectiva, ela suspeitou que minha obsessão pelo basquete, quando jovem, pode ter sido um indicativo precoce do transtorno bipolar.

> Eu acreditava que era absurdo você querer apenas jogar basquete quando menino. Todos nós íamos à praia, ou fazíamos passeios de barco, e você ficava em casa para treinar arremessos ao aro. Eu achava tudo isso estranho, meio maluco.
>
> Quando menino, você tinha uma extraordinária dose de talento, motivação e energia. Eu queria que você saísse de Holbrook, para que pudesse crescer e desenvolver todo o seu potencial. Foi por isso que fiz tanta pressão para você cursar a academia militar, o que acabou desembocando em West Point e, depois, o Exército. Embora você não acreditasse em mim, não lhe faltavam inteligência, habilidade atlética, resistência e motivação para ter sucesso lá. E você se deu muito bem com todos os outros garotos inteligentes, atléticos e motivados. E nós conseguimos tirar você de nossa cidade natal e lançá-lo ao mundo!
>
> Acredito que você teve um excelente desempenho no Exército, e o Exército foi uma grande opção para você, exceto pelo fato de que você começou a beber demais, trabalhar demais, festejar demais, encarar seu trabalho com excessiva seriedade e deixar de dormir as horas de sono necessárias. Ao longo dos anos, eu lhe disse isso reiteradas vezes, mas não parecia fazer qualquer diferença, pois você não me escutava e essa tendência nefasta só aumentava.
>
> Parece que seu método de trabalho foi se tornando mais insano e intenso com o passar dos anos; e, no período do FLW [no final da década de 1990, como comandante de batalhão do 5º Batalhão de Engenharia],

você estava tresloucado. E seu superior lá [o comandante da Brigada de Engenharia] era também um doido varrido. Você acabou mergulhando na religião – protestante evangélica –, a exemplo do que ocorreu anos antes na Universidade do Maine. Nunca entendi a razão de tudo isso. O que havia de errado em ser apenas católico, nossa própria religião? E você lia constantemente a Bíblia. Você não acha que outros tipos de leitura, para variar, teriam sido benéficos?

Eu sabia de sua vontade de ir para o Iraque, mas tudo isso me assustava. Você nunca contava de fato o que estava fazendo lá, portanto eu ficava colada na TV para ter informações. De qualquer maneira, não me agradava sua presença no Iraque, e eu considerava tudo um grande erro; mas você parecia encarar muito bem a questão – pelo menos, eu pensava – e até recebeu aquela importante condecoração do *Engineering News-Record*, em Nova York. Fiquei enfim aliviada quando você retornou para a Alemanha; mas sei que detestava o trabalho em Heidelberg [na sede do USAREUR]. Você não chegou a ser um mandachuva porque o quatro estrelas não lhe dava espaço. Mas me lembro de seu rosário de queixas por não gostar do trabalho, especialmente considerando todas as extraordinárias missões que você teve no Exército, e que lhe agradavam demais. Você foi um sujeito de muita sorte no correr dos anos.

Depois de se tornar brigadeiro em Portland [comandando a NWD em 2005], e daí em diante, parece-me que você ficou mais extremo e maluco, no FLW, a seguir em Carlisle [AWC] e então em Washington [NDU]. Você mergulhou feito louco em seu trabalho e na missão de transformar essas organizações, o que quer que isso significasse. E acreditar que você conseguiria convencer os funcionários civis do alto escalão a adotar os seus métodos, depois de terem trabalhado da forma deles durante tantos anos, não passava de insanidade. Simplesmente não iria acontecer; e, decerto, gerou conflitos, que intensificaram seus níveis de estresse, levaram você a mergulhar mais fundo no trabalho, a beber mais e dormir menos – tudo muito nocivo.

No período da NDU, em Washington, você havia realmente enlouquecido. Todas as coisas chegaram a um extremo, e eu fiquei preocupada com a possibilidade de você ter um infarto ou um colapso nervoso. Ocorreram tantos incidentes insanos, como na formatura do Conor, na formatura do Patrick e na viagem de pescaria para a Carolina do Norte, no final de semana do Quatro de Julho, nos eventos de funeral, missa e celebração de Joe Ryan [Vovô Joe] etc. Você havia de fato perdido o juízo.

Fiquei muito preocupada. E, então, o Marty [general Martin E. Dempsey, presidente do Estado-Maior Conjunto] precisou afastar você – meu Deus –, e todos os artigos negativos contra você, plantados por seus próprios funcionários. Foi tudo muito horrível e bizarro. Mesmo me sentindo triste por você, fiquei contente com sua saída da NDU. Foi melhor assim, embora eu acredite que muitas daquelas pessoas tenham sido injustas com você.

Felizmente, você saiu da NDU e foi para o Corpo de Engenheiros com o Tom [tenente-general Tom Bostick, chefe dos engenheiros], que parecia um sujeito extraordinário. Não dá para acreditar que, na sua cabeça, ele estivesse trabalhando pela sua prisão e armando uma conspiração contra você – que loucura, uma insensatez! O que significava tudo isso? Era um completo desvario. Eu acreditava que você iria melhorar, mas a situação só fazia piorar. E, confirmando as expectativas, o ano final em Washington foi simplesmente tenebroso.

Quando você chegou em casa, em New Hampshire, em junho de 2015, imaginei que, estando distante das pressões de Washington, você começaria a melhorar, mas só piorou. Era uma loucura! Você andava sem parar, gritava, golpeava a cabeça, rolava e se debatia, e batia a cabeça contra o chão. Depois ficava sentado durante horas, olhando fixamente pela janela, sem dizer uma palavra – como um zumbi. Uma coisa terrível!

E parecia que a situação se agravava cada vez mais. Você não fazia *coisa alguma*, era um completo vegetal. Que tristeza vê-lo daquele jeito! Uma tristeza de fato. Você sempre fora tão ativo e atlético; adorava nadar, passear de barco, caminhar, esquiar, caminhar na neve etc., mas agora, só ficava sentado, olhando fixamente pela janela, como um vegetal; nunca queria sair de casa.

Sempre acreditei que o transtorno bipolar e outras doenças mentais não passavam de mitos criados; uma desculpa para pirralhos ingratos e preguiçosos. Você precisava apenas aguentar firme, superar as dificuldades de seus últimos anos no Exército – que eu sabia terem gerado decepções e não acontecido da forma que você esperava – e começar sua nova vida pós-Exército. E ponto! Sem desculpas.

Minha atitude mudou quando você foi internado na ala psiquiátrica do VA [em março de 2016]. Aquilo me fez parar e refletir. E, quando fui buscá-lo com a Maggie e vi o lugar onde você ficou trancado por duas semanas, fiquei chocada e fui obrigada a pensar – talvez a bipolaridade seja real. E o tratamento de eletrochoque para seu cérebro [ECT] – meu

Deus! Foi tudo tão triste e desolador! Depois daquilo, tentei saber mais sobre bipolaridade e doenças mentais, mas, admito, ainda não compreendo de fato o problema. É tudo muito complicado.

Ademais, bipolar ou não, você tornou minha vida miserável enquanto vivemos juntos em New Hampshire. Isso fez aumentarem meus níveis de estresse e, estou certa, estimulou a irregularidade de meus batimentos cardíacos e a fibrilação atrial. Seu comportamento era abominável, mesmo eu sabendo que decorria da bipolaridade, que foi desencadeada pelo trauma e o estresse que você viveu no Iraque.

Estou feliz que o lítio tenha conseguido estabilizar seu humor e também por ter visto você novamente se movimentando, nadando e caminhando antes da mudança [para Cocoa Beach, em setembro de 2016]. Fiquei surpresa por você ir embora de New Hampshire para a Flórida. Mas estou contente de saber que você e a Maggie gostam de lá e que a mudança está sendo boa para você.

Ponto de vista de minha cunhada Cate Ryan

Preciso admitir que as coisas que presenciei no verão de 2014 foram difíceis de assimilar. Enquanto você vivia um estado de furiosa mania, nós

sepultávamos meu pai em Arlington; e não consigo sequer imaginar como a Maggie estava lidando com essas duas situações simultaneamente. Ainda hoje me sinto extremamente culpada por não ter sido capaz de ajudá-la mais durante todo esse tempo tão espinhoso.

Incluí [esta] foto... porque eu a tirei numa ocasião em que você estava em extremo estado de mania (o funeral de papai em Arlington). Quando tirei a foto, senti que o verdadeiro Gregg Martin fora substituído por um impostor delirante e selvagem, que eu não reconhecia. O sorriso enlouquecido e todas as pessoas que devem ter pensado que você perdera a cabeça. (Não tenho certeza se você lembra de que fez questão de levar Claudia e eu depois do funeral para visitar o Korean War Memorial; fomos até lá de carro – e o tempo todo você se envolveu em conversas malucas com estranhos.) Como sua postura sempre tinha sido relativamente calma, contemplativa, cética e analítica, vê-lo em tal frenesi mental deixou-me confusa. De minha parte, eu nunca testemunhara uma mudança de personalidade assim tão radical. Honestamente, foi assustador.

Abreviaturas usadas no texto

3ACR	3º Regimento de Cavalaria Blindada
3ID	3ª Divisão de Infantaria
APFRI	Instituto do Exército que realiza pesquisa sobre aptidão física
AWC	Academia de Guerra do Exército
Brig. Gen.	Brigadeiro-general (uma estrela)
CENTCOM	Centro de operações do comando central dos EUA
DC	Washington, D.C.
DOD	Departamento de Defesa
DSM[-5]	*Manual Diagnóstico e Estatístico de Transtornos Mentais* [5ª ed.]
ECT	Terapia eletroconvulsiva
EMAW	Cada homem um guerreiro
FLW	Fort Leonard Wood, Missouri
Gen.	General (quatro estrelas)
GSU	Universidade voltada para a segurança global
IED	Dispositivos explosivos improvisados
IF	Programa Internacional Fellows (oferece intercâmbio e cooperação internacional)
IG	Inspetor geral
J7	Três estrelas do Estado-Maior Conjunto com supervisão diária da NDU
Lt. Gen.	Tenente-general (três estrelas)

MAF-BAF	"Faça uma amizade – Seja amigo"
Maj. Gen.	Major-general (duas estrelas)
MEB	Junta de avaliação médica
MIT	Instituto de Tecnologia de Massachusetts
MWR	Moral, bem-estar e recreação
NCO	Suboficial/Oficial não comissionado
NDU	Universidade com foco na defesa nacional
NWD	Divisão Noroeste do Corpo de Engenheiros
Otan	Organização do Tratado do Atlântico Norte
PM	Polícia Militar
SECDEF	Secretário da defesa
SRP	Artigo de pesquisa estratégica
TEPT	Transtorno do estresse pós-traumático
USAREUR	Exército dos EUA na Europa
USO	Organização sem fins lucrativos que presta serviço social
VA	Administração de Veteranos (Departamento de Assuntos de Veteranos dos EUA)
VFW	Organização dos Veteranos de guerras no exterior (*Veterans of Foreign Wars*)
VSO	Oficial de assistência a veteranos
WFA	Desperdício, fraude e injúria
XO	Oficial executivo

Índice remissivo

1ª Brigada de Engenharia no FLW 37
2º Regimento de Cavalaria Leve 62
3º Regimento de Cavalaria Blindada 34
5º Batalhão de Engenharia de Combate 37, 97, 179
79º Batalhão de Engenharia de Combate da Bravo Company 94
79º Batalhão de Engenharia em Karlsruhe 22
94º Batalhão de Engenharia da Charlie Company 15
130ª Brigada de Engenharia 61, 98
130ª Brigada de Engenharia na Guerra do Iraque 41

A

Advanced Civil Schooling (ACS) 27
Afastamento do trabalho 191
Afeganistão 14, 77
Agências
  de inteligência 167
  de pesquisa 85
Agente de mudanças na NDU 140
Agitação 224, 225
Agressividade 167
Airborne
  Ranger 84
  School 12, 90
Ajudante de ordens 143, 170
Ala psiquiátrica 152
Álcool 71, 115, 144, 213, 224, 233
Alegria 67
Alemanha
  Ocidental 15
  Oriental 17
Alojamentos do Exército 175
Al-Qaeda 81
Alucinações 119
  extracorpóreas 13
  psicóticas 203
Amadurecimento 1
Amargura 182
Ambiente
  de comando 40
  escolar 5
Amigos 78, 148, 227
  veteranos 214
Amizades 11, 205
Anestesia 212
Anotações diárias 195
Ansiedade 125, 225
Aposentadoria 185, 191

do Exército 229
iminente 194
Aproveitamento físico 47
Aptidões realçadas 235
Arma de fogo 173
Army
   Engineer School 76, 84
   Medical Corps 207
   Physical Fitness Research Institute 46
   War College (AWC) 44
Artilharia 23, 57
   de campo 159
Ataque(s) 58
   a Bagdá 57
   cardíacos 189
   de pânico 127, 189
   terroristas 63
Atenção primária 111
Atirador em ação 173
Atitudes estigmatizantes 238
Atividade(s)
   de treinamento e mobilização 64
   religiosa 8
Autoconsciência 233
Automedicação 232
Automutilação 208
Autoridades militares 54
Avaliação(ões) 243
   médicas 49, 191
   mentais 188
   psiquiátricas 187, 188

B

Bandeira 80
Barreiras de proteção 223
Basquete 4, 256
Batalha(s) 79
   interiores 75
Batalhão 23
   de engenharia 37
Bem-estar mental 237
Bipolaridade 52, 86, 89, 104, 193, 199, 205, 246, 248

Blindados 62
Bombas 23
   atômicas 2
Bravo Company 22
Brigada de engenharia 39
Brilho do sol da Flórida 218
Brook Army Medical Center 204
Business Executives for National Security (BENS) 134

C

Cada homem, um guerreiro 120
Cadetes 11
Camaradagem 236
Campo
   de batalha 17, 72
   de operações da Guerra do Iraque 54
   de operações do Pacífico 1
Cantina Marina 158
Capitão 114
   e comandante de companhia 22
Carlisle High School 53
Carreira 15, 135, 216, 235, 245
   militar integral 8
   profissional 2
Casa Branca 135, 136, 176
Casamento 50, 93, 156, 226
Celebração 196
Cemitério Nacional de Arlington 157
Centro
   das atenções 139
   médico militar Walter Reed 185
Cérebro 176, 203, 212, 228, 229, 232
   bipolar 66
Cerimônia 171
   de aposentadoria 195
   de premiação do ajudante de ordens 170
   memorial 131
   militar oficial 79
Cerveja 113
Charlie Company 18
Choques elétricos 212

Ciclagem rápida 69
Cinco recomeços 229
Civis 66
Cocoa Beach Health and Fitness
    Center 105, 223
Colapso 189
Comandante(s) 36
    de batalhão de engenharia 37
    de brigada 54, 75
    de companhia 22
    de pelotão 13
Comando
    de batalhão 34
    de brigada: aceitar ou recusar? 52
Combate 15, 62
    convencional 63
Combatentes da Al-Qaeda 81
Command and General Staff College
    31
Companheiros de batalha 224
Comportamento 252
    corretivo 110
    maníaco 28, 106
Compreensão mútua 248
Comunicação 119, 239
    de apoio a pessoas com problemas
    mentais 204
Condição física excepcional 176
Conduta 137, 166
Conexões 239
Conferência da Otan na Roménia 138
Conflitos 224
Congresso 135, 136, 176
Consciência 33, 231
Conversas 205
Coronéis comandantes 39
Coronel
    Bill Barko 46
    Bobby Towery 116
    Bruce Porter 40
    Larry Dillard 41
    Martin Dempsey 34
    reformado do Exército Chris De
    Graff 29

Corpo(s)
    de Engenheiros 22, 76, 253
    do Exército 31
    militares 55
Corredor 107
Corridas diárias 47
Covid-19 217
Criatividade 4, 49, 235
Culpa 125
Currículos 10, 244

D

Danos morais 216
Decisões disruptivas 109
Delírios 196, 197, 205, 206
    paranoicos 70
Demissão 169
Departamento de Defesa (DOD) 33,
    54
Depressão 7, 33, 48, 72, 106, 121, 128,
    196, 197, 223, 232, 249
    aguda 200
    pós-guerra 71
Desejo sexual 202
Desempenho 27, 48, 227
    em combate 75
    escolar 51
Desenvolvimento de liderança 200
De volta ao Exército 184
Dia dos Veteranos 190
Diagnóstico 73
    de doença bipolar 194
Dinamismo 4
Diploma 154
Diretor do Estado-Maior do Exército,
    tenente-general Bill Grisoli 175
Diretrizes de comando 244
Discípulo da Racionalidade 249
Dispositivos explosivos 63, 85
Dissertação de mestrado 28
Distúrbios de humor 48
Diversão 148, 224
Divisão Noroeste do Corpo de
    Engenheiros (NWD) 75

Doença(s) 228
  bipolar 120, 171, 197
  cerebral/mental 67
  crônica 233
  invisível 50
  mentais 5, 216, 242-248
  psiquiátrica 228
  tratável 242
Domando a fera 223
Dopamina 7, 176
Doutorado 28
Drinques 114

E

Educação 134
Ego desmedido 134
Elogios 76
Emoção 77
Empatia 248
Endorfinas 7, 176
Energia 167
Enfermidade 228
Engajamento
  e projeção estratégica 122
  estratégico 126
Engenheiro(s) 18, 185
  de combate 55
Ensinamento 39, 43
Ensino médio 4, 5
Episódios
  bipolares 51
  de depressão e paranoia 107
Equipe psiquiátrica 209, 234
Escola(s)
  de guerra 124
  do Exército 12
Esfera individual 239
Esforço(s)
  de transformação 179
  físico 175
Espectro bipolar 45, 226
Esperanças 239
Espírito de combate 113
Esportes 3, 48

Esposa 20
  da bipolaridade 248
Estado
  de espírito quase maníaco 42
  de mania aguda 188
  de mania de alto desempenho 64
  de quase mania 43
  -Maior Conjunto 134
  -Maior Conjunto no Pentágono 162
  -Maior da Força Aérea 136
  -Maior do Exército 78
  -Maior e o corpo docente de West Point 30
Esteroides 148
Estigma 228, 240
Estresse 50, 64, 67
Euforia 67, 106, 107, 127, 181
  do corredor 47
  natural 7
Europa Ocidental 16
Evitando a junta de avaliação médica 191
Exercícios 3
Exército(s) 2, 7, 26, 85, 123, 135, 184, 231, 252
  da União Soviética 16
  de voluntários 17
  dos Estados Unidos e West Point 8
Experiência(s) 43, 244
  bipolar 35, 210
  cultural 19
Experimentação 194
Extrema preocupação por Patrick 162

F

Faculdade 146
Família 2, 9, 20, 50, 97, 148, 156, 185, 188, 248
  Martin 83
Familiares 78, 214, 248
Fé 148, 226
Feedback construtivo 145
Fera 223
Festividades do Quatro de Julho 157

Filhos 50, 252
Fim da linha 179
Finanças 29
Fluxo positivo de pensamentos 208
Foco 140
Força(s) 240
   Aérea 26, 85, 129, 130
   Armadas 135, 198, 235
   Armadas dos EUA 66, 246
   blindadas e mecanizadas 59
   especiais do Exército 19
   especiais soviéticas 17
   terroristas 66
Formação militar profissional 179
Formatura 48, 149
   de Conor na faculdade 145
   no MIT 95
Fort Leonard Wood 34, 84
Fracasso 63
Fraternidade 119
Frustração 88
Funeral(is) 79, 159
   do vovô Joe e a "rebelião" na NDU 157
   e memoriais alimentam o transtorno bipolar 77
Fúria 72
Fuzileiros navais 178

G

Gasthaus 19, 20
General
   Bipolar 242
   de comando do USAREUR 25
   Dempsey 245
   Frederick Kroessen 24
   George S. Patton 18
   inspetor 38
   maníaco 182
   Martin Dempsey, chefe do Estado-Maior Conjunto das Forças Armadas 102, 243
   William "Scott" Wallace 101
Generosidade 118
Geração
   "*baby boom*" 3
   grandiosa 2
Global Security University (GSU) 118, 132
Governo 83, 246
Graf
   82 24
   83 24
   84 24
Grafenwoehr Range Upgrade (melhoria do campo de Grafenwoehr) 23
Grande Depressão 2, 216
Gratidão 209
Guarda(s)
   da segurança 159
   Nacional e da Reserva (Army Reserve) 85
   Republicana 58
   Republicana Iraquiana 62
Guerra(s) 37
   de guerrilha/terror 63
   do Afeganistão e do Iraque 216
   do Iraque 35, 54, 64, 82
   do Vietnã 8, 9, 16, 159
   Fria 12, 15, 141
Guerreiro 120
   inclemente 15
   renascentista 35
Guerrilha 82, 187
Guerrilheiros 58
Guia espiritual 153

H

Hipertimia 7, 26, 33, 64, 227
Hipervigilância 67
Hipomania 224, 251
Hipomaníaco 106
História militar 35
   e diplomática 31
Homenagens 131
Hospital 187
   ala psiquiátrica 152
Hospitalização 192

Humildade 236
Humor 48, 120, 232

I

Igrejas 117, 118
Indivíduos portadores do transtorno bipolar 231
Infância 2, 112
Infantaria 18, 60
Inferno bipolar 188, 222, 249
Inimigos 63, 171
Injustiça 110
Insanidade 143
 à base de esteroides 148
Inspiração divina 139
Instabilidade mental 171
Instâncias militares superiores 76
Inteligência 61
Internação 50, 213
 psiquiátrica 47, 192, 208
Investigação 40, 195
 sobre o incidente do atirador 177
Iraque 13, 57, 77
Irresponsabilidade 146

J

Japão 2
Jogos 122
Joint Task Force Bravo 32, 96

K

Korean War Memorial 260
Kuwait 57, 87, 88

L

Leitura 215
Lendário treinador Bobby Knight 55
Lesão 47
 na região lombar 48
Licença 188
Liderança 18, 40, 81, 236, 245
 estratégica 123

Líder(es)
 essenciais 38
 estratégico 135
 sênior 52
 solidário 131
Língua solta e ego desmedido 134
Lítio 215, 221
 como salvação 220
Livros 159
Loucura bipolar 83

M

Mãe 256
Major-general
 Flowers 41
 Tom Bostick 100
Mania 43, 69, 111, 127, 172, 223, 232
 do Martin enlouquecido 142
Maníaco 89
Maratona de Atenas 92
Marcadores genéticos 247
Margaret "Maggie" Martin 93
Margaret "Maggie" Ryan 15, 20
Marinha 1, 2, 85
Marketing 30
Martin enlouquecido 132
Martírio da bipolaridade 218
Massachusetts Institute of Technology (MIT) 27
Mass General Hospital 204
Material de guerra 85
Medicações 191
 preventivas 247
Medicamentos 51, 194, 227, 233
Médicos 111, 187
Meditação 213
 bíblica 117
Medo 67, 125, 196
Memoriais 78
Mente 49
Mentor 29, 227
Mestrado em engenharia civil 28
Militares em serviço 164
Missão(ões) 55, 74, 89, 110, 132, 151

da instituição 181
Graf 25
Missas católicas 118
Mobilidade operacional 55
Modalidades esportivas 4
Momentos da minha vida 225
Mortos 77
Motivação 31, 49, 106
Mudança na NDU 109
Mundo bipolar 252
Munições 59

N

Nações Unidas 56
National
   Defense University (NDU) 150, 243
   Outdoor Leadership School 51
   Training Center (NTC) 35
Naval
   Academy 170
   War College 31
NCO (oficiais não comissionados) 16
New England Patriots 103

O

Obstáculos burocráticos 244
Oficial júnior 15
Old Guard do Exército 160
Operação(ões)
   de combate 64
   de guerra 87
   Graf 25
   humanitárias 32
Opinião de minha mãe sobre
   transtorno bipolar e saúde
   mental 216
O que fazer na esfera institucional 237
Organização
   governamental 183
   Veterans of Foreign Wars 198
Oriente Médio 87
Otan (Organização do Tratado do
   Atlântico Norte) 15, 138

P

Pacto de Varsóvia 15, 16, 26
Pânico 199
Paranoia 70, 107, 182, 250
Pátria 77
Patrimônio vitalício 198
Paz mundial 133
Pensamentos 205
   suicidas 208
Pentágono 108, 132, 133, 162, 176
Perda de equilíbrio e coordenação 221
Perseverança 234
Personalidade 5, 6, 107
   maníaco-depressiva 89
Pesquisas 238
Pessoas 233
Planos 149
Polícia 113
Política(s) 244
   e religião geram conflitos 224
Ponto de vista
   de Conor após minha demissão da
      NDU 182
   de minha cunhada Cate Ryan 259
   de minha mãe 256
Pós-graduação no MIT 28
Potencial 27
Práticas religiosas 189
Precursores da mania 111
Predisposição genética ao transtorno
   bipolar 4, 64, 231
Premiação 170
Prêmio de Excelência da revista
   Engineering News-Record 99
Preparo físico 148
Presença 234
Presidente do Estado-Maior Conjunto
   135
Pressão do comando 27
Primeira Guerra Mundial 1, 23
Primeiro-sargento 22
Problema(s)
   cognitivo 77
   de burocracia e liderança 81

de saúde 53
de segurança 160
existenciais 48
mentais 204
psiquiátricos 197
Procurar ajuda é sinal de força 240
Profissão da família Martin 83
Profissional de saúde mental 49
Programa(s) 149
  de psiquiatria 232
  International Fellows 115
Projeção estratégica 122
Projeto(s)
  estratégico com criatividade, energia e entusiasmo 188
  estratégico para o chefe dos engenheiros 189
  Graf e a Ranger School 35
Propósito 234, 236
Proteção química 61
Psicose 70, 76, 249
Psicoterapeuta 224
Psiquiatra 210
Psiquiatria 210

Q

Qualificação 43
Questões familiares 165
  e financeiras e de saúde 16

R

Raciocínio 86
Raiva 34, 67, 88, 182, 188, 224, 225
Ranger School 13, 15, 120
Realização acadêmica 32
Rebelião na NDU 157
Recomendações para as Forças Armadas e para as pessoas 237
Reconhecimento 116
Recuperação 192, 222, 246
Reencontro com os dias felizes 205
Reflexões 231
  finais 227

Regime de exercícios 19
Relação familiar 248
Relacionamento(s) 156, 248, 249
  profissional e pessoal 180
Religião 68, 69, 121, 224, 225, 234
Religiosidade 43, 69, 189
  extremada 117
Resistência 63, 147, 177
Responsabilidade(s) 43, 64
  profissionais 161
Ressentimento contra o pessoal da NDU 188
Reunião(ões)
  de posicionamento 245
  do grupo 210
Revisões jurídicas 126
Rochester Institute of Technology 52
Romênia 139, 140
ROTC (corpo de treinamento de oficiais da reserva) 7

S

Sabedoria 248
Sala de guerra 144
Saúde 108, 226
  mental 216, 237, 247
  mental e psiquiátrica 186
Segunda Guerra Mundial 1, 3, 19, 24, 61, 216
Segurança 110
  internacional 132
  nacional dos EUA 31, 45, 132, 178
Seguro de vida 202
Sentimentos de frustração e raiva 88
Sepultura profissional 53
Serviço(s)
  de assistência à saúde mental 238
  militar 9, 45, 192
Sessão(ões)
  de exercícios 153
  de treinamento físico 232
Sistema
  de comunicação 59
  médico militar 198

Sociólogos militares dos Estados
      Unidos 243
Sofrimento 200
Soldado(s) 17, 47, 56, 78
   acadêmico 27
   armados 59
   -engenheiros 24
   no Exército 10
   por acaso 1
Sorte 36
Soviéticos 18
Sprint 68
Substâncias químicas da felicidade 64
Suicídio 190, 231
Superação 236
Super Bowl 128
   do treinamento do Exército 36
Superpoderes bipolares ou aptidões
      realçadas 235
Surto de mania 106
Survivor Benefit Program 202
Suspensão da NDU 175

T

Tabu 228
Talento 4
Tanque de batalha 23
Técnicas de ataque 58
Tecnologia 10
   da informação 132
Tempo de guerra 19
Tenente 19
   -coronel Dan Kaufman 29
   -general George Flynn 109
   general Tom Bostick 123, 188, 204
   -general William "Scott" Wallace 55
   Milt Hunter 23
Teoria paranoica 142
Terapia 233
   eletroconvulsiva 210
   familiar 50
Terceiro Exército/United States Army
      Central (ARCENT) 87
Tese 31

Testemunho
   do Dr. Wong 243
   ponto de vista de Conor 255
   ponto de vista de Patrick 254
   ponto de vista de Phillip 253
Trabalho 61
Traço da personalidade 158
Tragédia bate à porta 128
Trágico prognóstico 48
Transtorno(s)
   de saúde mental 254
   do estresse pós-traumático (TEPT)
      71
   mental 251
Tratamento hospitalar 204
Treinamento 85
   da Ranger 14
   do Exército 32
   e formação 237
   físico 43, 47, 68, 166, 173, 211
   físico e religião 68
Tristeza 67, 77
Tropas 16

U

União das Repúblicas Socialistas
      Soviéticas (URSS) 14, 15
Uniformes 161
   de combate do Exército 159
Universidade
   do Maine 7, 69
   Harvard 123
USAREUR (Exército dos EUA na
      Europa) 16
U.S. Coast Guard Academy 1, 8

V

V Corps 58
Vergonha 228
Vício no álcool 213
Vida na volta ao lar em New
      Hampshire 214
Volatilidade emocional 188

W

Walter Reed 204
Washington 13
West Point 8, 9, 13, 20, 30, 91, 154
Wong, Leonard 243

X

Xeque-mate na NDU 166

Y

Yoga 211, 213

Z

Zumbi disfuncional 200